Praktische Philosophie

Band 1

Cornelsen

Inhalt

Erstes Kapitel
(Die Frage nach dem Selbst)

8 Ich und mein Leben – Freizeit, freie Zeit
10 Findet heraus, wer ihr seid!
12 Wodurch ist jeder Mensch einzigartig?
Methode: Eine Fantasiereise durchführen 14
16 Typisch Junge – typisch Mädchen?
18 Andere lernen anders als ich
20 … weil es euer gutes Recht ist!
22 Entscheidungen treffen – aber wie?
24 Freizeit gestalten
Projekt: Freizeit heute 25
28 Mitbestimmen in der Schule
30 Was macht mein Leben aus?
Methode: Mindmapping 30
Projekt: Tagebuch einer Woche 31

Zweites Kapitel (Die Frage nach dem Anderen)

32 Der Mensch in der Gemeinschaft
34 Allein leben?
36 Mit anderen zusammenleben
Fachübergreifend (Deutsch): Was ist ein Akrostichon? 37
38 Alte Menschen brauchen mich – ich brauche alte Menschen
Methode: Einen Gegenstand durch Begriffe charakterisieren 39
40 Andere sind anders als ich
42 Leben in der Familie
46 Ich bin ein Teil des Ganzen
Projekt: Kinderrechte auf Briefmarken 47

Drittes Kapitel (Die Frage nach dem Anderen)

48 Mit Konflikten umgehen
50 Konflikte im Alltag
Methode: Werte* klären in Konfliktsituationen 52
52 Innere Konflikte
54 Konflikte lösen – aber wie?
58 Wie Konflikte entstehen
62 Menschen können lernen
Fachübergreifend (Biologie): Tier = Mensch? 63
64 Gerecht und gewaltfrei leben lernen
»Aus meinem Leben« – ein Konfliktlösungsspiel mit Sophie 64
Projekt: Traumschule 65

Viertes Kapitel (Die Frage nach dem guten Handeln)

66 Wahrhaftigkeit und Lüge – Gut und Böse
68 Tiere lügen? – Menschen lügen!
72 Muss man immer die Wahrheit sagen?
Fachübergreifend (Deutsch): Die Geschichten des Barons Münchhausen 73
76 Die Wahrheit ist nicht immer eindeutig
78 Was ist gut, was ist böse?
82 Woher kommen das »Gute« und das »Böse«?
84 Warum das Gute tun und das Böse lassen?
86 Ein Wechsel der Perspektive*
Projekt 1: Der »Gute-Tag« 87
Projekt 2: Das »Alle guten Dinge«-Tagebuch 87

Fünftes Kapitel (Die Frage nach Recht, Staat und Wirtschaft)

88 Regeln und Gesetze
90 Jeder wie er will?
94 Jeder wie er muss?
98 Gegen Gesetze verstoßen
100 Warum überhaupt Regeln?
Methode: Rollenspiel 100
Projekt: Regeln im Unterricht Praktische Philosophie 101

Inhalt

Sechstes Kapitel
(Die Frage nach Recht, Staat und Wirtschaft)

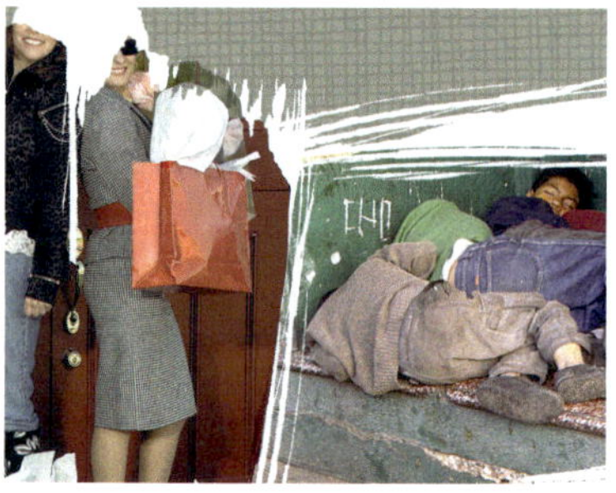

102 Armut und Wohlstand
104 Armut als weltweite Herausforderung
108 Armut bei uns
Fachübergreifend (Politik): Staatliche Verpflichtungen 110
Methode: Ein Streitgespräch führen 111
112 Verpflichtet Wohlstand?
114 Tafeln – Lebensmittel für Arme
Projekt 1: Besuch bei einer Tafel 115
Projekt 2: Ein Hoffnungsheft anlegen 115

Siebtes Kapitel (Die Frage nach Natur, Kultur und Technik)

116 Leben von und mit der Natur – Tiere als Mit-Lebewesen
118 »Ohne Wasser läuft nichts«
Fachübergreifend (Biologie): Das Fruchtwasser 119
120 Wasser erleben – mit Wasser umgehen
Methode: Mit Gedanken experimentieren* 121
122 Wasser – Segen oder Fluch?
Fachübergreifend (Erdkunde): Ägypten – Land des Nils 122
124 Wasser in den Religionen
126 Tiere als Teil der Natur
128 Sind Tiere und Menschen unterschiedlich?
132 Mit Tieren umgehen – aber wie?
134 Welche Natur wollen wir?
Projekt: Natürliche Vielfalt bewahren – das Artensterben stoppen 135

Achtes Kapitel
(Die Frage nach Wahrheit, Wirklichkeit und Medien)

136 Medienwelten – „schön" und „hässlich"
138 Medien ohne Grenzen?
Methode: Eine Umfrage durchführen 138
140 Nicht ohne mein Handy!?
142 Alles mit Computer?
144 Alles Mögliche im Netz
146 Der Glanz der Schönheit
148 Dem Glanz der Schönheit nacheifern?
150 Was finden wir eigentlich schön?
152 Schönheit in unserer Umgebung
154 Ein Blick zurück …
Projekt: Wir verschönern unseren Klassenraum 155

Neuntes Kapitel
(Die Frage nach Ursprung, Zukunft und Sinn)

156 Vom Anfang und Ende der Welt
158 Nachdenken über Zeit
Methode: (Stummes) Schreibgespräch 159
160 Vorstellungen von Zeit
Fachübergreifend (Erdkunde):
Tropfsteinhöhlen 162
164 Mythen erzählen: Woher kommen Welt und Mensch?
170 Wie hängt alles zusammen?
172 An den Grenzen des Wissens
Projekt: Gedankenreise ins Universum* 173

Zehntes Kapitel (Die Frage nach Ursprung, Zukunft und Sinn)

174 Leben und Feste in Religionen
176 Judentum
180 Jerusalem – die heilige Stadt
182 Christentum
Fachübergreifend (Deutsch):
Vom Sterben und Hoffen – was Trauerrituale erzählen 186
188 Islam
194 Hinduismus
196 Religionen auf der Spur
Projekt 1: Mit religiösen Menschen reden 197
Projekt 2: Einen Raum für Stille entdecken 197

Anhang

198 Minilexikon
201 Adressen
202 Text- und Bildnachweis
208 Impressum

Die Angebote des Lernmittels sind nicht obligatorisch abzuarbeiten. Wie den Kapitelüberschriften zu entnehmen ist, bietet der vorliegende Band Unterrichtsmaterialien zu ***allen*** *vom Kernlehrplan „Praktische Philosophie" (2008) für die Stufe 5/6 vorgeschriebenen inhaltlichen Schwerpunkten – zwei pro Fragenkreis. Welche Schwerpunkte für den Unterricht der jeweiligen Schule ausgewählt werden, richtet sich nach den Vorgaben des schulinternen Curriculums, das für Gymnasien die Behandlung von mindestens neun und für die übrigen Schulformen die von sieben Schwerpunkten festzulegen hat.*

Ich und mein Leben – Freizeit, freie Zeit

Das sind wir: Lea und Paul. Wir sind echt froh. Warum? Wir kamen auch an der neuen Schule in dieselbe Klasse. So können wir uns bei den Schularbeiten helfen und zusammen spielen.
Wir sind schon lange befreundet. Jetzt wollen wir mal sehen, ob wir noch neue Freundinnen und Freunde finden. Vielleicht ist auch Lina dabei? Wir spielen gern mit ihr. Sie ist aber am liebsten für sich. Da kann sie in Ruhe über alles nachdenken oder mit Diesel toben – das ist ihr Dackel.
Ihr wisst ja: Es gibt viele Arten, froh und glücklich zu sein.

1 »Froh und glücklich sein«: Schreibt dazu kleine Geschichten und lest sie euch gegenseitig vor.

2 Schreibe ein Akrostichon über deine Vorstellungen von einem glücklichen Leben. Die Anfangsbuchstaben oder -silben des Gedichts sollen das Wort »Lebenstraum« ergeben.

Akrostichon
Gedicht, bei dem die Anfangsbuchstaben oder -silben der Verse, von oben nach unten gelesen, ein Wort oder einen Namen ergeben (vgl. S. 37).

Findet heraus, wer ihr seid!

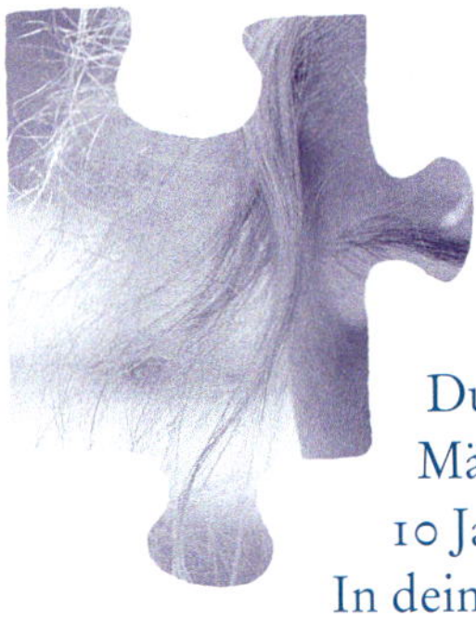

Du bist ein Mädchen und 10 Jahre alt. In deiner Freizeit gehst du oft reiten. In der Schule bist du ganz gut, besonders in Mathe und Kunst. Um den Hals trägst du eine Kette mit einem Kreuz. Wenn es Streit gibt, mischst du dich oft ein oder du holst Hilfe, von einem Lehrer oder so.

Jonas

Marie ärgert sich. Im Philo-Unterricht letzte Stunde sollten alle ein Los ziehen, auf dem der Name eines Mitschülers oder einer Mitschülerin stand. Und dann mussten alle das Kind beschreiben, dessen Namen sie gezogen hatten. Jonas hatte ausgerechnet sie gezogen. Das Ergebnis hing für alle sichtbar an der Tafel. Die Lehrerin hatte alle Beschreibungen mit einem Magneten an der Tafel befestigt – ohne Namen.

Marie hat einen Traum

Fremde Gestalten schweben in ihrem Zimmer. Sie haben glatte, silbern schimmernde Körper, die wie Schneemänner aus drei kugelartigen Teilen bestehen. Anstatt zu laufen, hüpfen sie wie Gummibälle. Und mit einer Öffnung in der Körpermitte sprechen und hören sie zugleich. Diese unbekannten Wesen heben Marie aus dem Bett. Komischerweise verspürt sie keine Angst. Sie fühlt sich ganz leicht.

Als sie hört, dass sie mit einem Raumschiff auf einen unbekannten Planeten fliegen soll, ist sie ganz aufgeregt. Natürlich muss sie die Gestalt der Fremden annehmen, sonst würde sie ja gleich erkannt. Das geht ganz schnell und Marie fühlt sich wohl in ihrem neuen Körper.
Dann erlebt sie eine traumhafte Reise: Auf einem feuerroten Planeten wohnen die Wesen in ballonartigen Hütten. Marie lernt ihre Feste kennen, isst morgens diesen eigenartigen Fladen, der sie an einen Eierkuchen erinnert und den ganzen Tag satt macht – sie schläft in einer Art Schwebezustand, einen Meter über der Erde.
Bald bringen ihre neuen Freunde sie zurück zur Erde. Aber sie können Marie nicht mehr ihren alten Körper zurückgeben. Irgendetwas ist schief gelaufen. Marie bekommt einen riesigen Schreck und wacht auf. Ihr Nachthemd ist nass geschwitzt …

Ein berühmter Philosoph*, René Descartes (1596–1650), dachte lange darüber nach, wie Körper und Seele* zusammenhängen. Seiner Ansicht nach besitzt der Mensch eine Seele und einen räumlichen Körper. Bis heute zerbrechen sich Philosophen den Kopf darüber, ob das stimmt und wie beide miteinander verbunden sein könnten. Descartes war nicht nur Philosoph, sondern auch Mathematiker und Naturwissenschaftler. Er war der erste, der auf wissenschaftliche Weise erklärte, wie ein Regenbogen zustande kommt (vgl. S.172).

1 Warum wohl ärgert sich Marie?

2 Beschreibt euch gegenseitig und tauscht eure Ergebnisse aus: Erkennt ihr euch wieder?
Beschreibe dich selbst. Erkennen dich die anderen wieder?

3 Träumt in Gruppen Maries Traum weiter: Was könnte geschehen?

4 Diskutiert darüber, ob Marie von ihrer Familie und ihren Freunden trotz der seltsamen Gestalt erkannt werden könnte.

5 Stellt euch vor, Marie steht mit ihrer veränderten Gestalt vor einem Spiegel: Was wird ihr durch den Kopf gehen? Verfasse einen Tagebucheintrag.

Wer möchte nicht gern wissen, wer er ist? Doch diese Frage ist nicht so einfach zu beantworten. Eine rein äußerliche Beschreibung eines Menschen bleibt oberflächlich und unvollständig. Manchen Menschen bleibt ihr Inneres weitgehend verborgen oder sie geben es ungern preis. Doch oft verrät die Körpersprache, was in einem vorgeht.
Im Innern des Menschen liegt seine Seele* verborgen – davon sind viele überzeugt, so zum Beispiel der Philosoph Descartes. Doch was ist eigentlich die Seele eines Menschen und wie macht sie sich bemerkbar?

Wodurch ist jeder Mensch einzigartig?

Können wir uns auf unsere Sinne verlassen?

Marie hat sich mit Max verabredet. Max ist ihr Banknachbar und obwohl sie sich noch nicht so lange kennen, sind sie schon so etwas wie Freunde. Max ist nicht so albern wie die anderen Jungen und er findet es toll, dass Marie auch gerne auf Bäume klettert, Reiten geht, aber auch mal mit den Jungen Fußball spielt. Und beide lieben Geschichten, über die man nachdenken kann.
Marie und Max laufen nach der Schule zu Maries Garten. Dort gibt es einen Pavillon, der ziemlich abseits steht und zum Reden und Träumen einlädt. Max kann Marie kaum folgen, so eilig hat sie es. So langsam ist er mächtig gespannt auf das, was Marie ihm erzählen will.
Kaum im Garten angekommen, fängt Marie schon an zu erzählen. Max versteht zunächst nicht, worum es geht, so aufgeregt redet Marie. Er muss oft nachfragen, bevor er versteht, dass Marie von einer Reise zu einem fremden Planeten geträumt hat – von der Reise in einem fremden Körper, aus dem sie nicht zurückverwandelt werden konnte. »Und als ich aufwachte, war ich ganz durcheinander und ängstlich«, erzählt Marie weiter, noch immer ganz aufgeregt. »Würdest du mich denn so erkennen?«
Max schaut sie mit einem Grinsen im Gesicht an: »Siehst du denn nicht immer so aus? Sieh dich doch mal an!« – Marie springt empört auf: »Du spinnst wohl! Sehe ich etwa wie ein Schneemann aus?« Doch als Max seine Freundin noch immer mit diesem frechen Grinsen von der Seite anschaut und dabei genüsslich seine Limonade trinkt, fängt sie an zu zweifeln: »Ich brauche einen Spiegel, sonst kann ich mich nicht sehen.«
Zu ihrem Entsetzen wird Max' Grinsen noch unerträglicher. Sie glaubt ihren Ohren nicht zu trauen, als er sagt: »Das wird dir auch nicht helfen. Ich habe gelesen, dass unsere Sinne sich täuschen lassen. Und das Sehen ist ebenso wie Tasten, Hören, Riechen und Schmecken einer unserer fünf Sinne.«
»Das glaube ich nicht«, sagt Marie. In diesem Augenblick nimmt Max ein dickes Buch aus seiner Mappe und schlägt eine Seite auf.

Beschreibe, was du auf dem Bild siehst. Worin unterscheiden sich die Personen? Mache Angaben zu ihrer Größe. Überprüfe anschließend mit einem Lineal, ob deine Angaben zutreffen.

Halte einen Trinkhalm in ein Glas Wasser. Beschreibe, was du siehst. Woher weißt du, dass deine Wahrnehmung auf einer Täuschung beruht?

Seite 121 ◄
Mit Gedanken
experimentieren*

Marie und Max besorgen Lineal und Wasserglas. Nachdem sie die Experimente* durchgeführt haben, ist Marie verblüfft: »Gut, Sinne lassen sich täuschen. Aber erkennen wir uns denn nur an unseren Äußerlichkeiten? Es muss doch noch etwas geben, woran du mich auch in dieser fremden Gestalt erkennen können müsstest!«

Max denkt nach. Dann sagt er: »Ja, es gibt noch andere Dinge, die dich von mir und den anderen unterscheiden: Ich würde dich immer an deinem Lachen erkennen; oder daran, dass du alle möglichen Pferderassen kennst. Ganz besonders verwundert es mich auch, dass du immer einen winzigen Essensrest auf dem Teller zurück lässt. Das habe ich noch nie zuvor bei jemandem gesehen. Und ich glaube, es gibt nur wenige Menschen, die sich immer zuerst den linken Schuh anziehen, weil sie meinen, dass es Glück bringt.«

Marie blinzelt in die Sonne. Sie ist froh, dass es Max gibt.

Früh übt sich, wer ein Wissenschaftler oder eine Wissenschaftlerin werden möchte …

1 Die Experimente* auf Seite 12 zeigen sichtbare (optische) Täuschungen: Kennt ihr noch andere?

2 Sucht nach weiteren Formen von Sinnestäuschungen: Informiert euch dazu in einem Lexikon oder bei eurer Physiklehrkraft.

3 Max ist Maries Freund – jedenfalls freut sich Marie, dass es Max gibt: Überlegt, warum Marie so empfindet.

4 Worin unterscheiden sich Menschen voneinander? Erstellt dazu eine Liste: Wichtige Dinge stehen ganz oben, weniger wichtige weiter unten.

5 Diskutiert anschließend, was das Besondere einer Person ausmacht.

Wodurch ist jeder Mensch einzigartig?

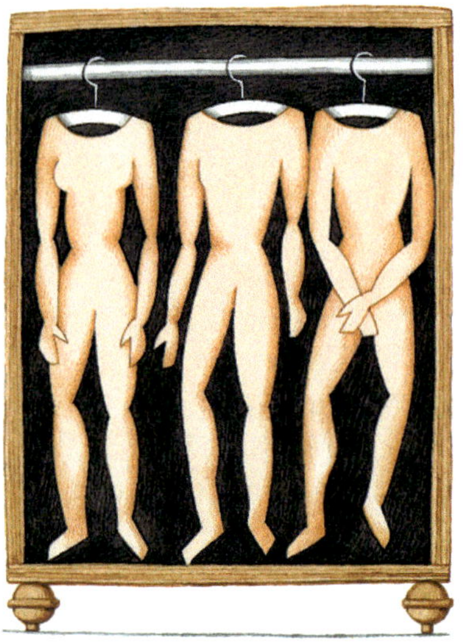

Reise zu einem fernen Planeten – die Reise der Zukunft?

Da der Flug mit einem Raumschiff zu weit entfernten Planeten sehr viel Zeit in Anspruch nimmt, haben Weltraumtechniker neue Möglichkeiten ersonnen. Einer davon ist der im Jahr 2127 in Betrieb gegangene »Medico-Monter«: Reisende, die auf den schönen Planeten Venus wollen, begeben sich nun nicht mehr zur Startbahn eines Raumschiffs, sondern zum Computerterminal. Dort wird der gesamte Mensch gescannt. Alle Informationen zu Körper, Gedächtnis und Gefühlen werden abgespeichert. Die Informationen werden über Satelliten an die Empfangsstation auf der Venus weitergegeben. Kommt das Empfangssignal von der Venus, wird der Mensch auf der Erde, der zuvor in einen künstlichen Schlaf versetzt wurde, schmerzfrei aufgelöst. Er lebt nun neu als Venusianer oder Venusianerin weiter.
Kürzlich gab es ein Problem – einen technischen Fehler: Auf dem Weg zur Venus ist ein Teil des Datenpakets von Lisa M. verloren gegangen. Gedächtnis und Gefühle kamen vollständig an, aber die Informationen über den Körper fehlten. Da die Empfangsbestätigung an die Erde losgeschickt wurde, bevor man das Fehlen dieser vergleichsweise kleinen Datenmenge bemerkt hatte, war der Erdenkörper bereits aufgelöst.
Die Fachwelt diskutiert nun, welche Art Ersatzkörper zur Verfügung gestellt werden soll.

Diese Geschichte hat Max entdeckt und Marie gezeigt. Marie denkt nach ihrem Traum (siehe Seiten 10/11) immer wieder darüber nach, was sie über ihren Körper hinaus einzigartig macht. Sie findet den Gedanken gruselig, den eigenen Körper absichtlich zurückzulassen. Max kann gar nicht verstehen, warum sich Marie gruselt. Er findet den Medico-Monter spannend und würde gern neue Welten erkunden. Und ihr?

Methode: Eine Fantasiereise durchführen

Eine Fantasiereise ist wie ein gelenkter Tagtraum – du versetzt dich in andere Umstände und versuchst, das Leben aus einer neuen (ungewohnten) Perspektive* zu sehen:

- Setz dich ganz bequem und entspannt hin.
- Schließ die Augen oder lasse sie offen – jetzt geht die »Reise« los in eine andere »Welt«.
- Jemand liest die Geschichte einer bestimmten Fantasiereise vor.

Manche sagen, dass eine Fantasiereise helfen kann, Stress abzubauen und zu innerer Ruhe zu finden: Was sind eure Erfahrungen?

1 »Das Leben ist ein Fluss« – so heißt eine Weisheit der fernöstlichen Philosophie*. Könntest du dein bisheriges Leben als Fluss malen? Der erste Schultag – eine wichtige Richtungsänderung? Die Klavierstunde – ein harter Brocken mitten im Fluss?

2 Max ist vom Medico-Monter begeistert: Welche Vorteile fallen euch ein?

Marie ist skeptisch und meint, dass es beim Einsatz eines solchen Geräts Tücken gibt. Sie fragt: Bleibe ich »ich«, wenn ich in Datenpakete verwandelt werde? Ist denn der Körper nur eine Art Kleidungsstück? Was meint ihr?

3 Diskutiert, ob ihr euch euer Leben noch als Fluss vorstellen könnt, wenn es durch den Medico-Monter geschickt würde: Sammelt Argumente dafür und dagegen.

Marie und Max philosophieren*: Sie haben darüber nachgedacht, ob es über ihren Körper hinaus etwas gibt, das sie einzigartig macht. Mit Experimenten* konnten sie an sich ausprobieren, dass sie sich nicht immer auf ihre Sinne verlassen können. Und dennoch sind alle Menschen auf ihre Sinne angewiesen, um überleben zu können.
Kann unsere Seele* Raum und Zeit überspringen und in einem neuen Körper weiterexistieren? Unumstößliche und allgemeingültige Lösungen haben Marie und Max nicht gefunden; eher sind sie auf viele neue Fragen gestoßen: Vielleicht heißt »Philosophie« deshalb »Liebe zur Weisheit«, weil sich Philosophen trotz alledem nicht vom Nachdenken abbringen lassen.

Typisch Junge – typisch Mädchen?

Auf dem Fußballfeld

Der 13-jährige Benny verbringt die Sommerferien bei seinem Großvater, dem Leuchtturmwärter, in einem irischen Küstendorf. Dort lernt er Babe kennen – und die ist ganz anders als alle Mädchen, die er bisher kennen gelernt hat:

Junge oder Mädchen?

Die Mannschaften nahmen schlurfend eine Art Aufstellung. Benny ging automatisch in die Position des Stürmers. Wahrscheinlich würden sie ein gewaltiges Monstrum von einem Kerl auf ihn ansetzen. Aber daran war er durch die Spiele gegen die Christian Brother School zu Hause in Wexford gewöhnt. […] »Wen hab ich?«, rief er zu Paudie hinüber, der gerade einen kampflustigen Widder vom Spielfeld schob. »Mich«, sagte eine Stimme. Benny schaute nach unten. Die Elfe. »Dich?« »Probleme damit, Städter?« […]
Der Ball flog ins Spiel. Benny war so einfältig anzunehmen, dass sie strategisch spielten, und blieb auf seiner Position. Die anderen stürzten in die Mitte und verschwanden in einem Gewühl sich windender Gliedmaßen. Babe brannte darauf, sich in das Getümmel zu stürzen. […]
Das Knäuel von Körpern auf dem Spielfeld erinnerte an Kampfszenen in einem Comic und Benny erwartete, dass über dem Staub fluoreszierende Sterne und die Worte ZACK! BOING! BUMM erschienen. Kaum zu glauben, aber es war Babe, die mit dem Ball aus dem Gewühl auftauchte.
[…]
Babe hatte ihn ausgetrickst und war schon halben Wegs am anderen Ende des Spielfelds. […]
»Eins zu null. Deine Schuld, Benny. Babe ist dein Mann. Also, aufgepasst beim Anspiel …«

Q EOIN COLFER: Benny und Babe

Im Ballett

Ouvertüre: Eröffnungsstück

Frau Tiebel fängt gerade auf dem Klavier an, die Ouvertüre. […]
Die Tür geht auf und ein Typ stürzt mit ihr herein. Ein Junge, knallrot im Gesicht, und er kommt vor Frau Tiebel gerade noch zum Stehen. […]
Frau Tiebel sagt ganz schlau: »Wen haben wir denn da?« Und der Junge sagt: »Den Tim haben wir da.« […]
Ein Junge! Das ist noch nie da gewesen. Irgendwie habe ich das Gefühl, dass ich ihn kenne, schon ewig, so als wären wir alte Freunde, nichts Fremdes. Aber das liegt vielleicht daran, dass ich es so toll finde, dass er echt tanzen will, ein Junge, der einzige in unserem ganzen Haufen. […]
Frau Tiebel ist auch begeistert und führt ihn zu den Umkleiden und, klar, da geht gleich das große Geflüster und Gekicher los bei den anderen. Ein Junge im Ballett!«

Q THOMAS BRINX und ANJA KÖMMERLING: Alles Machos – außer Tim!

Mädchen oder Jungen?

Die genannten Charaktereigenschaften oder Verhaltensweisen können Jungen oder Mädchen zugeordnet werden. Eine eindeutige Zuordnung ist gar nicht so einfach, oder?

Versetze dich in die Lage eines Mädchens oder eines Jungen (Wechsel der Perspektive*): Wie stellst du dir einen Tag im Leben des oder der anderen vor?

1 Bildet jeweils eine Jungen- und eine Mädchengruppe: Tragt diejenigen Eigenschaften zusammen, die als »typisch« für Mädchen und Jungen gelten. Stellt eure Ergebnisse anschließend der Gesamtgruppe vor.

2 Denke über Folgendes nach: Dürfen Jungen und Mädchen anziehen, was sie wollen? Was passiert, wenn ein Kind sich nicht nach den üblichen Regeln richtet?

3 Diskutiert, ob es Unterrichtsfächer gibt, in denen Mädchen oder Jungen bevorzugt werden?

4 Prüft, wie unter euch das Verhältnis zwischen Mädchen und Jungen ist: Bringt Vorschläge ein, die zu einer Verbesserung des Klimas führen können.

♀ ♂

Ihr habt ein biologisches Geschlecht – damit gehen Merkmale und Eigenschaften einher, die euch als Jungen oder Mädchen auszeichnen. Dennoch verbinden euch viele Gemeinsamkeiten, Vorlieben und Interessen, die so gar nicht in das Raster »typisch Junge – typisch Mädchen« passen. Und denkt daran: Auch Jungen dürfen weinen, wenn sie Kummer haben – und Mädchen können tolle Fußballspielerinnen sein …

Andere lernen anders als ich

Ist das Gedächtnis ein Sieb – oder: Was behalten wir im Kopf? 10 Prozent von dem, was wir lesen; 20 Prozent von dem, was wir hören; 30 Prozent von dem, was wir sehen; 50 Prozent von dem, was wir hören und sehen; 70 Prozent von dem, was wir selber sagen; 90 Prozent von dem, was wir selber tun. Merke: Je mehr du in den Unterricht mit einbezogen wirst, desto mehr behältst du. Viel sprechen und »machen« bringt mehr als nur zuhören und an die Tafel gucken.

Anders lernen – na und?

Sophie ist seit fünf Jahren blind und kann trotzdem die Schule besuchen. Wie kann das sein?
Menschen nehmen die Umwelt über ihre Sinne wahr: Der eine kann sich gut auf Hörbücher konzentrieren, die andere liest vielleicht lieber, weil sie dann die Buchstaben sieht – es gibt unterschiedliche »Lerntypen«. Vielleicht bist du wie Toni: Er malt besonders gern Bilder, die dem Original sehr ähnlich sind. Er hat eine lebhafte Vorstellungskraft und lässt sich gern vorlesen. Toni mag Fantasiespiele, konnte sich aber in der 1. Klasse das Aussehen der Buchstaben überhaupt nicht merken. Oft träumt er im Unterricht vor sich hin und gerät dadurch mit dem Lehrer aneinander. Deutsch ist nicht sein Lieblingsfach, da ihm das Lesen und Schreiben schwer fällt.

1 Welche Sinne sind bei Sophie besonders ausgeprägt? Stelle Sophie ein Gedicht vor. Nutze dazu auch die vorhergehende Seite.

2 Welche Stärken oder Schwächen hat Toni? Welcher Lerntyp könnte er sein? Wie kann er für Deutsch oder Mathe lernen?

3 Ihr habt gesehen: Es gibt unterschiedliche Lerntypen: Wie beurteilt ihr vor diesem Hintergrund die Chancen- und Lerngerechtigkeit in eurer Schule? Macht bei Bedarf Änderungsvorschläge.

Was bleibt haften und warum ist das so?

Gemeinsam und aktiv geht es leichter

1. Du liest einen Text ein paar Mal durch.
2. Dein Lehrer trägt längere Zeit etwas vor.
3. Du siehst einen Film im Geografieunterricht.
4. Du baust eine elektronische Schaltung auf.
5. Du liest die englischen Vokabeln ein paar Mal durch.
6. Du schlägst ein Wort im Wörterbuch nach.
7. Du fertigst eine Zeichnung an.
8. Ein Mitschüler erklärt dir etwas.
9. Du schaust dir die Abbildung im Lehrbuch genau an.
10. Du schreibst die englischen Vokabeln auf.
11. Deine Lehrerin erklärt dir etwas.
12. Jemand macht dir eine Turnübung vor.
13. Die neuen Regeln hängen auf Plakaten im Klassenraum.
14. Du siehst im Fernsehen ein Musikvideo.
15. Du hörst einen Sketch.
16. Du schreibst aus einem Text Stichwörter heraus.

1 Stelle Vermutungen an, ob dir von den oben genannten Beispielen vieles, manches oder nur weniges im Gedächtnis bleibt.

2 Vergleiche die Ergebnisse zu Aufgabe 1 mit den Antworten deiner Mitschüler/innen und suche nach Gründen für deine Angaben: Welche Anhaltspunkte gibt es, dass du ein bestimmter »Lerntyp« bist?

3 Findet »Eselsbrücken« und sortiert nach Fächern.

4 Sammelt weitere Lern- und Merkmethoden: Schreibe dazu jede einzelne Methode auf eine Karteikarte – in Rot die Überschrift, darunter alles Wichtige. Jetzt könnt ihr alle ausgefüllten Karteikarten sammeln und vielleicht sogar einen eigenen Lernkarteiständer aus Holz bauen …

»Gar nicht wird gar nicht zusammengeschrieben.« Auch »Eselsbrücken« können helfen, die eigene Merkfähigkeit zu erhöhen.

→← Du weißt jetzt, wie du am besten Informationen behalten oder unter welchen Voraussetzungen du dir überhaupt etwas merken kannst. Nutze diese Erkenntnisse in Zukunft und überlege, wer dir bei möglichen Lernschwierigkeiten helfen kann. Setze dir selbst Ziele und werde aktiv – beim Planen, Umsetzen und Auswerten deiner Lern- und Merkschritte. Viele Schulen bieten eigene Hilfsangebote an – zum Beispiel »Schüler helfen Schülern«, Förderunterricht oder Lernprogramme. Erkundige dich, was es in deiner Umgebung für Möglichkeiten gibt und wann sie stattfinden.

… weil es euer gutes Recht ist!

Dürfen Eltern das?

Marie hatte Geburtstag – sie ist nun endlich 11 Jahre! Es war eine tolle Feier mit ihren Freundinnen; besonders die Nacht im Zelt war super. Gefreut hat sie sich natürlich auch über die vielen Geschenke. Von den Großeltern bekam sie Geld und hat nun mit dem gesparten Taschengeld 120 Euro zusammen. Gleich am nächsten Tag nimmt Marie das Geld und geht in das große Geschäft, in dem es Fernseher, Computer, DVD-Player und auch Spielkonsolen gibt. Mit einem EyeToy will sie ihre Playstation aufrüsten. Sie hat den Freundinnen schon vorgeschwärmt, wie man mit Bewegungen vor der Kamera das Spielgeschehen des Computerspiels beeinflussen kann. Marie kauft das Gerät.
Als die Eltern am Abend in Maries Zimmer kommen, glauben sie ihren Augen nicht zu trauen: Schon einige Male hatten sie Marie erklärt, warum sie gegen die Anschaffung eines solchen Gerätes sind. Sie wollen am Tag darauf mit Marie in das Geschäft gehen und den Kauf rückgängig machen.

Eltern …

… haben »das Recht und die Pflicht, für das minderjährige Kind zu sorgen« und insbesondere auch »das Recht und die Pflicht, das Kind zu erziehen, zu beaufsichtigen und seinen Aufenthalt zu bestimmen«.
Q Nach § 1626 und § 1631 Absatz 1 des BGB (»Bürgerliches Gesetzbuch«)

Kinder …

»Ein von dem Minderjährigen ohne vorherige Zustimmung des gesetzlichen Vertreters geschlossener Vertrag« ist wirksam, wenn der Minderjährige den Vertrag mit dem Geld begleicht, das er zu diesem Zweck bekommen hat oder mit Geld, über das er frei verfügen kann.
Q Nach § 110 BGB (»Taschengeldparagraf«)

In Deutschland (Preußen) wurde 1717 die Schulpflicht eingeführt. Alle Kinder – auch diejenigen, die von einem Hauslehrer unterrichtet wurden oder in Internaten lebten – mussten nun in die »Volksschule«. Die Schulpflicht setzte sich gegen die bis dahin übliche Kinderarbeit durch. Die Vereinten Nationen* haben 1989 gefordert, dass allen Kindern auf der Welt ein Recht auf Bildung zusteht.

Unterschiedliche Lebenswelten

Sawita ist 10 Jahre alt und lebt in Indien. Seit zwei Jahren arbeitet sie jeden Tag von morgens bis abends in einer kleinen, stickigen Halle. Mit andern Mädchen knüpft sie Teppiche, die dann in viele Länder der Erde verkauft werden. Ist der anstrengende Tag vorbei, legt sich Sawita an ihrem Arbeitsplatz schlafen. Sie bekommt kaum Lohn für ihre Arbeit. Zur Schule gehen kann sie nicht, obwohl sie gerne würde.

Tim wohnt in Nordrhein-Westfalen. Er will nicht mehr zur Schule gehen. Jeden Tag kommt er unzufriedener aus der Schule – mit den Mitschülern versteht er sich nicht, von den Lehrern fühlt er sich nicht ernst genommen und der Unterricht macht ihm schon lange keinen Spaß mehr.

1 Überlegt, warum Maries Kauf einen Interessenkonflikt erzeugt: Worauf können sich die Eltern in der Auseinandersetzung berufen? Spielt ein Rollenspiel und findet gemeinsam eine Lösung.

2 Diskutiert: Kann sich Marie in der Auseinandersetzung mit ihren Eltern auf den Taschengeldparagrafen berufen?

3 Sawita möchte gern zur Schule gehen, Tim will nicht. Und ihr?

4 Erkundigt euch, ob es bei uns Kinderarbeit gibt – so wie in Indien.

→← Damit Menschen gut – also auf gerechte Weise – zusammenleben können, gibt es Gesetze. In der Familie erleichtern Regeln das Zusammenleben. Jede Familie kann sich eigene Familienregeln schaffen. Bestimmte Rechte und Pflichten sind aber gesetzlich festgelegt. Trotzdem müssen wir uns jeden Tag, in vielen Situationen, neu entscheiden: Ja oder Nein sagen, etwas tun oder es lassen. Dann ist es gut zu wissen, warum wir uns gerade so und nicht anders entscheiden. Tun wir Dinge nur, weil es unsere Pflicht ist? Legt das Gesetz alle Entscheidungen fest? Und welchen Einfluss hat meine Entscheidung auf das Leben anderer Menschen?

Seiten 88–93 ◄ (Kapitel 5: Regeln und Gesetze)

Entscheidungen treffen – aber wie?

Marie kann sich nie entscheiden: »Was soll ich anziehen?« »Soll ich ein Pausenbrot mitnehmen?« »Fahr ich mit dem Bus oder mit dem Rad in die Schule?«
Jetzt hat sie einen Ausweg gefunden: einen Würfel, der ihr die Entscheidungen abnimmt. Er sagt, ob »ja« oder »nein«, »jetzt« oder »später«, »vielleicht« oder »besser nicht«.
Marie ist überzeugt: »So ist es am einfachsten! Alle anderen müssen ihre Köpfe anstrengen, während ich nur würfeln muss.«

Was passiert in unseren Köpfen, wenn wir Entscheidungen treffen?

Gehirnforscher glauben, dass in unserem Kopf keine kleinen Würfel fallen. Sie gehen davon aus, dass man in Entscheidungssituationen durch bisher gemachte Erfahrungen beeinflusst wird. Aber jeder Mensch kann dazulernen.
Jeder Gedanke, jeder Sinneseindruck und jede Gefühlsregung ist in unserem Gehirn so etwas wie ein Fußabdruck in einer Schneelandschaft. Wo viele dieser Fußspuren sind, entstehen breite Wege, die leichter begehbar sind. Im Laufe der Zeit entstehen dadurch in unserem Gehirn so etwas wie »Landkarten«, mit deren Hilfe wir uns orientieren.

Wer Entscheidungen trifft, lernt für sich und andere Verantwortung zu übernehmen. Das ist nicht immer leicht – und oft kommt es darauf an, welche Hilfen wir dabei bekommen. Gute wie schlechte Erfahrungen hinterlassen Spuren. Sie prägen unsere inneren Einstellungen oder Werte* – oft ohne, dass wir das gleich merken. Verinnerlichte Werte machen sich in Entscheidungssituationen bemerkbar: Habt ihr das schon einmal an euch und anderen erlebt?

Was meint ihr? Eine Entscheidungsliste

Ab welchem Alter sollte ein Kind entscheiden dürfen,
– welche Kleidung es trägt?
– wann Schlafenszeit ist?
– welche Schule es besucht?
– wie lange es ausgeht?
– welche Politik gemacht wird?
– ob und wie viele Kekse es will?
– ob es ein Auto fährt?
– …?

1 Auf dem Bild mit den verschlungenen Wegen steht ein Mann vor einem Knoten: Wer kennt solche Situationen? Habt ihr den Knoten lösen können? Wenn nicht ihr entschieden habt, wer dann?

2 Bastle einen eigenen Entscheidungswürfel. Teste damit einen Tag lang Maries Entscheidungsmethode. Halte am Abend in einem Tagebuch fest, in welchen Situationen du den Würfel verwendet hast. In welchen Fällen hast du die Entscheidung dem Würfel überlassen, wann hast du selbst die Verantwortung übernommen?

3 Diskutiert, welche Entscheidungen von
– einem dreijährigen Kind,
– einem siebenjährigen Kind,
– einem elfjährigen Kind,
– einem vierzehnjährigen Jugendlichen
getroffen werden können (oder sollten). Ergänzt dazu die Liste auf dieser Seite und begründet eure Meinungen.

Seite 30 ◄ Methode: Mindmapping

4 Male zu ausgewählten Entscheidungen jeweils eine Gedankenkarte (Mindmapping).

→← Manche Entscheidungen sind schwer zu treffen. Oft hilft es, nahe stehende Menschen um Rat zu bitten. Aber auch wenn man viel nachdenkt und Für und Wider abwägt, kann ein eigener Entschluss »Bauchweh« verursachen – nämlich dann, wenn dieser Entschluss gegen die eigenen Gefühle getroffen wird. Ein Argument für etwas kann mehr zählen als vier Gegengründe.

Freizeit gestalten

Der 13-jährige Thanissaro ist Novize (Neuling) in einem buddhistischen Kloster in Thailand. Der gleichaltrige Paul lebt in einem kleinen Ort in Brandenburg. Beide schildern ihren Tagesablauf:

Thanissaro: Mein Tag im Kloster

5.00 Uhr Der Weckgong ertönt, die Novizen stehen auf, waschen sich.
5.30 Uhr Auf dem Bettelgang erhalten die Novizen Essen für Frühstück und Mittagessen.
6.30 Uhr In der großen Tempelhalle beginnt das morgendliche Singen heiliger Schriften.
7.30 Uhr Das gemeinsame Frühstück beginnt. Danach werden kleinere Arbeiten auf dem Klostergelände erledigt – zum Beispiel: Wege fegen oder in der Küche helfen; manche machen Hausaufgaben.
11.00 Uhr Mittagessen im Kloster; danach Mittagspause.
13.00 Uhr Die Schule beginnt – zum Beispiel Englisch, Geschichte, Physik und Pali (die Sprache unserer heiligen Schriften).
15.45 Uhr Freizeit: Zeit zum Fußball oder Frisbee spielen oder zum Nichtstun.
16.35 bis 16.50 Uhr Meditation.
17.00 Uhr Unterricht über Buddhas Lehren
18.00 Uhr Abendgesänge – und dann Bettruhe (wann jeder möchte …).

Paul: Mein Tag in der Familie

Gestern habe ich meine Mutter gefragt, was sie sich zum Geburtstag wünscht. Zur Antwort bekam ich: »Ruhe und eine Stunde pro Tag mehr.« Aber der Tag hat nur 24 Stunden. Meine Mutter sagt, dass der Alltag sehr häufig beweist, dass nicht viel Zeit bleibt für ein Miteinander unter Freunden oder in der Familie. Sie kennt Menschen, die durch zu viel Arbeit und zu wenig Erholung krank wurden. Einige suchen einen Ort der Stille auf, um wieder Halt in ihrem Leben zu finden; andere gehen für kurze Zeit in ein Kloster, um Kraft zu »tanken«.
Und was ist mit mir? Jeden Tag stehe ich um 6.00 Uhr auf – dann heißt es schnell waschen, anziehen, frühstücken; sonst ist der Bus um 6.40 Uhr abgefahren. Von 7.30 bis 14.00 Uhr ist gewöhnlich Schule. Dann geht's schnell nach Hause – zu Mittag essen, Hausaufgaben machen, dabei Musik hören und dann Fußball spielen. Um 19.00 Uhr gibt's Abendbrot, vorher muss ich noch den Geschirrspüler ausräumen und mit unserem Hund hinausgehen. Um 20.15 Uhr gehe ich auf mein Zimmer …

In der Freizeit lernen?

Für die meisten Menschen gehört die Freizeit wohl zur schönsten Zeit am Tag. Im Vergleich zu Erwachsenen haben Kinder und Jugendliche verhältnismäßig viel Freizeit, in Deutschland durchschnittlich fünf Stunden täglich.

Projekt: Freizeit heute

Freizeitaktivitäten könnt ihr aus eigenem Interesse wählen. Denn Freizeit ist die Zeit, in der Menschen etwas tun – ohne es tun zu müssen: Es ist die Zeit, über die jeder selbst verfügen kann.

1. Erfasst über eine Woche euer eigenes Freizeitverhalten: Wie viel Zeit verbringt ihr mit festgelegten Terminen? Wie viel Zeit bleibt noch übrig?
2. Recherchiert die Freizeitmöglichkeiten bei euch im Ort.
3. Welche Angebote werden von Jugendlichen in eurer Umgebung genutzt, welche nicht? Nennt dafür Gründe.

1 Stelle deinen Mitschülern deine Hobbys vor – zum Beispiel als Pantomime oder in einem Rätsel.

2 Forsche nach: Gibt es an deiner Schule Möglichkeiten für eine interessante Freizeitgestaltung?

3 Vergleiche den Tag von Thanissaro oder Paul mit deinem bisherigen Tagesablauf: Finde Pflichten genauso wie Freizeitbeschäftigungen. Stelle dann einen neuen Plan auf, in dem deine Schularbeiten in einem ausgewogenen Verhältnis zu den Ruhephasen stehen.

4 Was ist dir bei der Planung noch nicht gelungen – was waren deine »Stolpersteine«? Wie kannst du sie aus dem Weg räumen und wer könnte dabei helfen?

Freizeit planen?

Die Art der Freizeitgestaltung ist nicht nur eine persönliche Entscheidung – sie ist auch davon abhängig, welche Angebote in der Nähe sind und wie viel Zeit und auch Geld zur Verfügung stehen. Schließlich müssen die alltäglichen Arbeiten auch erledigt werden: z.B. Hausaufgaben oder Verpflichtungen in der Familie.
Aber: Ist die Grenze zwischen Arbeit und Freizeit immer eindeutig zu ziehen? Und schließen Freizeit-Aktivitäten und Pflichten einander aus?

Lisa und Tina verbringen ihre Freizeit ganz unterschiedlich. Ihr könnt euch beide Mädchen ein bisschen vorstellen, denn ihre Termine verraten etwas über ihre Neigungen und Interessen.

Das Geschäft mit der Freizeit boomt. Zahlreiche Freizeitbeschäftigungen kosten viel Geld – und das muss von Jugendlichen erst verdient sein! Das Jugendarbeitsschutzgesetz regelt die Bestimmungen zur Beschäftigung von Jugendlichen. Siehe http://bundesrecht.juris.de/jarbschg/

Cem ist Computerfreak. Er verbringt viel Zeit vor dem Bildschirm; besonders Strategiespiele findet er »cool«. Er braucht Geld, um technisch auf dem neuesten Stand zu sein. Deshalb trägt er jeden Samstag Zeitungen aus.

Die Klasse 6 besucht freiwillig einen Computerschreibkurs bei der Volkshochschule, um fit in der Textverarbeitung zu werden..

1 Versucht Lisa und Tina anhand ihrer Termine zu beschreiben. Diskutiert, welche Möglichkeiten sich aus ihrer Freizeitgestaltung für ihr zukünftiges Leben erschließen lassen könnten.

2 Fragt eure Eltern, wie viel freie Zeit sie als Jugendliche hatten: Beschreibt, wie eure Freizeit in 20 Jahren aussehen könnte.

3 Ein Gedankenexperiment: In einer Diktatur hindert der Staat alle Kinder und Jugendlichen ab 10 Jahren daran, über ihre freie Zeit selbst zu verfügen.
Von morgens bis abends ist Schule und im Anschluss werden Aktivitäten verordnet, z.B. Sport oder Jobs. Auch die Mahlzeiten und Schlafenszeiten werden streng überwacht.
Diskutiert darüber, wie sich wohl diese Kinder und Jugendlichen entwickeln würden.

→← Freizeit ist mehr als freie Zeit – sie ist eine Möglichkeit, sich zu entspannen und vom Alltag zu erholen. Für viele ist diese Zeit sehr wertvoll; darum lassen sie die Zeit nicht einfach verstreichen, sondern nutzen sie, indem sie genau abwägen, wann, wo und mit wem sie sich erholen möchten.
Häufig kommt es vor, dass Menschen gerade in der Freizeit ihre Stärken ausleben und ausbauen oder Neues für sich entdecken – diese Erfahrungen bilden eine Bereicherung für das eigene »Ich« und eine Stärkung für den Alltag.

Mitbestimmen in der Schule

Schule gestern und heute

1

2

3

4

5

1 Schau dir die Fotos an und finde passende Bildunterschriften.

2 Suche Einzelheiten heraus, die für das Schulleben von heute und damals typisch sind.

3 Befrage deine Eltern und Großeltern über ihren Schulalltag. Vielleicht haben sie Fotos, alte Schulhefte, Lehrbücher oder andere Dinge, die du mit in den Unterricht bringen darfst. Gehe vorsichtig mit ihnen um, denn sie sind wertvoll – sie können viele Geschichten erzählen.

4 Wenn ihr in der Schule eine Schulchronik habt, dann bittet darum sie anschauen zu dürfen – oder besucht ein Schulmuseum in eurer Umgebung.

Mitbestimmen in der Schule – aber wie?

Bei deinen Nachforschungen zur Schule gestern und heute konntest du feststellen, dass heutige Schülerinnen und Schüler mehr Rechte, aber auch Pflichten haben als noch deine Eltern und Großeltern zu ihrer Schulzeit. Viele Tage und Wochen eines Jahres verbringst du in der Schule, Schuljahr für Schuljahr lernst du mehr und mehr. Zahllose Menschen kreuzen in dieser Zeit deinen Weg. Du wirst immer selbstständiger und möchtest an dem Ort, in dem du so viel Zeit des Tages verbringst, auch ein Wörtchen mitreden – mitbestimmen:
In welchen Bereichen des Schullebens sollen deiner Meinung nach Schülerinnen und Schüler ein Mitspracherecht haben? Wo sollten sie selbstständig entscheiden dürfen? Notiere dir konkrete Vorschläge und diskutiert danach in der Gruppe.
Jedes Bundesland hat ein Schulgesetz, in dem das Schulwesen des jeweiligen Landes beschrieben und die Pflichten aller am Schulalltag Beteiligten festgeschrieben sind – die Pflichten ebenso wie die Rechte der Schulleitung, der Unterrichtenden und auch der Schüler/innen.

Gelebte Demokratie* in der Schule

Schuldemokratie – zum Beispiel in Nordrhein-Westfalen
Im nordrhein-westfälischen Schulgesetz wird die Schulkonferenz als das gemeinsame Organ (Gremium) der Schule vorgestellt. In ihr sitzen gleich viele Vertreter von Eltern, Schüler(inne)n und Lehrer(inne)n.
Den Vorsitz hat der Schulleiter oder die Schulleiterin, allerdings ohne Stimmrecht. Die Vertreter werden vom Elternrat, vom Schülerrat und von der Gesamtlehrer-Konferenz gewählt. Sie alle beraten gemeinsam wichtige Angelegenheiten der Schule und sind auch an Beschlüssen beteiligt.

1 Ladet einen Vertreter eurer Schulleitung in den Unterricht ein und interviewt ihn oder sie zu seinen Aufgaben.

2 Bereitet den Fragenkatalog zu Aufgabe 1 gemeinsam im Unterricht vor. Legt dabei besonderes Augenmerk auf die Fragen: Welche Aufgaben muss die Schulleitung allein lösen und in welchen Bereichen ist sie dringend auf Unterstützung aus euren Reihen oder von euren Eltern angewiesen?

Was macht mein Leben aus?

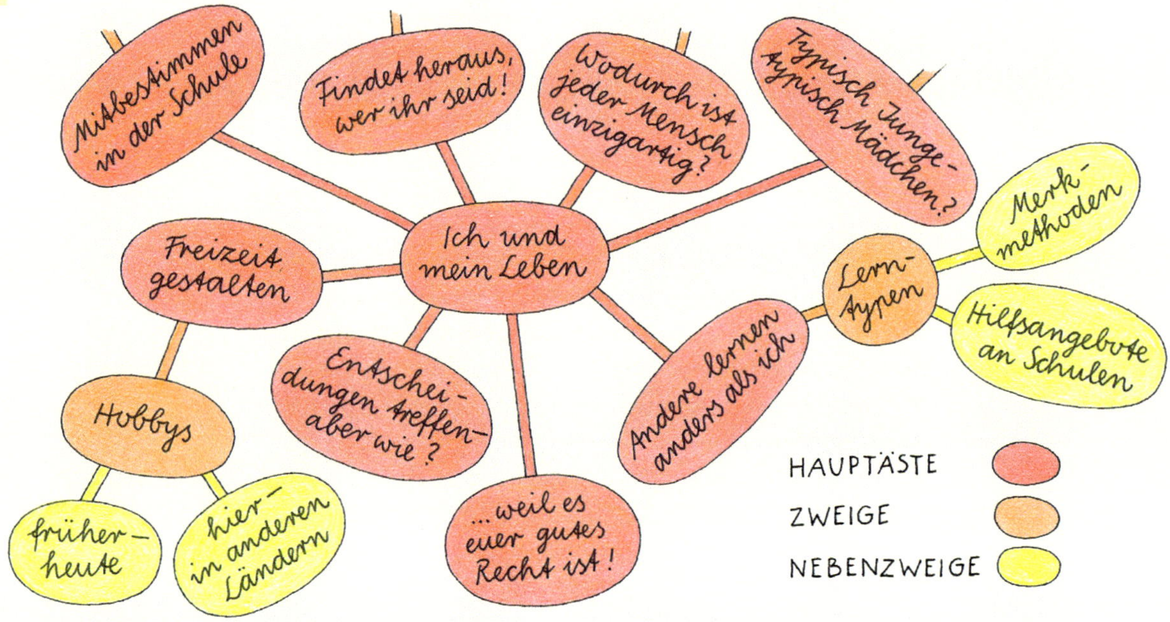

Na, alles wieder erkannt?

Ihr habt in diesem Kapitel einen Überblick gewonnen über Fragen und Themen, die etwas mit eurer eigenen Lebensgestaltung zu tun haben. Habt ihr euch alles gemerkt? Die Übersicht auf dieser Seite soll dabei helfen:

- Zeichnet die Skizze auf ein großes Blatt Papier. Ihr könnt sie auch auf eine Overheadfolie übertragen.
- Tragt in die ovalen Überschriftsfelder Stichworte ein, die euch zu den Themen dieses ersten Kapitels einfallen.
- Fügt an bereits bestehende Felder weitere an: In die neuen Felder könnt ihr Begriffe und Ideen schreiben, die mit den bereits bestehenden Begriffen zu tun haben.

Das Bild, das so vor euren Augen entsteht, wird »Cluster« genannt. Es hilft, Ideen zu einem Thema zu sammeln, sie anderen mitzuteilen und sie sich einzuprägen.

Methode: Mindmapping

Ihr könnt inhaltliche Zusammenhänge noch genauer veranschaulichen, indem ihr bei der Anordnung der Stichworte besonders auf deren gedankliche Verbindung achtet – Stichworte werden durch Hauptäste, Zweige und Nebenzweige verbunden, sodass sich ihre Beziehungen auch in Worte fassen lassen. Mit einer solchen Übersichtskarte könnt ihr eigene Gedanken sichtbar machen. Wie Fäden eines Spinnennetzes werden einzelne Begriffe durch eure Gedanken miteinander verbunden. Ein solches gedanklich geordnetes Cluster wird »Mindmap« genannt.

Projekt: Tagebuch einer Woche
Wir wollen dich einladen, an einem Versuch teilzunehmen. In diesem Projekt geht es darum zu überprüfen, ob die im ersten Kapitel dargestellten Themen wirklich zu deinem Leben gehören. Dazu schreibst du zu jedem Tag der Woche einen kleinen Bericht – so als wenn du jeden Tag in dein Tagebuch schreiben würdest:
Deine Aufzeichnungen sollen nicht nur an bestimmte Ereignisse erinnern, sondern dazugehörige Gedanken, Gefühle und Fragen in Worte fassen. Zum Beispiel: *Am 14. September hatte ich einen merkwürdigen Traum …* Oder: *Am 16. September war ich richtig sauer, denn …* – Am Anfang werden dir solche Sätze vielleicht schwer fallen; doch mit der Zeit bekommst du Übung darin. Nimm dir Zeit, suche einen ruhigen Platz und lass dich nicht stören. Denke gründlich nach, bevor du etwas aufschreibst.

1 Nach einer Woche könnt ihr euch eure Tagebücher vorstellen – natürlich nur, wenn ihr wollt. Dinge, dir ihr nicht erzählen wollt, müssen geheim bleiben dürfen!

2 Überlegt nun gemeinsam, welche eurer Geschichten, Erlebnisse, Gedanken und Gefühle zu welchen Seiten des ersten Kapitels passen. Vielleicht gibt es ein Thema, das ihr nun noch einmal genauer besprechen wollt.

Lesetipp

Anne Frank: Tagebuch (1942–1944), Frankfurt/Main: Fischer Taschenbuch Verlag 1998 (Die deutsch-jüdische Familie Frank flüchtet 1933 in das holländische Amsterdam und hält sich nach dem Einmarsch der deutschen Armee 1940 jahrelang in einem Hinterhaus versteckt. Dort beginnt die 13-jährige Anne Frank ein ungewöhnliches Tagebuch zu verfassen.)

Der Mensch in der Gemeinschaft

Unser Alltag ist abwechslungsreich und spannend.
Wir besuchen Orte, bereichern sie mit unseren Gedanken und gestalten sie mit eigenen Ideen und Handlungen.
Dabei kreuzen sich Wege, die wir gemeinsam mit anderen begehen.
Tagtäglich schlüpfen wir in verschiedene Rollen.

1 Beschreibt, was diese Doppelseite über euch und andere Menschen aussagt.

2 Notiere oder gestalte auf einem leeren Papier dein persönliches Lebensmosaik.

Zusammensetzspiel

Ein Mosaik aus Ich und Du,
aus Wir und Ihr und Augen zu,
aus Hängtihnauf und Schießtihntot,
aus Weiß- und Schwarz- und Kuchenbrot,
aus Himmel, Hölle, Erdensand,
aus Feindesfuß und Bruderhand,
aus Dir und Mir und Mein und Du,
aus Traurig- und aus Glücklichsein:
setz zu dein Teilchen lebenslang
und kitt es mit Zusammenhang.

Günter Kunert: Ich Du Er Sie Es

Allein leben?

Allein sein – was Schüler/innen dazu meinen
»... macht mir Angst.«
»... ist langweilig.«
»... beruhigt und entspannt.«
»... toll, mal Zeit für mich.«

Lieber Benni,
wenn du diese Zeilen liest, sitzen wir schon im Flieger.
Müssen dringend für sieben Tage nach London!
Omas Telefonnummer hängt an der Pinnwand.
Du kommst doch alleine klar, oder?
Wir verlassen uns auf dich, Mama und Papa.
»Na Spitze ...«, denkt Benni.

Beispiel Robinson Crusoe

Aus ganz unterschiedlichen Gründen können Menschen in Lebenslagen geraten, in denen sie alleine sind oder sogar lange Zeit völlig auf sich gestellt bleiben. Darüber schrieb 1719 der englische Schriftsteller Daniel Defoe den Roman »Robinson Crusoe«. Dem Buch liegt eine wahre Begebenheit zugrunde:

Der Romanheld Robinson Crusoe strandet als einziger überlebender Schiffbrüchiger auf einer Insel. 28 Jahre lang muss er auf einer tropischen Insel in Südamerika leben, nahe der Mündung des Orinokostromes; 25 Jahre davon lebt er ohne Menschen – nur mit seinen Tieren.

Was nun? Robinson denkt nach und vergleicht

Vorteile	Nachteile
Ich lebe; ich bin nicht im Meer ertrunken wie alle meine Reisegefährten.	Das Schicksal hat mich auf eine wüste Insel verschlagen, ohne Hoffnung, je befreit zu werden.
Ich bin von der übrigen Schiffsmannschaft getrennt worden, um dem Tode zu entgehen. Ich sterbe nicht vor Hunger; ich verschmachte nicht auf einem unfruchtbaren Boden, der keine Nahrung erzeugt	Ich bin getrennt von der menschlichen Gesellschaft und gleichsam ausgestoßen, um ein elendes Leben zu führen. Ich gehöre nicht mehr zu den Menschen; ich bin ein Einsiedler, ein Verbannter.
Ich bin an einer Insel gestrandet, wo es keine wilden Tiere zu geben scheint, wie ich sie an der afrikanischen Küste gesehen habe; was, wenn ich dorthin verschlagen worden wäre?	Ich bin fast wehrlos und habe nur wenige Mittel, einem Angriff von Menschen und Tieren Widerstand zu leisten.
Ich lebe unter einem warmen Himmelsstrich, wo ich kaum Kleider brauchte, wenn ich welche hätte. Das Schiff wurde so nahe an die Küste getrieben, dass ich alles daraus bergen konnte, was zur Befriedigung meiner Bedürfnisse dient oder mich in den Stand setzt, solange ich lebe, selbst für mich zu sorgen.	Ich habe keine Kleider, um mich zu bedecken. Ich habe kein einziges Wesen um mich, mit dem ich sprechen oder das mich trösten könnte.

… und dann – nach 25 Jahren, unter gefährlichen Umständen – bekommt Robinson einen Gefährten, den er »Freitag« nennt. Drei Jahre lang werden sie noch so manches Abenteuer bestehen, bevor Robinson nach Hause zurückkehren kann.

1 Besprecht: Welche Vor- und Nachteile kann so ein Inselleben mit sich bringen? Nutzt dabei die obige Gegenüberstellung der Eindrücke Robinsons.

2 Tausche dich mit deinem Nachbarn darüber aus, wie sich Robinson gefühlt haben muss, als er nach so langer Zeit Freitag gefunden hatte.

3 Überlegt, was sich in Robinsons Leben durch die Begegnung mit Freitag geändert haben könnte?

4 Auch Bennis Alltag dürfte sich wegen der plötzlichen Reise seiner Eltern verändert haben: Wie wird er als moderner Robinson »überleben«? Schreibe selbst eine moderne Robinson-Geschichte. Wenn du Lust hast, illustriere sie.

→← Aus unterschiedlichen Gründen können Menschen allein sein. Allein zu sein kann Furcht einflößen, aber auch ungeahnte Kräfte freisetzen. Vorübergehend kann Alleinsein eine Gelegenheit sein, sich zu entspannen und zu innerer Ruhe zu finden.

Allein oder gemeinsam mit anderen?

Die Stachelschweine

Eine Gesellschaft Stachelschweine drängte sich an einem kalten Wintertag recht nahe zusammen, um, durch die gegenseitige Wärme, sich vor dem Erfrieren zu schützen. Jedoch bald empfanden sie die gegenseitigen Stacheln, welches sie dann wieder voneinander entfernte. Wenn nun das Bedürfnis der Erwärmung sie wieder näher zusammenbrachte, wiederholte sich jenes zweite Übel, so dass sie zwischen beiden Leiden hin und her geworfen wurden, bis sie eine mäßige Entfernung voneinander herausgefunden hatten, in der sie es am besten aushalten konnten.

Q Arthur Schopenhauer, deutscher Philosoph (1788–1860)

Die Geschichte ist ein Gleichnis*. Ihr könnt die Merkmale und Eigenschaften der Stachelschweine auf das menschliche Zusammenleben übertragen: Worte und Blicke können wie Stacheln sein, mit denen sich Menschen gegenseitig verletzen. Habt ihr euch schon einmal wie »unter Stachelschweinen« gefühlt?

Freundschaft!?

»Gute Freunde hab' ich viel, bis ich sie gebrauchen will.«

»Gute Freunde findet man nicht am Wege.«

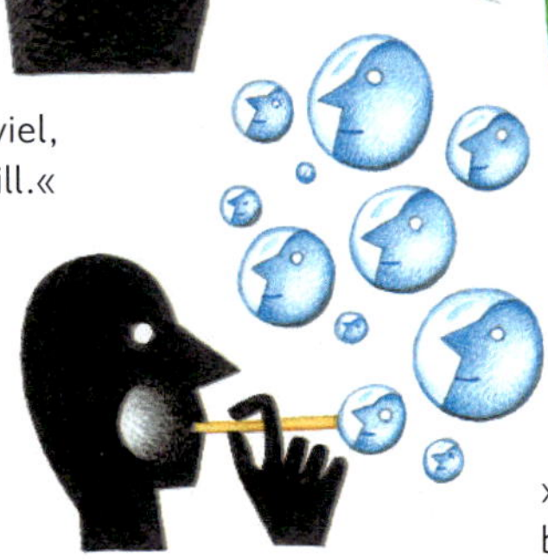

»Wer einen guten Freund hat, braucht keinen Spiegel.«

»Schön, dass es euch gibt!«

F ranz und Tina sind gute Freunde.
R ichtig gute Freunde seit drei Jahren.
E hrlichkeit prägt diese Freundschaft, genauso wie gegenseitige Achtung.
U nzertrennlich wurden sie durch ein gemeinsames Hobby.
N ach der 2. Klasse trennten sich die Eltern von Tina.
D adurch zogen ihre Mutter und sie in eine andere Stadt.
S chnell fand Tina neue «Freunde« in ihrer Klasse – na ja, eigentlich nur Kameraden.
C aroline saß neben ihr. Gemeinsam verband sie nur Unterricht.
H inzu kam, dass beide auch zu weit weg wohnten.
A nders war das mit Franz, der Junge mit gebrochenem Bein.
F ußball war sein Leben und Tinas auch, deshalb gingen sie gemeinsam zum Verein.
T rainieren konnte Tina zunächst nur ohne Franz; spielen durfte sie anstelle von Franz – und später mit ihm. Sie half Franz über traurige fußballlose Wochen. Heute verbringen beide viele Stunden zusammen. Allmählich entstand eine Freundschaft: begleitet von Kameradschaft, gegenseitigem Respekt und Unterstützung – zwischendurch nicht ohne Streit und Probleme. Vielleicht hält die Freundschaft für immer?

Ein Beispiel ◂ findet ihr oben.

Fachübergreifend (Deutsch): Was ist ein Akrostichon?
Ein Akrostichon ist ein Text (meist ein Gedicht in Versen), der nach bestimmten Regeln geschrieben wird: Die Anfangsbuchstaben jeder Zeile ergeben von oben nach unten gelesen ein Wort oder einen Namen. Der Text in den waagerechten Zeilen erläutert das Wort, das man mit den senkrechten Anfangsbuchstaben lesen kann.
Daneben gibt es auch noch andere Gedichtformen, die ihr ausprobieren könnt: das »Elfchen« oder das Haiku – fragt im Deutschunterricht nach …

1 Lass dich von den Fotos der linken Seite anregen: Wann bist du lieber allein – und was unternimmst du gern mit anderen? Vergleiche danach mit deinem Sitznachbarn.

2 »Komm mir nicht zu nahe!« – »Ich brauche dich jetzt !« Wähle einen dieser Aussprüche und gestalte ihn wie du möchtest: als Geschichte, Comic, Gedicht oder Liedtext.

3 Erstelle einen Merkmalkatalog für Freundschaft und Kameradschaft: Erarbeite den Unterschied.

4 Schreibe ein Akrostichon zur Kameradschaft.

→← Jeder Mensch möchte einmal allein sein – aber für immer? Wie langweilig! Eine Freundschaft dagegen kann das eigene Leben bereichern und hält manchmal ein ganzes Leben. Aber eine solch enge Beziehung meist zweier Menschen möchte gepflegt werden: Achtung, Vertrauen und Verständnis gehören ebenso dazu wie Anerkennung – und manchmal auch Streit.

Alte Menschen brauchen mich – ich brauche alte Menschen

Ein Mensch verändert sich im Laufe seines Lebens – manche sagen, er sei wie ein Baum im Laufe des Jahres. Vielleicht hast du schon mal von der »schönen Jahreszeit« gehört. Gemeint ist dabei die Phase des Alters.
Wie siehst du wohl in 60 Jahren aus? Nimm ein Foto von dir und verändere es.

Nebeneinander – miteinander – gegeneinander?

Um 1900 wurden die Menschen in Deutschland nur 46 Jahre alt; etwa 100 Jahre später betrug die Lebenserwartung bei Männern schon 74 und bei Frauen 80 Jahre. Häufig werden ältere Menschen in der Werbung als lebenshungrige Menschen dargestellt. Welche Beobachtungen hast du gemacht?

Heller: ehemalige deutsche Münze

Tröglein: kleines einfaches Holzgefäß

Der alte Großvater und sein Enkel

Es war einmal ein steinalter Mann, dem waren die Augen trüb geworden, die Ohren taub und die Knie zitterten ihm. Wenn er nun bei Tische saß und dessen Löffel kaum halten konnte, schüttete er Suppe auf das Tischtuch und es floss ihm auch etwas wieder aus dem Mund. Sein Sohn und dessen Frau ekelten sich davor und deswegen musste sich der alte Großvater endlich hinter den Ofen in die Ecke setzen, und sie gaben ihm sein Essen in ein irdenes Schüsselchen und noch dazu nicht einmal satt; da sah er betrübt nach dem Tisch und die Augen wurde ihm nass. Einmal auch konnten seine zittrigen Hände das Schüsselchen nicht festhalten, es fiel zur Erde und zerbrach. Die junge Frau schalt, er sagte aber nichts und seufzte nur. Da kaufte sie ihm ein hölzernes Schüsselchen für ein paar Heller; daraus musste er nun essen.
Wie sie da so sitzen, so trägt der kleine Enkel von vier Jahren auf der Erde kleine Brettlein zusammen. »Was machst du da?«, fragte der Vater. »Ich mache ein Tröglein«, antwortete das Kind, »daraus sollen Vater und Mutter essen, wenn ich groß bin.« Da sahen sich Mann und Frau eine Weile an, fingen endlich an zu weinen, holten alsofort den alten Großvater an den Tisch und ließen ihn von nun an immer mitessen, sagten auch nichts, wenn er ein wenig verschüttete.

Q Aus: Grimms Märchen

Methode: Einen Gegenstand durch Begriffe charakterisieren
Finde Wörter (Substantive, Adjektive oder Verben), die zum Thema gehören – zum Beispiel »Alter«: Negatives kannst du schwarz, Emotionales (Gefühle betreffend) rot, Optimistisches gelb schreiben. Danach suche dir einen Partner, einigt euch auf die wichtigsten zehn Begriffe. Sucht euch dann ein neues Paar. Einigt euch in der Vierer-Gruppe erneut auf die zehn wichtigsten Begriffe.
Gestaltet für euer Philo-Heft ein Blatt: Malt so genannte »Denkhüte«, tragt eure Begriffe in oder unter die Hüte ein und sucht passende Bilder dazu. Wer mag, kann eventuell sogar Sprichwörter finden und ergänzen.

1 Versetze dich in die Lage einer der Personen aus dem Märchen und beschreibe aus ihrer Perspektive* einen glücklichen und einen unglücklichen Tag.

2 Was bedeutet es, wenn man sagt: »Alt werden wollen alle, aber alt sein will keiner«?

Siehe oben ◄ 3 Diskutiert die Vorteile der »Hütchen«-Methode, wenn ihr ein Thema aus verschiedenen Blickwinkeln beleuchten wollt.

Jung und alt – nur gemeinsam macht das Leben Spaß.
Ihr habt mehr Kraft und meist noch eine starke Gesundheit – eure Großeltern oder ältere Nachbarn können mit anderen »Schätzen« aufwarten, die das gemeinsame Leben bereichern: Sie haben Erfahrungen, die allen hilfreich sind. Nutzt die Chance, voneinander zu lernen und miteinander zu leben.

Andere sind anders als ich

Pascal ist weggelaufen

Pascal, 13 Jahre

Zuhause hat er es nicht mehr ausgehalten. Sein Vater hat seit zwei Jahren keine Arbeit mehr, oft trinkt er schon vormittags. Wenn Pascal von der Schule kommt und Musik hört um sich zu erholen, schimpft der Vater und nicht selten schlägt er kräftig zu.
Jetzt ist Pascal auf dem Weg zum Kinder- und Jugendschutzbund – dort gibt es vielleicht Hilfe.

http://mein-kummerkasten.de ◄

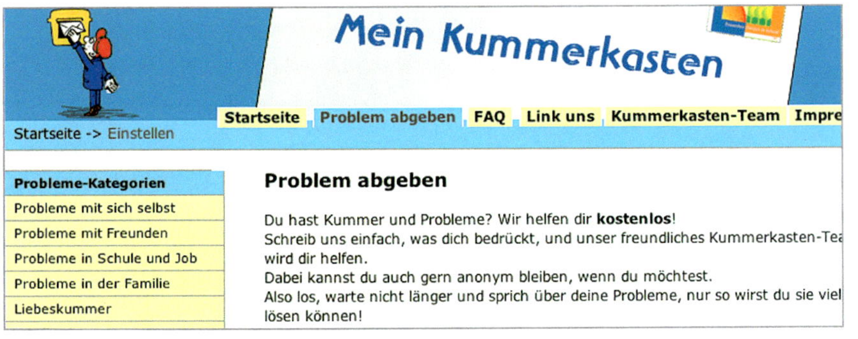

Francesca lebt in Brasilien

Francesca, 11 Jahre

Ihre Eltern sind so arm, dass sie Francesca und ihre Geschwister nicht allein ernähren können. Eines Tages kam ein Mann aus einer großen Stadt. Er versprach für Francesca zu sorgen. Also haben Francescas Eltern ihre Tochter an den Mann verkauft. Mit dem Geld konnte die Familie eine Weile überleben. Francesca lebt nun in einer fremden Stadt. Von morgens bis abends pflückt sie auf der Kaffeeplantage Kaffeebohnen, gemeinsam mit vielen anderen Kindern. Dort, wo Francesca arbeitet und isst, schläft sie auch; Lohn erhält sie keinen.

Kevin will dazugehören

Kevin, 12 Jahre

»Zuerst habe ich so mit 10 heimlich probiert. Ich wollte einfach mal wissen, wie Rauchen so ist. War 'ne Enttäuschung, hat eklig geschmeckt und schlecht war mir. Fast hätte ich nie wieder geraucht, aber ich war 10 und gehörte zu einer Clique mit Großen. Und irgendwann reichten sie Bier herum – pfui war das bitter. Besser war Bibop oder die anderen süßen Alkopops. Absolut. Jedes Wochenende treffen wir uns bei Irgendeinem und genießen.«

Elisabeth, 13 Jahre

Sophie, 11 Jahre

Elisabeth faltet die Hände

In der Küche sitzen um einen Tisch fünf Personen – zwei Erwachsene und drei Kinder. Eines davon ist Elisabeth. Sie wollen gerade zu Mittag essen; nun falten sie ihre Hände und haben die Augen geschlossen, obwohl das Essen schon auf dem Tisch steht. Komisch – was geht hier nur vor?

Sophie liest anders

Sophie hatte vor fünf Jahren einen Unfall, bei dem sie ihr Augenlicht verlor. Es war schrecklich, besonders am Anfang. Gerade hatte sie in der Schule viel Spaß am Lesen gefunden und auf einmal war alles um sie dunkel. Heute geht Sophie auf eine Schule für Blinde – und eines ihrer Hobbys ist das Lesen. Denn fast alle wichtigen Bücher gibt es heute auch in Blindenschrift.

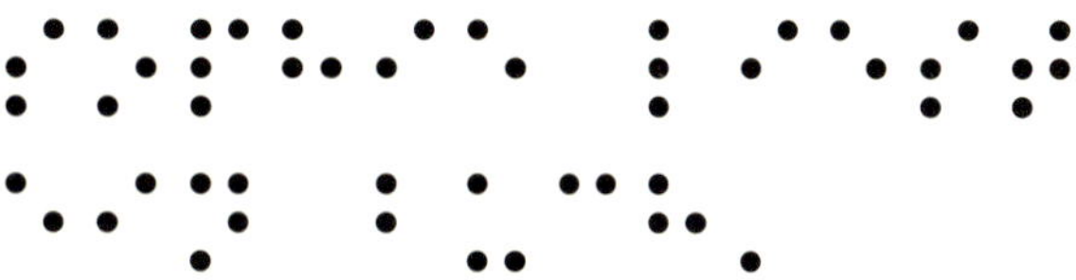

In Blindenschrift: Sophie liest ein Buch.
Im 19. Jahrhundert entwickelte LOUIS BRAILLE, der selbst im Alter von drei Jahren erblindete, eine abtastbare Punktschrift, die so genannte Blindenschrift. Ihre Buchstaben werden nicht durch Linien voneinander getrennt und sind auf die meisten Sprachen übertragbar.

1 Was erfährst du über die fünf Kinder? Vergleiche mit deiner eigenen Lebenssituation.

2 Überlegt, worin die Kinder sich unterscheiden – und was ihnen gemeinsam ist: Nennt dann Beispiele, was die fünf voneinander lernen und wie sie sich gegenseitig unterstützen können.

3 Stell dir vor, du triffst auf die genannte Gruppe: Was kannst du von dir berichten und wie möchtest du dich in die Gruppe einbringen?

→← Jeder Mensch ist anders, hat seine eigene Geschichte; doch immer gibt es auch Gemeinsames. Nimm dir die Zeit, deinen Nachbarn kennen zu lernen, dich in ihn einzufühlen und du wirst merken: Die Aufmerksamkeit auf das Gegenüber schafft Nähe und verbindet.

Leben in der Familie

1

2

3

Familie ist

... wenn alle alles teilen.
... Geborgenheit.
... wie Freundschaften.
... zum Spaß haben.
... zum Trauern.
... zum Feiern da.
... zum zusammenhalten.
Denise (12 Jahre)

... wenn die Eltern sich lieben und ihre Kinder nicht aussetzen.
Friedemann (11 Jahre)

... wenn man immer gemocht wird.
Christin (13 Jahre)

... wenn man Zeit miteinander verbringt, ein Haus baut, zusammen spielt, in den Urlaub fährt.
Matthias (11 Jahre)

... wenn die Freundin meines Vaters mit ihrem Sohn zu uns zieht.
Kevin (12 Jahre)

... etwas ganz besonderes, weil man ältere Menschen hat, die uns lehren, wie man sich benimmt und uns helfen.
Marina (12 Jahre)

Aus einer Umfrage unter Schülerinnen und Schülern der 6. Klasse

Was sind Patchwork-Familien?
Patchwork (englisch): ein aus bunten Flicken zusammengesetzter Stoff. In Patchwork-Familien leben außer den gemeinsamen Kindern auch Kinder aus früheren Beziehungen der Eltern.

Du kennst bestimmt das Märchen vom Aschenputtel. Erinnerst du dich, wie das arme Mädchen von ihrer bösen Stiefmutter behandelt wurde? Wenn sich heute Familien trennen und dann neu ordnen, gibt es das normalerweise nicht: dass die »Stiefkinder« schlecht behandelt werden. Natürlich treten Probleme auf – wie in jeder anderen Familie auch. Nur: Passt der Name »Stiefmutter« noch in die heutige Zeit?

1 Findet heraus, welche Familientypen auf den Bildern dargestellt sind.

www.sos-kinderdorf.de ◄ **2** Weltweit gibt es 125 SOS-Kinderdörfer, in denen über 20.000 Kinder und Jugendliche in neuen Familien leben: Informiert euch über diese ungewöhnliche Lebensform.

3 Stelle Vermutungen an, was die auf dieser Doppelseite abgebildeten Familienmitglieder gerade erlebt haben: Suche dir ein Foto aus und schreibe dazu Sprechblasen. Notiere darunter auch mögliche Probleme, die die Familie gemeinsam lösen muss.

Leben in der Familie

Familie – wie funktioniert das?

So …

… oder so?

In einer Familie erfüllt jeder bestimmte Aufgaben. Gemeinsam können sich ihre Mitglieder darüber verständigen, wer wann welche Aufgaben erfüllen kann:

Aufgabe	Wer?	Wie oft?	Mo	Di	Mi	Do	Fr	Sa	So
Tisch decken	Mama / Paul	täglich	V	V	V	■	■	■	■
Wäsche waschen	Papa	2xwöchentl.		V			■		
Bad putzen	Papa	1xwöchentl.				■			
Mittagessen kochen	Mama / Papa	täglich	V	V	V	■	■	■	■
Frühstück machen	Mama / Papa	täglich	V	V	V	■	■	■	■
Einkaufen	Mama	2xwöchentl.	V					■	
Abendbrot machen	Mama / Papa	täglich	V	V	V	■	■	■	■
Blumen gießen	Paul	2xwöchentl.	V				■		
Kinderzimmer aufr.	Anja / Paul	2xwöchentl.			V				■
Bügeln	Mama	1xwöchentl.		V					
Papier/Glas entsorgen	Anja	1xwöchentl.				■			
Müll hinausbringen	Paul	2xwöchentl.			V				■
Spülmaschine ausr.	Anja / Mama	täglich	V	V	V	■	■	■	■

1 Liste auf, was dieser Plan »erzählt«.

2 Suche die Pflichten der Kinder heraus und vergleiche mit deinen Pflichten.

3 Welche Vorteile bringt dieser Plan?

4 Was würdest du mit deiner Familie unternehmen wollen, wenn ihr einen freien Tag habt – zum Beispiel an einem Wochenende?

»Friede, Freude, Eierkuchen«?

Erinnerst du dich an deine letzte Familienfeier? Fast alle waren gekommen, haben gelacht, erzählt, gegessen – war das ein Spaß! Doch in vielen Familien gibt es diese Freude nicht mehr. Probleme türmen sich auf: Arbeitslosigkeit, Geldmangel, Gewalt oder Trennungen (weil sich die Eltern nicht mehr verstehen). Eltern, die sich für immer trennen, lassen sich häufig scheiden: Einige erwarten von ihren Kindern, dass sie sich entscheiden, wen man lieber hat – Mutti oder Vati? Nur – wie soll das gehen?

Kinder, die einen Elternteil oder Geschwister verlieren, haben es schwer: Häufig fühlen sie sich allein gelassen oder schuldig; viele fürchten sich vor Umzügen und einem Schulwechsel. Deshalb helfen Beratungsstellen, diese Kinder wieder stark zu machen und ihnen Lebensfreude zurückzugeben.

Seite 201 ◀
Adressen, die helfen

→← Die Familie ist eine sehr alte Form des Zusammenlebens. »Familie« nennt man eine Gemeinschaft von Menschen, die durch Abstammung, dauerhaftes Zusammenleben, Heirat oder gemeinsame Nachkommenschaft verbunden sind.
Im Laufe der Jahrhunderte hat sich die Familie sehr gewandelt: Vielleicht weißt du von eurer Familie, dass sie vor vielen Jahren in einem Haus lebte – zum Beispiel mit sechs Kindern, den Eltern, den Großeltern und Hausangestellten? Heute finden wir immer mehr Kleinfamilien oder »Patchwork«-Familien.
In der Regel sorgen Eltern für ihre Kinder und erziehen sie. Auch die Kinder haben, neben ihren Rechten, Pflichten, die sie in der Familie erfüllen müssen. Häufig kommt es dabei auch zu Konflikten – gegenseitige Liebe, Respekt und Achtung voreinander sind eine wichtige Voraussetzung, die Probleme zu lösen. Wenn alle Familienmitglieder die Rechte der anderen achten und ihre eigenen Pflichten ernst nehmen, bildet die Familie einen Ort der Gemeinschaft – und oft der Geborgenheit.

Ich bin ein Teil des Ganzen

Wir brauchen einander

Obwohl die meisten Menschen gerne mal allein sein wollen, sind sie aufeinander angewiesen – wie die Einzelteile in einem großen Puzzle. Viele haben ihren Platz schon eingenommen – in den kleinen und großen Gemeinschaften ihrer Umgebung; andere sind noch auf der Suche. Dabei sind einige Wege vorgegeben, viele aber müssen die Menschen selbstständig beschreiten. Einige »Wegweiser« und Wegbegleiter hast du in diesem Kapitel kennen gelernt.

Jeder in einer Gemeinschaft ist auf seine Art wichtig: Wer Aufgaben übernimmt und diese erfüllt, die anderen achtet und unterstützt, wird gut mit den anderen Menschen auskommen – und selbst Unterstützung erfahren. Als Mensch unter Menschen bist du einmalig und unverwechselbar – etwas ganz Besonderes.

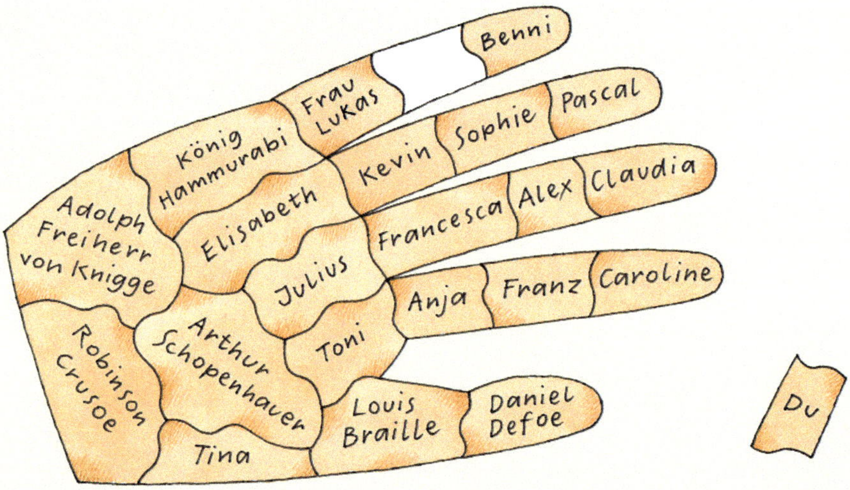

Mein Platz im Lebenspuzzle

Du (= DU) hast deinen Platz im Lebenspuzzle sicher schon entdeckt. Schreibe abschließend einen kleinen Aufsatz, in dem du deinen persönlichen Platz beschreibst – als Teil des Ganzen im Alltag: Wer oder was waren und sind deine »Wegweiser« – Wegbegleiter, die dich stark gemacht haben? Nutze dazu auch noch mal die Seiten des Kapitels oder deine Aufzeichnungen.

Tipp: Als Vorarbeit kannst du zunächst eine Mindmap erstellen, bevor du alles in einem Text formulierst. Wer mag, kann auch seine eigene Hand entwerfen.

Seite 30 ◀
Methode: Mindmapping

Die Rechte der Kinder – und die Wirklichkeit?

Anna geht in die 6 b an einer Schule in Neumark.
Sie hat dieses Gedicht verfasst:

Manche Kinder sind traurig, sind allein,
brauchen alle Hilfe, ob groß oder klein.
Wo Menschen scherzen,
haben andere Schmerzen.
UNICEF hilft, macht Kindern Mut,
wusstet ihr, dass die Hilfsorganisation so viel tut?!
Viele Menschen sammeln Spenden,
damit Kinder nicht auf der Straße enden.
Habt ihr Probleme in der Schule oder zu Hause,
hey, macht doch mal 'ne Pause,
schnappt euch das Telefon und sprecht euch aus.
Wer hilft gegen Sorgen und Kummer?
Zum Beispiel diese Nummer: 0800/111 03 33!
Kinder können gut, aber auch böse sein,
doch ist das ein Grund Kinder zu schlagen?
Wir denken, das kann kein Kind ertragen,
deshalb könnt ihr nach euren Rechten fragen.

Liebe Leute, hört mich an,
schaut gleich mal unsere Ausstellung an.

Projekt: Kinderrechte auf Briefmarken

1. Suche dir ein Kinderrecht aus und gestalte dieses Recht in Form einer Briefmarke: mit einem bestimmten Kinderrecht und dem dazugehörigen Artikel, einer Zeichnung oder einem Text, einem kurzen Gedicht oder einer Collage.
2. Für weitere Anregungen könnt ihr die Tageszeitung nutzen oder Experten befragen. Vielleicht könnt ihr auch zum örtlichen Kinderschutzbund oder in ein SOS-Kinderdorf fahren. Forscht nach Anlaufpunkten, die euch bei der Umsetzung der Aufgabe unterstützen können.
3. Fügt am Ende eure zahlreichen bunten Marken zu einem »Briefmarkenalbum« zusammen: Daraus könnt ihr eine Präsentation oder Ausstellung zu den Rechten der Kinder machen.

In zahlreichen Ländern der Erde gibt es Bürgerkriege. ABRAHAM WELDAY, 9 Jahre, malte die Gefangennahme und teilweise Ermordung seiner Familienangehörigen.

Am »Runden Tisch« in der ehemaligen DDR (1989): Schauplatz eines friedlichen Machtwechsels

1 Wovon erzählen die Bilder? Versucht die beteiligten Personen und Gruppen zu benennen. Unterscheidet die Fotos nach Konfliktarten (z. B. zwischen Einzelnen, Gruppen usw.).

2 Beschreibt die in den Bildern aufgezeigten Wege zum Umgang mit Konflikten.

3 Erzählt von Erfahrungen, die ihr selbst bei der Bewältigung von Konflikten gemacht habt. Diskutiert, ob Konflikte grundsätzlich vermieden werden sollten.

Friedlich für eine bessere Zukunft demonstrieren

Mit Konflikten umgehen

Wer hat noch nicht solche Situationen erlebt?

Konflikte im Alltag

Jugendliche einer 6. Klasse haben Mitschüler/innen nach ihren Problemen befragt. Einige Antworten sind hier abgedruckt. Weitere Äußerungen, die hier nicht dokumentiert sind, berichten von Streitigkeiten in der Familie und im Freundeskreis, von der Trennung der Eltern oder auch von Trauer.

ICH HABE MEINER FREUNDIN ETWAS SEHR PERSÖNLICHES ANVERTRAUT. SIE HAT ES EINFACH WEITERERZÄHLT UND MACHTE SICH NOCH DARÜBER LUSTIG.

IMMER MECKERT MEIN ENGLISCHLEHRER AN MEINER AUSSPRACHE HERUM. ER STELLT MICH VOR DER KLASSE BLOSS, OBWOHL ICH ZU HAUSE DIE AUSPRACHE OFT ÜBE UND SOGAR KINOFILME AUF ENGLISCH ANSCHAUE.

MANCHMAL FÜHLE ICH MICH VON MEINEN ELTERN IMMER NOCH WIE EIN KLEINKIND BEHANDELT. SIE VERSTEHEN NICHT, DASS ICH MEINEN EIGENEN FREUNDESKREIS HABE, MIT DEM ICH AUCH ETWAS UNTERNEHMEN MÖCHTE. DIE VIELEN VERBOTE SIND UNERTRÄGLICH.

ICH SEHE NICHT EIN, IMMER DER NEUESTEN MODE HINTERHERZULAUFEN. VIELE FINDEN MICH DESHALB „UNCOOL", WOLLEN NICHTS MIT MIR ZU TUN HABEN ODER HÄNSELN MICH SOGAR.

NUR WEIL EIN MITSCHÜLER GRÖSSER IST UND VON EINEM KREIS SOGENANNTER FREUNDE UMGEBEN IST, FÜHLT ER SICH STARK GENUG, MICH UND AUCH ANDERE ZU ZWINGEN, IHM SACHEN UND GELD ZU ÜBERLASSEN. ALS ICH MICH WEIGERTE, IHM MEINEN MP3-PLAYER ZU GEBEN, WURDE ICH VON IHM UND EINIGEN ANDEREN JUNGEN VERPRÜGELT.

HÄUFIG TRAUE ICH MICH IM UNTERRICHT NICHT, ETWAS ZU SAGEN, WEIL ICH DENKE, DIE ANTWORT WÄRE FALSCH. DIE LEHRER DENKEN DANN, ICH WÜRDE MICH FÜR DEN UNTERRICHT NICHT INTERESSIEREN.

Wortmalereien – und was denkst du über Konflikte?

Vielleicht gelingt es dir, das Wort »Konflikt« in ein selbst gemaltes Bild zu verwandeln.

1 Stellt im Rollenspiel einige Konflikte nach, die aus den auf der linken Seite beschriebenen Problemen entstehen können. Kennt ihr noch andere Situationen, in denen sich ein Problem zu einem richtigen Konflikt entwickelt hat?

2 Tauscht euch darüber aus, inwieweit sich die dargestellten Konfliktbilder mit euren Erfahrungen decken? Übertragt eine »Wortmalerei« auf Papier und füllt sie mit Begriffen. Wer möchte, kann sein Wortbild den anderen erklären.

3 Stellt euch eine außerirdische Zivilisation vor, in der es keine Konflikte gibt. Erklärt den Angehörigen dieser Zivilisation, was ein Konflikt ist.

4 Diskutiert Chancen und Risiken, die mit Konflikten grundsätzlich verbunden sind.

→← Wer mit anderen über ein Problem streitet, befindet sich in einem Konflikt. Diese entstehen, wenn verschiedene Absichten, Erwartungen oder Meinungen aufeinanderstoßen. Dabei können sowohl einzelne Personen als auch Gruppen oder Staaten miteinander in Konflikt geraten. Konflikte können sich steigern (eskalieren) und Gewalt und Leid erzeugen. Alltägliche Konfliktsituationen machen das Leben einerseits beschwerlich, andererseits aber auch interessant. Wer Konflikte gut lösen möchte, braucht oft Fantasie – und die Bereitschaft, sich auf einen manchmal langen und anstrengenden Weg einzulassen.

Innere Konflikte

Oft gerät man auch als Unbeteiligter in einen inneren Konflikt, bei dem man sich zwischen zwei oder mehreren Werten entscheiden muss.

Lisa: Freundschaft oder Gerechtigkeit?

In der sechsten Klasse wird eine Englischarbeit geschrieben. Neben Aline sitzt Lisa, die von Aline abschreibt. Das beobachtet Fabrizio, der mit Lisa befreundet ist. Beim Abschreiben verbessert Lisa in ihrer Arbeit die Leichtsinnsfehler, die Aline gemacht hat, so dass der Lehrer glaubt, Aline habe gepfuscht. – Aline wird verdächtigt, abgeschrieben zu haben und bekommt eine Sechs, Lisa aber eine Eins. Am Nachmittag zu Hause denkt Fabrizio darüber nach, was er tun soll.

1 Findet heraus, worin der Konflikt für Fabrizio besteht.

2 Überlegt die Handlungsmöglichkeiten, die Fabrizio hat, wenn er sich moralisch* richtig verhalten will. Bedenkt auch, welche Folgen Fabrizios Verhalten für Lisa und Aline hätte.

3 Entscheidet euch in einer Abstimmung für die Handlung, die ihr für moralisch richtig haltet: Begründet eure Entscheidung.

4 Diskutiert eure Begründungen und die eurer Mitschüler/innen. Sucht nach Begründungen, mit denen ihr diejenigen überzeugen könnt, die sich anders als ihr entschieden haben.

5 Stimmt erneut über die Frage ab, wie sich Fabrizio entscheiden soll, wenn ihr alle Begründungen kennen gelernt habt.

6 Vielleicht haben sich einige durch die Begründungen der anderen oder durch eigenes Nachdenken nun anders entschieden: Was hat euch veranlasst, eure Entscheidung zu verändern?

Methode: Werte* klären in Konfliktsituationen
Manchmal gerätst du in eine »Zwickmühle«. Dann musst du dich zwischen zwei oder mehreren moralisch* richtigen Handlungen entscheiden, denen unterschiedliche Werte zugrunde liegen: Entscheidest du dich zum Beispiel für die Gerechtigkeit, verstößt du gegen die Freundschaft oder gegen die Liebe – du befindest dich in einem inneren Konflikt. Auch erfundene Konflikte können dir helfen herauszufinden, was für dich zählt.

7 Schreibe selbst eine Geschichte über jemanden, der in der Schule in einen ähnlichen Konflikt wie Fabrizio gerät.

Philipps Vater: gerecht oder liebend? Ein Sohn erzählt

Als mein jüngerer Bruder Philipp 18 Jahre alt war, hatte er genug von der Familie und dem Arbeiten auf dem Bauernhof. Er wollte in die Welt reisen, einfach so leben können, wie es ihm gefiel. Er bat unseren Vater, ihm sein Erbteil auszuzahlen. Nach einigen schlaflosen Nächten erfüllte unser Vater seinen Wunsch. Philipp reiste ab.
In den ersten Wochen und Monaten meldete sich Philipp hin und wieder. Er erzählte begeistert über alles, was er gesehen und erlebt hatte. Aber dann hörten wir nichts mehr von ihm. Wir machten uns Sorgen. Viele Jahre vergingen. Eines Abends saß unser Vater nach der Arbeit vor dem Haus und blickte über die Felder. Plötzlich sah er, wie sich jemand abgemagert und in zerlumpter Kleidung den Weg zum Hof heraufschleppte. Er erkannte Philipp. Er sprang auf, lief ihm entgegen und umarmte ihn. Philipp war überrascht. Er hatte mit schweren Vorwürfen gerechnet und sich lange überlegt, ob er überhaupt nach Hause zurückkehren konnte. Nachdem er das Geld mit Alkohol, Drogen und in Spielhallen durchgebracht hatte, ging es ihm so schlecht, dass er hoffte, wenigstens während der Ernte auf dem Hof als Erntehelfer arbeiten zu dürfen. – Und nun dieser Empfang!
Als ich das sah, überkam mich die blanke Wut. Und als ich auch noch erfuhr, dass unser Vater Philipp zu Ehren ein großes Fest mit Verwandten und Freunden feiern wollte, war ich außer mir: Wenn ich, der ich die ganzen Jahre auf dem Hof gearbeitet und keinen Ärger gemacht hatte, mit meinen Freunden eine Party feiern wollte, hatten die Eltern immer etwas dagegen.
Unser Vater bemerkte, dass ich wütend war und ihm Vorwürfe machen wollte. Da sagte er: »Carl, du hast all die Jahre bei uns gelebt, dir hat nichts gefehlt. Nun freue dich mit uns, dass Philipp, um den wir uns große Sorgen gemacht hatten, wieder bei uns ist.«

1 Findet heraus, worin der innere Konflikt für den Vater besteht.

Seite 100 ◂
Methode: Rollenspiel

2 Schreibt einen neuen Schluss der Geschichte, in dem der Vater sich für die andere moralisch richtige Handlung entscheidet. Ihr könnt die Geschichte mit dem neuen Schluss auch als Rollenspiel aufführen.

3 Diskutiert die Entscheidung des Vaters: Sucht nach Begründungen, die für oder gegen seine Entscheidung sprechen. Überlegt auch, wie es wäre, wenn sich alle Eltern wie der Vater in der Geschichte verhalten würden.

Lukas 15, 11–32 ◂

4 Vielleicht habt ihr schon mal eine Geschichte gehört oder gelesen, die mit der Geschichte von Philipp und Carl Ähnlichkeit hat.

→← Kinder und Erwachsene geraten häufig in innere Konflikte, bei denen sie eine Lösung für sich finden müssen. Das ist oft schwierig, aber auf jeden Fall sollte man sich die Werte bewusst machen, die hier eine Rolle spielen und sich dann entscheiden: z. B. für die Gerechtigkeit und für die Freundschaft oder gegen die Strafe und für die Liebe.

Konflikte lösen – aber wie?

In verschiedene Rollen schlüpfen

Seite 100 ◄
Methode: Rollenspiel

Vor der großen Pause schneite es. Auf dem Schulhof wurde mit Schneebällen geworfen, obwohl dies in der Schulordnung verboten ist. Dabei wurde Tina an der Schläfe getroffen, so dass sie jetzt Kopfschmerzen hat und über dem rechten Auge blutet. Was ist geschehen? Wer hat geworfen? Um das herauszufinden, sitzen Paul, Uta, Tina und die anderen im Kreis zusammen. Frau Heberlein, die Klassenlehrerin, kommt dazu.
Könnt ihr der Gruppe helfen? Auf den nachfolgenden Rollenkarten erfahrt ihr einiges über die beteiligten Schülerinnen und Schüler. Um noch intensiver einzusteigen, könnt ihr die Rollen verteilen, die Vorschläge erweitern und ein Rollenspiel gestalten.

Tina
... wurde vom Schneeball hart an der Schläfe getroffen
... weiß nicht, wessen Schneeball ihren Kopf traf
... hat gesehen, dass Uta Schneebälle wirft
... ist mit Paul und Uta befreundet

Paul
... findet es nicht gut, dass Schneeballwerfen verboten ist
... sorgt sich um Tina
... vermutet, dass Uta geworfen hat, möchte aber niemanden verpetzen
... will, dass der Werfer zu seinem Verhalten steht

Uta
... wirft Schneebälle, obwohl es verboten ist
... vermutet, dass sie Tina getroffen hat
... will keinen Ärger

Leo
... stand neben Uta
... weiß, dass Utas Schneeball Tina getroffen hat
... kann Paul nicht leiden
... mag Uta sehr
... wird behaupten, dass Paul den Schneeball geworfen hat, der Tina traf

Frau Heberlein
... ist ahnungslos
... bittet die Kinder, von ihren Beobachtungen zu sprechen

Seite 201 ◄
Schüler helfen Schülern

Paul wird beschuldigt, den Schneeball geworfen zu haben. Nun ist er in großen Schwierigkeiten. Deshalb schreibt Paul einen Brief an Gamze und Hannes aus der 7a, die beide zur Gruppe der Streitschlichter an Pauls Schule gehören. Den Brief steckt Paul in den Kummerkasten:

Liebe Streitschlichter,
ich brauche eure Hilfe.
Tina hat auf dem Schulhof einen Schneeball abbekommen. Sie hat auch richtig geblutet und geweint. Wir haben gleich in der Klassenlehrerstunde darüber gesprochen und derjenige, der geworfen hat, sollte sich melden.
Nun ist aber alles anders gekommen. Leo hat gesagt, dass ich den Schneeball geworfen habe, der Tina verletzt hat.
Viele Grüße sendet Paul
P.S.: Ich warte auf eure Antwort

1 Nun seid ihr als Konfliktlotsen gefragt: Jeder macht Vorschläge, wie Paul einen nützlichen Rat und Hilfe bekommen könnte.

2 Vergleicht und diskutiert die Ratschläge: Schreibt anschließend jeweils einzeln einen persönlichen Antwortbrief an Paul.

Kap. 4, Seite 70–75 ◄

3 Überlege für dich, was eine Lüge ist: Darf man manchmal lügen? Denke dabei an Situationen, in denen du gelogen hast und in denen du belogen wurdest.

4 Stellt euch vor, Tina, Uta, Paul und Leo werden von den Streitschlichtern zu einer Sitzung eingeladen. Diese wissen auch von anderen Schülern, dass Leo tatsächlich zu Unrecht Paul beschuldigt hat, den Schneeball geworfen zu haben. Spielt die Lösung des Konflikts im Rollenspiel und überlegt anschließend, welche Möglichkeiten die Streitschlicher zu einer Konfliktlösung haben, in der keiner der Beteiligten als Verlierer dasteht.

Regeln zur Streitschlichtung

- Jeder kann seinen Standpunkt darlegen und kommt zu Wort.
- Es spricht immer nur einer.
- Keiner darf einen anderen beschimpfen.
- Es dürfen Gefühle geäußert werden, aber nur in der Form: »Ich habe mich geärgert, fühle mich hintergangen« usw.
- Gefühlsäußerungen sind von sachlichen Beschreibungen zu trennen.

Konflikte lösen – aber wie?

Wenn aus dem Spiel Ernst wird …

Ein Streit in der Klasse

Die große Pause ist zu Ende. Die Klasse 6 a geht zurück in den Klassenraum; doch es ist unruhig. Einige Kinder streiten heftig und beginnen sich zu prügeln. Frau Müller möchte helfen, den Streit zu beenden. Dazu muss sie erst einmal wissen, was los ist.
Jana berichtet: »Als wir drei etwas später kamen, haben uns die anderen nicht mehr mitspielen lassen.« Sofort setzt Viola zur Verteidigung an: »Wir haben gerade die Mannschaften eingeteilt und das Spiel angefangen – da kommt ihr und bringt wieder alles durcheinander. So kommen wir ja nie zum Spielen.« – »Aber wir können doch nichts dafür, Herr Faber wollte uns noch sprechen«, entgegnet Damla. »Wir wollen auch mit euch spielen und nicht ausgeschlossen sein. Zu dritt macht es doch keinen Spaß.«

Wenn alle Recht haben …

Die vorgetragenen Standpunkte leuchten ein, doch der Konflikt bleibt ungelöst – Vorschläge sind gefragt. Frau Müller fragt: »Wie können wir den Streit schlichten?«
Selin Wir sollten mit dem Spielen warten, bis alle Kinder angekommen sind.
Julia Ich möchte am liebsten die Klasse teilen; diejenigen, die später kommen, sollen allein spielen.
Marie Wir sollten uns ein anderes Spiel ausdenken – ohne Mannschaften. Ich will noch heute unseren Sportlehrer fragen, ob er uns nicht einige Spiele beibringen kann.

Überlegt, auf welche Weise man die folgenden Konflikte lösen kann:

Fatima wird ständig von Max gehänselt, da sie seit einer Woche ein Kopftuch trägt.

Jan ist beim Staffelspiel zum Sportfest zu langsam gelaufen. Einige sind der Meinung, dass er die Schuld an der Niederlage der Klasse trägt.

Viola hat im Vorbeigehen aus Versehen die Bücher von Damla heruntergeworfen. Damla ist stinksauer und schreit Viola an.

Schüler helfen Schülern – ein Interview

Auf dem Nachhauseweg wird Julia auf eine Plakatwand aufmerksam. Auf einem großen Poster stellt sich die »OK-Gruppe« vor – eine Schülergruppe, die helfen will, Konflikte untereinander zu schlichten. »Wie soll das denn gehen – ohne Lehrer?« Doch Julia ist neugierig geworden und überredet Viola, gemeinsam einen Vertreter der Gruppe zu befragen.

Julia Warum habt ihr diese Gruppe an unserer Schule gegründet?

Nuri Wir wissen, dass es oft Streit in den Klassen gibt. Deshalb wollen wir den Schülerinnen und Schülern helfen, Konflikte ohne Gewalt und Hass zu lösen.

Viola Aber das machen doch unsere Lehrer.

Nuri Ja, aber wir sind davon überzeugt, dass Schüler ihren Mitschülern wirkungsvoller helfen können. Wir können uns besser in die Lage unserer Mitschüler versetzen und haben keine »Erziehungsaufgaben« im Kopf – wir wollen nur bei der Lösung eurer Probleme helfen.

Was tun?

Julia Ja, könnt ihr denn das einfach so?

Nuri Nein, einfach so geht das natürlich nicht. Wir sind zuvor als »Streitschlichter« ausgebildet worden: Dort haben wir eine Menge über Ursachen und Verlauf von Konflikten gelernt. Wir haben auch geübt, Gespräche zur Konfliktlösung zu führen.

Viola Und das alles ohne Lehrer?

Nuri Na ja, wir haben zwei Lehrer die uns helfen, wenn es Probleme gibt. Sie haben eine ähnliche Ausbildung erhalten. Diese Lehrer wollen jedoch keine Konflikte selbst schlichten – sie sind der Meinung, dass wir das untereinander viel besser können.

Julia Kann man bei Problemen einfach zu euch kommen?

Nuri Na klar! Auf unserem Plakat findet ihr die Sprechzeiten.

1 Macht Vorschläge, wie die Klasse von Selim, Julia und Marie ihren Streit beheben kann: Findet heraus und begründet, welcher Vorschlag besonders geeignet ist.

2 Tauscht eure Erfahrungen aus, wie man am besten an die Lösung eines Konflikts herangehen sollte. Warum ist eine Lösung allein meist nicht gut?

3 Nuri erläutert, warum seine Gruppe einen Streit besser schlichten kann als die Lehrkräfte: Fasse seine Gründe zusammen und finde weitere.

4 Überlegt, wann Schüler/innen lieber einen Streitschlichter aufsuchen sollten als zu versuchen, ihren Konflikt selbst zu lösen.

→← Ein Konflikt kann Streit und Gewalt fördern; er kann aber auch eine Möglichkeit bieten, sich näher kennen zu lernen – vorausgesetzt, die Beteiligten sind bereit, einander zuzuhören. So kann der Konflikt eine Chance sein, das Zusammenleben ohne Gewalt zu gestalten. Wege zu einer gewaltfreien Konfliktlösung könnt ihr gemeinsam herausfinden und nutzen.

Wie Konflikte entstehen

Vorurteile

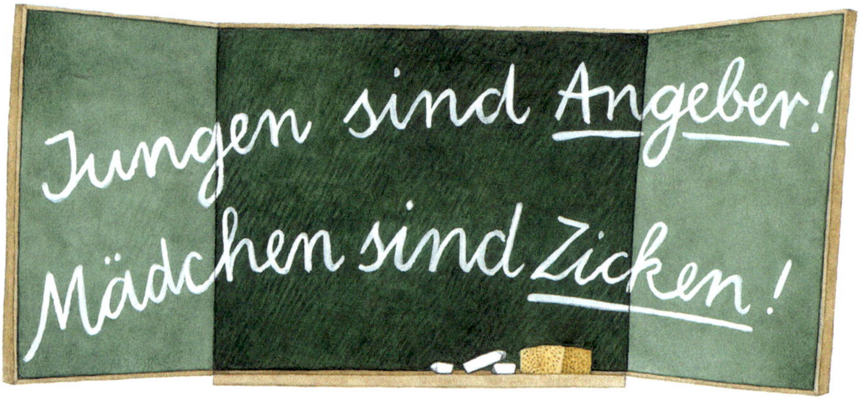

Zwei typische Vorurteile – wo könnten sie herkommen? Kennt ihr noch andere, die sich in manche Köpfe eingeschlichen haben?

Stufen der Vorurteilsbildung

Ein amerikanischer Psychologe beobachtete in einem Experiment das Gruppenverhalten 12-jähriger Jungen in einem Ferienlager. – Würden sich Mädchen ähnlich verhalten? Was meint ihr?

Erste Phase: Kennenlernen
Eine Gruppe von ca. 25 Jungen kommt in einem Ferienlager zusammen. Sie kennen sich nicht. Nach knapp einer Woche sind sie sich nähergekommen; einige schließen untereinander Freundschaften.

Zweite Phase: eine Identität als Gruppe entwickeln*
Die Jungen werden in zwei Gruppen geteilt – dabei werden diejenigen Jungen voneinander getrennt, die sich angefreundet hatten. Das geht zwar nicht ohne Proteste ab, doch nach weiteren wenigen Tagen verstehen sich die Jungen innerhalb ihrer Gruppen gut. Die Gruppen geben sich Namen wie »Bulldoggen« und »Rote Teufel«. Alle Jungen glauben, in derjenigen Gruppe zu sein, die »besser« – also sportlicher und kameradschaftlicher – als die andere ist.

Dritte Phase: Abgrenzung und eigene Aufwertung
Der Psychologe veranstaltet sportliche Wettkämpfe, z. B. Tauziehen. Nun reagieren die Gruppen feindlich aufeinander und unterstellen sich wechselseitig unfaires Verhalten. Es kommt auch zu Prügeleien – sogar zu Überfällen in den Unterkünften. Eine Befragung ergibt, dass sich alle Jugendlichen in ihrer jeweiligen Gruppe für die besseren halten – sportlicher, kameradschaftlicher, netter als die »unsportlichen« und »spielverderbenden« Angehörigen der anderen Gruppe.

Mit Vorurteilen lebt's sich besser – oder? Sechs Erklärungen

»Urteile nie über einen Menschen, bevor du nicht mindestens eine Meile in seinen Mokassins gelaufen bist.«
Indianisches Sprichwort

Die Rede von einem »Sündenbock« hat ihre Wurzeln in der Bibel. Dort wird beschrieben, wie sich das Volk der Israeliten durch ein Ritual stellvertretend von seinen Sünden befreien ließ: Wie aus einem Bock ein »Sündenbock« wurde, könnt ihr im 3. Buch Mose, 16–22 nachlesen.

1. Eigenschaften, die man bei sich selbst oder in seiner Gruppe nicht wahrhaben will, schiebt man auf andere.

2. Für das eigene Versagen können diejenigen verantwortlich gemacht werden, die man nicht kennt. Vorurteile erlauben, »die anderen« als Sündenböcke, etwa für eigene Niederlagen, abzustempeln. Vom Vorurteil zum Feindbild ist nur ein kleiner Schritt.

3. Um sich selbst als wertvoll zu erleben, ist Abgrenzung gegenüber anderen notwendig. Vorurteile bieten einen einfachen Weg, sich als etwas Besonderes zu sehen, ohne dass man dazu selbst viel leisten muss.

4. Vorurteile können falsch oder einseitig sein; aber sie helfen, sich in einer unübersichtlichen Welt zu orientieren.

5. Vorurteile werden durch die Jugendlichen von den Erwachsenen übernommen, die ähnlich denken.

6. Wer echtes Selbstbewusstsein hat, kann sich Toleranz leisten. Wem das Selbstbewusstein fehlt, der benötigt Vorurteile und Feindbilder.

1 Versucht, die Entstehung der Rivalität zwischen beiden Gruppen (siehe Seite 58) zu erklären – und welche Rolle hierbei Vorurteile spielen.

2 Überlegt, wie das Experiment weitergeführt werden müsste, damit die Beziehungen zwischen beiden Gruppen wieder normal werden.

3 Könnt ihr die sechs »Erklärungen« zu Vorurteilen aus eigener Erfahrung bestätigen oder widerlegen? Nennt dazu Beispiele.

4 Bringt die Erklärungen zu Vorurteilen in eine für euch überzeugende Reihenfolge. Ihr könnt sie auch erweitern. Sprecht auf dieser Grundlage über Möglichkeiten, Vorurteile zu überwinden.

Jugendliche unterschiedlicher Herkunft: Wenn sie sich kennenlernen, haben Vorurteile keine Chance mehr.

Festgefahren in Gefühlen

Überlegt, warum Verhaltensforscher beim Anblick dieser Skizze von einem »Reiz-Reaktions-Schema« sprechen.

Seite 100 ◂
Methode: Rollenspiel

1 Überlegt, wie sich die beiden Mädchen, der Reitlehrer und der Junge fühlen – was wird ihnen durch den Kopf gehen? Spielt die Bildergeschichte von Seite 60 nach.

2 Spielt die Geschichte weiter: Helfen Argumente, um den Reitlehrer von seiner Meinung abzubringen? Welche anderen Möglichkeiten seht ihr, um ihn umzustimmen?

3 Auf Grund welcher »Signale« weist der Reitlehrer den Jungen ab: Ist die »Begründung« für sein ablehnendes Verhalten nachvollziehbar? Ist sie auch gerechtfertigt?

4 Reizworte und Reizsignale verführen – zu was eigentlich?

→← Wie kommt es, dass viele Menschen oftmals festgefügte Einstellungen anderen gegenüber vertreten, ohne sie wirklich zu kennen? Ihre Meinungen gründen auf Gefühlen, von denen sich die Betroffenen nur schwer lösen können. Einige »Signale« können schon ausreichen, dann wird eine vorgefertigte Meinung einer anderen Person übergestülpt (Vorurteil*). Psychologen haben herausgefunden, dass Vorurteile unter Gruppen in bestimmten Situationen von selbst entstehen – und ebenfalls nur schwer zu überwinden sind.

Menschen können lernen

Hans Christian Andersen erzählt in einem Märchen von einer Ente, die ihre Jungen ausbrütet. Es schlüpfen flaumige, niedliche Entenjunge – bis auf eines, das letzte. Es ist ganz anders als seine Geschwister: »Groß, grau und hässlich« sieht es aus, sagen alle.
Auf dem Entenhof bekommt der kleine Außenseiter zu spüren, dass er anders ist …

Zum Außenseiter gemacht

[…] das arme Entlein, das zuletzt aus dem Ei gekrochen war und so hässlich aussah, wurde gebissen, gestoßen und zum besten gehalten, und das sowohl von den Enten wie von den Hühnern. »Es ist zu groß«, sagten sie allesamt, und der […] Hahn, der mit Sporen zu Welt gekommen war und deshalb glaubte, dass er der Kaiser sei, blies sich wie ein Fahrzeug mit vollen Segeln auf, ging gerade auf das Entlein los, und dann kollerte er und wurde ganz rot am Kopfe. Das arme Entlein wusste weder, wo es stehen noch gehen sollte; es war betrübt, weil es hässlich aussah und vom ganzen Entenhof verspottet wurde.
So ging es den ersten Tag und später wurde es schlimmer und schlimmer. Das Entlein wurde von allen gejagt, selbst seine Geschwister waren böse darauf und sagten immer: »Wenn die Katze dich nur fangen möchte, du hässliches Geschöpf!« und die Mutter sagte: »Wenn du nur weit fort wärest!« […]

Die geklaute Uhr

Till kann es nicht glauben: Seine Uhr ist weg – irgendjemand muss sie geklaut haben. Am Morgen jedenfalls war sie noch da. Luisa meint, dass er sie verloren haben muss. Doch Caro fällt ihr ins Wort: »Metim kann bestimmt nicht die Finger von so einer Uhr lassen, findest du nicht?« Paul nickt: »Der fand die doch so toll. Hast du das nicht bemerkt? Außerdem wohnt er in einem Heim für Asylbewerber. Keine Chance jemals an so etwas zu kommen. Ehrlich mal«. Selim fährt dazwischen und herrscht Caro an: »Vielleicht fragst du ihn erst mal, bevor du solche Dinge behauptest. Ist doch echt fies.« Caro will gerade antworten, da tritt einer aus der 8. Klasse ein – mit der Uhr in der Hand: »Hat die jemand zufällig in der Sporthalle verloren?« Caro schaut weg.

»Mit den Augen der Vögel sehen«: Der Filmproduzent JACQUES PERRIN machte sich vor einigen Jahren für einen Film Erkenntnisse des Verhaltensforschers KONRAD LORENZ zu nutze. Dieser hatte entdeckt, dass Vogeljunge auch Menschen als Eltern akzeptieren und von ihnen lernen können. PERRIN trainierte über zwei Jahre Enten, Gänse, Schwäne und andere Vögel, um sie auf ihren weiten Flug-Wanderungen mit Kamerateams zu begleiten.

Fachübergreifend (Biologie): Tier = Mensch?

Tiere, so ist immer wieder zu hören, handeln ausschließlich nach ihren natürlichen Instinkten. Doch der Verhaltensforscher KONRAD LORENZ (1903–1989) erforschte an Graugänsen, dass Tiere nicht nur angeborenes Verhalten zeigen oder ihrem Instinkt folgen – sie können auch etwas lernen:

- Informiert euch im Biologieunterricht über praktische Versuche, die Lorenz' Überlegungen stützen – oder widerlegen.
- Was kann und sollte, in Abgrenzung zum Tier, mitmenschliches Verhalten ausmachen? Ihr könnt dazu das Beispiel von der vermissten Uhr aufnehmen. Dokumentiert eure Ergebnisse.

1 Wer wissen möchte, wie das Märchen vom hässlichen Entlein ausgeht, kann es bei HANS CHRISTIAN ANDERSEN nachlesen. (Vgl. Textnachweis zu S. 62)

2 Vergleicht das Verhalten der Tiere im Märchen mit dem der Schülerinnen und Schüler in der Geschichte von der gestohlenen Uhr: Stellt Ähnlichkeiten und Unterschiede fest.

3 Warum fällt in dem Gespräch zwischen Till und seinen Mitschülern der Verdacht ausgerechnet auf Metim?
Worauf gründet tatsächlich Caros Verdacht?
Überlegt, wie ihr in eurem Alltag den Kreislauf von Vermutung (a), Verdächtigung (b) und Verurteilung (c) durchbrechen könnt.

→← In der Natur gibt es einen instinktiven Schutzmechanismus, um Feinden oder Bedrohungen auszuweichen – es gilt der Grundsatz: »Der Stärkere setzt sich durch«. Manche Tierarten, wie etwa die Graugänse, verhalten sich aber auch sehr sozial und rücksichtsvoll untereinander.
Menschen sind viel weniger auf Instinkte oder angeborenes Verhalten festgelegt als Tiere. Sie können über ihr Tun nachdenken und sich Regeln für ein gutes und menschliches Zusammenleben geben. Darin unterscheiden sie sich von Tieren. Zwar reagieren Menschen instinktiv (gefühlsmäßig) auch oft vorsichtig – sie können aber mit dieser Vorsicht lernen, angemessen umzugehen: Aus Vorsicht muss kein Vorurteil* werden.

Seiten 128–131 ◄
Sind Tiere und Menschen unterschiedlich?

Seiten 60/61 ◄
Festgefahren in Gefühlen

»Aus meinem Leben« – ein Konfliktlösungsspiel mit Sophie

Und so könnt ihr loslegen:

1. Setzt euch in Gruppen zu viert zusammen: Ihr braucht ein Schulbuch mit dieser Seite, einen Würfel, ein Blatt Papier und verschiedenfarbige Spielfiguren.
2. Es stehen euch leere und beschriebene Felder zur Verfügung: Wer zuerst eine Sechs würfelt, beginnt und darf noch einmal würfeln. Kommst du auf ein beschriebenes Ereignisfeld, liest du den Text vor und machst einen gerechten und gewaltfreien Lösungsvorschlag. – Sind mindestens zwei aus eurer Gruppe damit einverstanden, bekommst du einen Punkt. War dein Vorschlag ungerecht und mit Gewalt verbunden, bekommst du einen Minuspunkt.
3. Nach einer halben Stunde zählt ihr eure Punkte zusammen. Die Gruppensieger spielen noch einmal gegeneinander. Die Übrigen entscheiden nach einer Diskussion, wer die besten Lösungen gefunden hat.

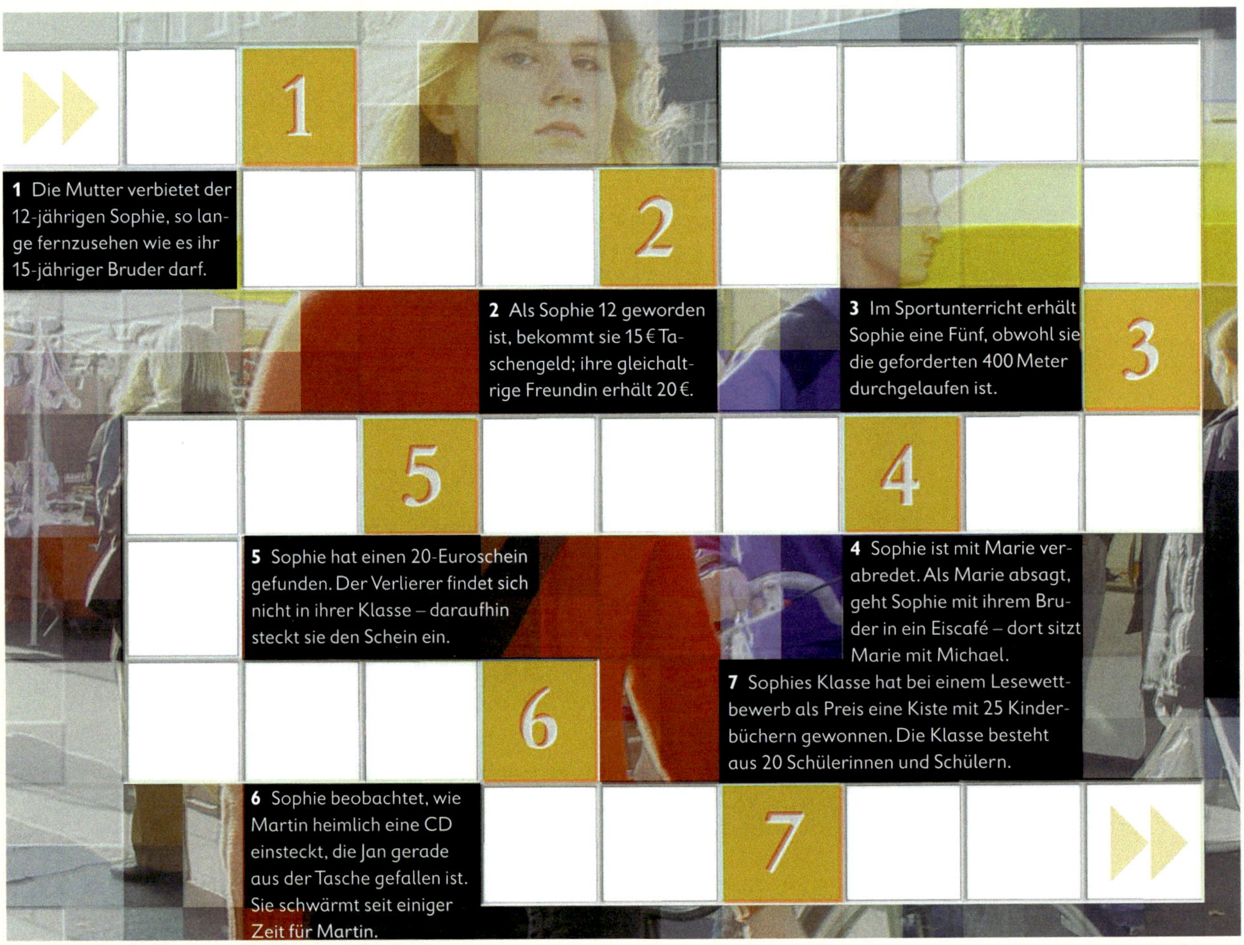

Eine gerechte und gewaltfreie Schule?

Die Hundertwasserschule in Wittenberg:
In die Gestaltung dieser Schule sind die Ideen von Kindern eingeflossen. Wie sollte eine Schule sein, in der ihr euch wohl fühlen könntet – nicht nur, weil sie von außen wie ein Traumschloss aussieht?

Projekt: Traumschule
Denkt nach, macht mit und sammelt Ideen für eine Traumschule oder eine Traumklasse – gerecht und gewaltfrei.
Kritik: Was gefällt euch an eurer Schule oder Klassengemeinschaft nicht? Wo findet ihr Gewalt, Ungerechtigkeit oder unnötige Dauerkonflikte?
Fantasie: Wie könnte eure Traumschule oder Traumklasse aussehen? Wie müssten sich Lehrer/innen und Schüler/innen verhalten?
Umsetzung I: Prüft eure Ideen und entscheidet, welche ihr tatsächlich umsetzen könnt.
Planung: Überlegt, was ihr tun könnt, um aus eurer Schule oder Klasse eine gerechte und gewaltfreie »Traumschule« oder »Traumklasse« zu machen.
Umsetzung II: Stellt eure Vorschläge anderen Schülergruppen oder der Schülervertretung vor.

Literaturtipp

Erich Kästner: Das fliegende Klassenzimmer. Ein Roman für Kinder (1933), Hamburg: Cecilie Dressler Verlag 1998

DAS WAR WIRKLICH LIEB VON DIR!
DU BIST MEINE RETTUNG!
DAS HAST DU DIR WIRKLICH VERDIENT!
WIE KANNST DU NUR SO ETWAS TUN?
ES TUT MIR LEID...
SEI BITTE NICHT BÖSE AUF MICH!
DU DENKST IMMER NUR AN DICH!

Wahrhaftigkeit und Lüge – Gut und Böse

1 Wann sind dir die Bilder und Symbole schon einmal begegnet? Wofür stehen sie?

2 Erzählt, in welchen Situationen ihr diese Sätze schon einmal gehört habt.

3 Ist Garfield eurer Meinung nach ein »guter Freund«?

4 Überlegt euch ähnliche Situationen, in denen ihr wie Garfield nicht die Wahrheit sagt.

Tiere lügen? – Menschen lügen!

Die Tricks der Tiere

1

2

3

4

5

1 Schaut die Bilder genau an. Könnt ihr alle Tiere erkennen?

2 Beschreibt, durch welche »Tricks« manche Tiere fast unsichtbar erscheinen. Überlegt, warum sich die Tiere »verstecken«.

3 Welche Tiere könnten gefährlich sein?

Unsichtbar

Tiere nutzen verschiedene Strategien sich optisch ihrer Umwelt anzupassen, damit Feinde sie nicht erblicken und sie nicht gefressen werden. So ahmt die Stabheuschrecke (Bild Nr. 1) verblüffend echt trockene Äste und Zweige nach. Auch der Steinfisch (Bild Nr. 5) passt sich der Struktur und der Farbe des Meeresbodens an. Am bekanntesten ist sicher das Chamäleon, das in der Lage ist, spontan seine Farbe zu wechseln, um nicht aufzufallen. Ebenso können Farbstoffe der Nahrung zur Tarnung genutzt werden. Fressen zum Beispiel Schnecken Rotalgen, verfärben sie sich rot und sind in einer rötlichen Umgebung nahezu unsichtbar. Manche Krabben wiederum machen sich unsichtbar, indem sie Algenteile auf ihrem Rücken befestigen.

Achtung, ich bin gefährlich

Eine völlig andere Strategie, sich vor ihren Fressfeinden zu schützen, verfolgen Tiere, die »vorgeben« gefährlich zu sein, obwohl sie völlig harmlos sind. So »vertreibt« der südamerikanische Eulenfalter (Bild Nr. 2) seine Feinde, indem er seine Flügel öffnet, auf denen die Zeichnung riesengroßer Augen das Vorhandensein eines angreifenden Tieres vermuten lassen. Die abschreckende Wirkung beruht darauf, dass ein Räuber seine Beute fixiert (intensiv anstarrt), bevor er sie ergreift. Den Eindruck einer gefährlichen Schlange vermittelt das Tier in Bild Nr. 3 und der geht man besser aus dem Weg. Doch in Wirklichkeit ist es die harmlose Raupe des Schwalbenschwanzes aus China. Auch der Hornissenglasflügler (Bild Nr. 4) hat keinen Giftstachel wie die zum Verwechseln ähnlich aussehende Wespe und kann somit auch niemanden verletzen.

1 Beschreibt die verschiedenen Strategien, mit denen sich die Tiere vor ihren Fressfeinden schützen.

2 Legt eine Tabelle an und ordnet die Tiere den beiden Schutzstrategien zu.

3 Überlegt, ob Menschen sich auch tarnen oder verkleiden und mit welchen Mitteln sie das tun. Nennt verschiedene Beispiele und stellt Vermutungen an, aus welchen Gründen Menschen das tun.

Mimese und *Mimikry* bezeichnen zwei unterschiedliche Schutzstrategien, die Tiere anwenden, um ihr Überleben zu sichern. Sie werden auch *Umgebungstracht* und *Abwehrtracht* genannt. Bei der Mimese schützt sich das Tier, indem es sich optisch seiner Umgebung anpasst, sodass es nicht auffällt und somit von seinen Fressfeinden übersehen wird. Genau das Gegenteil wird bei der Strategie Mimikry bewirkt: Auffallen und Abschrecken heißt die Devise. Harmlose Tiere erscheinen durch ihr äußeres Erscheinungsbild gefährlich und schlagen so ihre Feinde in die Flucht.

Tiere lügen? – Menschen lügen!

Lügen haben rote Ohren…

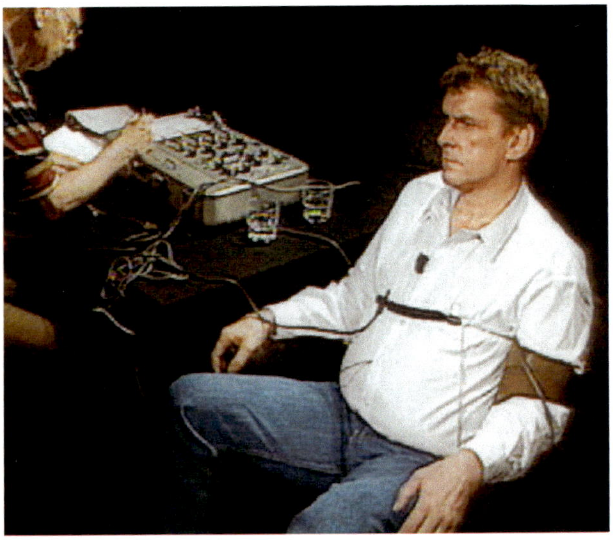

... oder lange Nasen

Kennt ihr Pinocchio, die Holzpuppe, die von einem Schreiner aus einem Holzscheit mit Seele geschnitzt wurde und sich wie ein kleiner Junge verhält? Pinocchio macht seinem Erschaffer oft Kummer, auch weil er nicht immer die Wahrheit sagt. Und wenn er lügt, erkennt man das sofort...

Pinocchio setzte sich neben die Fee und begann zu erzählen. Vom Feuerfresser und den fünf Goldmünzen, vom Fuchs und dem Kater, die ihm vom Wunderfeld erzählten – die ganze Geschichte bis hin zur alten Eiche. »Und wo hast du die vier Goldstücke jetzt?«, fragte die Fee. »Ich habe sie verloren«, antwortete Pinocchio; aber das war gelogen, denn er trug sie in seiner Tasche. Kaum hatte er die Lüge ausgesprochen, wurde seine ohnehin schon lange Nase um zwei Finger länger. »Und wo hast du sie verloren?« »Hier im Wald.« Bei dieser Lüge wurde die Nase noch länger. »Wir werden sie suchen und bestimmt wiederfinden, denn hier im Wald geht nichts verloren.« »Ach, jetzt fällt es mir wieder ein. Ich habe die Goldstücke nicht verloren, sondern mit deiner Medizin verschluckt.« Pinocchio wurde ganz heiß vor Verlegenheit. Bei dieser dritten Lüge wurde die Nase so unerhört lang, dass der arme Pinocchio sich nicht mehr drehen konnte, ohne am Fenster oder am Bett anzustoßen. Die Fee schaute ihn an und lachte. »Warum lachst du?«, fragte Pinocchio ganz verwirrt und besorgt wegen seiner Nase. »Ich lache über das Lügenmärchen, das du mir aufgetischt hast.« »Woher weißt du, dass ich gelogen habe?« »Lügen kann man leicht erkennen. Es gibt zwei Arten: die mit den kurzen Beinen und die, die lange Nasen haben. Du wirst selbst erraten, zu welcher Art deine Lüge gehört.« Pinocchio schämte sich so sehr, dass er nicht wusste, wo er sich verstecken sollte. Aber seine Nase war so lang geworden, dass er nicht einmal mehr durch die Tür passte.

Da gibt es die Geschichte von Paul, einem jungen Pavian, der beobachtete, wie ein weiblicher Pavian eine leckere Knolle ausbuddelte. Er fing an zu schreien, als wäre er in Gefahr. Seine Mutter kam angerannt und griff das Pavianweibchen an, da sie annahm, dass es ihrem Sohn schaden wollte. So konnte Paul in aller Ruhe die köstlichen Knollen fressen. Ob Paul wusste, was er tat?

1 Tiere und Menschen »lügen« und sie verändern dabei ihr Aussehen – ist das bei Tier und Mensch dasselbe?

2 Überlegt, woran man erkennen kann, dass Menschen lügen, und warum sie beim Lügen zum Beispiel wegschauen.

→← Tiere und Menschen täuschen ihre Umwelt. Doch tun sie das aus denselben Gründen? Menschen wissen es, wenn sie lügen. Deshalb sieht man es ihnen auch (meistens) an. Tiere dagegen versuchen sich durch ihre Tricks zu schützen, sie tun dies instinktiv, das heißt, dass sie sich ihrer Täuschungsmanöver wohl nicht bewusst sind.

Muss man immer die Wahrheit sagen?

> Sei nicht ehrlicher zu den Menschen, als sie es erwarten.

> Schöne Worte sind nicht wahr. Wahre Worte sind nicht schön. (Laotse, chinesischer Philosoph)

> Sich mit fremden Federn schmücken.

> Wichtiger als das tägliche Brot ist eine gute Lüge in der Not.

> Wer einmal lügt, dem glaubt man nicht, und wenn er auch die Wahrheit spricht.

Warum Menschen lügen

Endlich ist es soweit. Linda besucht Sarah, ihre beste Freundin, die zu Beginn des Schuljahres umgezogen ist. Sie haben sich schon lange nicht gesehen und die Aufregung ist groß. Nach der freudigen Begrüßung ist es Zeit zum Mittagessen. Sarahs Mutter hat sich extra nach Lindas Lieblingsessen erkundigt. Stolz serviert sie Spaghetti Bolognese. Linda hat großen Hunger und freut sich auf das Essen. Doch als sie den ersten Bissen im Mund hat, schmeckt es ihr überhaupt nicht. »Wie schmeckt es dir?«, fragt Sarahs Mutter. »Prima, fast wie zu Hause«, antwortet Linda. Sarahs Mutter strahlt.

Mario und Jens fahren mit ihren Bikes durch den Wald. Sie werden von drei älteren Jungen verfolgt. »Oh nein«, ruft Mario ängstlich, »die haben es auf mich abgesehen! Mit denen hatte ich heute Morgen in der Schule schon Ärger.« Er verschwindet mit seinem Rad im dichten Gestrüpp einer Schonung. Jens fährt seelenruhig weiter. Er wird von den drei Verfolgern eingeholt und gestoppt. »Wo ist dein Freund?«, fragt der Größte und blickt ihn finster an. »Welcher Freund, ich bin allein unterwegs«, antwortet Jens und schaut auf seine Uhr. »Ich habe es eilig!« »Erzähl uns keinen Mist, ihr seid doch eben noch zu zweit gefahren, du und der Mistkerl!«, schreien die beiden anderen und bauen sich vor Jens auf. »Ach der, der hat mich auch schon genervt. Der wollte irgendwas zu meinem Mountainbike wissen. Aber ich habe wirklich keine Zeit«, erwidert Jens. Die drei schauen sich an und zucken mit den Achseln. »Könnte sein«, sagt der Große, »kommt, wir fahren.« Mario kommt aus dem Gestrüpp und ruft erleichtert: »Danke, du hast mir das Leben gerettet!«

Schweigen kann die grausamste Lüge sein. (Robert Louis Stevenson)

Lügen haben kurze Beine.

Henrik hat Hunger. Er reißt die Kühlschranktür auf und entdeckt sofort die leckeren Joghurts. Er isst alle auf einmal. Dann bekommt er ein schlechtes Gewissen, denn die Joghurts sind für alle da und werden immer gerecht an alle Familienmitglieder verteilt. Er nimmt die leeren Joghurtbecher und wirft sie in den Mülleimer seines jüngeren Bruders Jörg. Der bekommt dann auch richtigen Ärger. Er schreit und weint und beteuert, dass er sie nicht gegessen hat. Doch die Eltern glauben ihm nicht. Henrik schweigt.

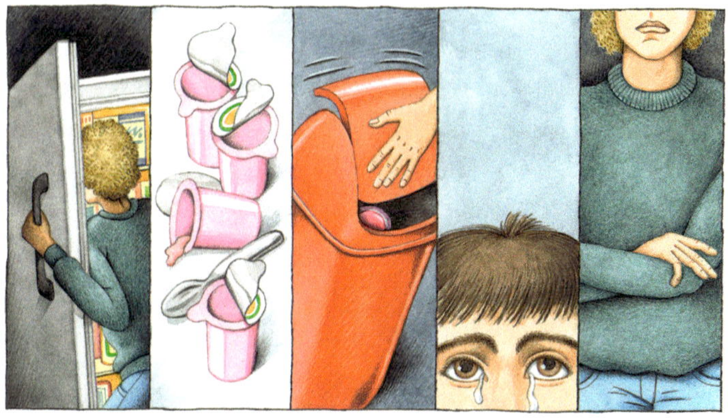

Fachübergreifend (Deutsch): Die Geschichten des Barons Münchhausen

Baron Münchhausen war ein ganz besonderer Mensch. Er liebte es nämlich, Geschichten zu erzählen, und hielt es dabei nicht immer so ganz mit der Wahrheit. Er lebte vor vielen Jahren in einem kleinen Örtchen an der Weser – und hat bis heute dort noch viele Freunde. Viele Leute fanden seine Geschichten so toll, dass sie sie aufgeschrieben haben. Und so kann man noch heute nachlesen, welch außergewöhnliche Abenteuer der Baron Münchhausen erlebt hat.

- Was steckt hinter den Lügengeschichten des Barons Münchhausen? Was sagen sie über ihn aus?
- Habt ihr auch schon einmal, wie er, Geschichten erfunden, die nicht so ganz der Wahrheit entsprechen? Schreibt sie auf.

1 Mit welchen Absichten lügen die Jungen und Mädchen in den verschiedenen Lügengeschichten? Wie beurteilst du ihr Verhalten?

Seite 100 ◄
Methode: Rollenspiel

2 Spielt die Lügengeschichten nach.

3 Versetzt euch in die Perspektive des Belogenen und beschreibt dessen Gedanken.

4 Findet für jede Geschichte eine passende Überschrift.

5 Diskutiert, ob man schon lügt, wenn man wichtige Informationen verschweigt.

6 Welche Sprichwörter passen zu den Geschichten? Suche dir ein Sprichwort aus und schreibe eine eigene Geschichte dazu.

Muss man immer die Wahrheit sagen?

Warum es schlecht ist zu lügen

Die Fabel vom Hirtenjungen und dem Wolf

Ein Hirtenjunge hütete die Schafe. Weil ihm langweilig war, rief er eines Tages: »Hilfe, Hilfe! Ein Wolf!« Daraufhin liefen sofort die Leute aus dem Dorf herbei, um zu helfen. Aber da war kein Wolf und der Hirtenjunge lachte nur. Am nächsten Tag war ihm wieder langweilig und er rief wieder: »Hilfe, Hilfe! Ein Wolf!« Wieder kamen die Dorfbewohner gelaufen, wieder war kein Wolf da, und wieder lachte der Junge. Am dritten Tag aber kam tatsächlich ein Wolf und griff die Schafe an. Der Hirtenjunge rief: »Hilfe, Hilfe! Ein Wolf!« Die Dorfbewohner hörten ihn, dachten aber, er lügt wieder, da ist gar kein Wolf, und kamen nicht zu Hilfe. Deshalb fraß der Wolf die Schafe.

Q RAINER ERLINGER: Lügen haben rote Ohren

Verlorene Freundschaft

Amir und Hassan sind zusammen in Afghanistan aufgewachsen. Sie sind sehr enge Freunde, obwohl Hassan nur der Sohn eines Dieners ist. Hassan liebt Amir über alles, hingegen ist Amir oft eifersüchtig auf Hassan, da er den Eindruck hat, dass sein Vater diesen mehr mag und ihn vorzieht. Doch was beide nicht wissen: Sie sind Halbbrüder; Amirs Vater ist auch Hassans Vater.
Hassan hält immer bedingungslos zu Amir, z. B. als sie von den brutalen Jugendlichen Assef, Wali und Kamal bedroht werden. Als Assef Amir angreifen will, stellt sich ihm Hassan mutig in den Weg und zielt mit seiner Steinschleuder auf Assefs Auge, sodass er sich verzieht. Doch als Hassan einmal dringend Amirs Hilfe benötigt, ist dieser zu feige, ihm zu helfen und versteckt sich. Hassan wird von Assef und seinen Freunden lebensgefährlich zusammengeschlagen.
Danach ist Amir nicht mehr in der Lage, Hassan in die Augen zu schauen. Statt ihm die Wahrheit über seine Feigheit zu sagen, greift er zu einer folgenschweren Lüge: Er versteckt seine neue Uhr unter Hassans Matratze, sodass dieser des Diebstahls bezichtigt wird. Von Amirs Vater zur Rede gestellt, gibt Hassan den Diebstahl zu, um Amir zu schützen. Danach sehen sich die beiden nie wieder, doch Amir wird sein Leben lang von dieser Schuld verfolgt.

Q Nach KHALED HOSSEINI: Drachenläufer

»Der Lügner Los wird ein See aus brennendem Schwefel sein.«
Offenbarung des JOHANNES

»Du sollst nicht lügen! Und wenn die Welt darüber in Trümmer zerfallen sollte!«
JOHANN GOTTLIEB FICHTE (1762–1814), deutscher Philosoph

»Eine Lüge ist wie ein Schneeball: Je länger man ihn rollt, desto größer wird er.«
MARTIN LUTHER (1483–1546), deutscher Reformator

Die richtige Entscheidung?

Die Spannung ist kaum noch auszuhalten. Fünf Tore sind schon gefallen. Die Zuschauer toben und schreien. Nur noch eine Minute Spielzeit – ist der Ausgleich noch möglich? Dann hätte die Mannschaft der 6a das Turnier gewonnen, denn sie stehen punktemäßig besser da als ihre Gegner. Eugen kommt an den Ball, er kämpft sich zum Tor, doch im Zweikampf mit Kevin verliert er ihn wieder. Die Zuschauer sind nicht mehr zu halten. Kevin versucht, den Ball zurückzuschießen, doch er trifft ihn nicht sauber. Und da ist sie – die Chance. Eugen fängt den Ball ab, doch er berührt ihn mit der Hand. »Jetzt ist es aus, ich habe es vermasselt«, denkt er und schießt voller Frust aufs Tor – und trifft. Die Fans jubeln, die gegnerische Mannschaft ist enttäuscht. Niemand hat das Handspiel bemerkt, auch der Schiedsrichter nicht. Als Eugen das merkt, fängt er an zu zittern. Dann wird er ganz ruhig, geht zum Schiedsrichter und klärt ihn auf.

1 Welche unterschiedlichen Gründe führen zu den Lügen?

2 Sucht ein passendes Sprichwort zu der Fabel vom Hirtenjungen und dem Wolf.

3 Amir fühlt sich schlecht nach seiner Lüge, weil er Hassan sehr verletzt hat. Wenn du schon eine ähnliche Situation erlebt hast, erzähle sie mündlich oder schriftlich. Wie könnte Amir sein Problem lösen?

4 Wie beurteilt ihr Eugens Entscheidung, das Handspiel anzuzeigen?

5 Vergleicht Eugens Verhalten mit der Auffassung von KANT. Wie würde er die Entscheidung von Eugen beurteilen?

Seite 30 ◀
Methode: Mindmapping

6 Erstellt eine Mindmap mit den verschiedenen Absichten, die Menschen mit einer Lüge verfolgen.

KANT über das Lügen
Der Philosoph IMMANUEL KANT (1724–1804) hielt das Lügen für unvernünftig, weil es dazu führt, dass man einander nicht mehr vertrauen kann. Wenn das Lügen erlaubt wäre, könnten Menschen nicht mehr menschlich zusammenleben. Er ließ auch die Notlüge nicht gelten und war der Ansicht, dass man immer und unter allen Umständen die Wahrheit sagen muss. Ein besonders ehrlicher Mensch war für ihn derjenige, der sogar dann die Wahrheit sagt, wenn er dadurch sich selbst und vielleicht auch anderen schadet.

Wenn Menschen lügen, sagen sie bewusst nicht die Wahrheit. Sie täuschen ihre Mitmenschen, doch die Gründe, weshalb sie zu einer Lüge greifen, sind verschieden. Lügt man für sich selbst, wertet man seine eigene Person zum Beispiel durch vorgegebene mutige Taten auf oder man möchte etwas Unangenehmes von sich abwenden. Das kann aber dazu führen, dass man das Vertrauen seiner Mitmenschen verliert. Beim Lügen fühlen sich die meisten Menschen nicht wohl, sie haben Gewissensbisse. Es kann aber auch sein, dass man jemanden durch eine Lüge schonen möchte oder ihm sogar helfen will. Ob diese »Notlügen« zulässig sind, darüber gibt es auch unter Philosophen keine Einigkeit.

Die Wahrheit ist nicht immer eindeutig

»Man sieht nur, was man sehen will«

Auf dem Schulhof ist eine Schlägerei im Gange. Timo und sein Mitschüler Paul sind aneinander geraten. Der Lehrer kommt dazu und möchte die Sache klären. Doch was er von den Schülern und Schülerinnen zu hören bekommt, lässt sich nicht unter einen Hut bringen.

»Man sieht nur, was man weiß!«

Gordon Allport wollte zeigen, dass die Vorstellungen und Bilder, die ein Mensch im Kopf hat, die Wirklichkeit verändern können. Zu solchen Bildern gehören auch die Vorurteile gegenüber Afroamerikanern. Man sagt ihnen zum Beispiel nach, dass sie kriminell und gewalttätig seien. Dieses Vorurteil soll besonders bei weißen Polizisten verbreitet sein. Gordon Allport hat folgendes Experiment durchgeführt:
Er zeigte einem Polizisten ein Bild, auf dem zu sehen war, wie ein weißer Polizist einen Afroamerikaner erschießt. Dieser Polizist sollte nun einem zweiten Polizisten, der das Bild aber nicht zu sehen bekam, erklären, was auf dem Bild abgebildet ist. Dieser wiederum erzählte es dem nächsten Polizisten usw. Schon der zwölfte Polizist erklärte, dass auf dem Bild ein Afroamerikaner einen weißen Polizisten erschießt.

1 Welche Gedanken und Gefühle gehen den zuschauenden Personen (Seite 76) durch den Kopf? Versetzt euch in ihre Lage und überlegt, was sie dem Lehrer sagen könnten. Führt ein Rollenspiel durch, bei dem der Lehrer unterschiedliche Erklärungen zu hören bekommt.

2 Wie kommt es zu den verschiedenen Zeugenaussagen? Sagt nur einer die Wahrheit? Welche »Vorinformationen« könnten die einzelnen Zeugen haben?

3 Warum geben die Polizisten den Inhalt des Bildes falsch wieder? Lügen sie?

Wir sind in unserer Wahrnehmung von unseren Sinnen abhängig. Wir sehen und hören und sind uns sicher, dass das auch der Wirklichkeit entspricht. Aber ist das, was man sieht und hört, auch immer wahr? Auch andere Informationen beeinflussen unsere Wahrnehmung. Dazu gehören unsere Erfahrungen, unsere Vorstellungen und unser Wissen. Wenn zum Beispiel unser bester Freund oder unsere beste Freundin jemanden böse geärgert hat, suchen wir vielleicht nach Gründen, die das Ärgern verständlicher machen, weil wir unser positives Bild nicht verlieren wollen. Man sieht nur, was man weiß, und das muss nicht unbedingt wahr sein.

Was ist gut, was ist böse?

Tischlein deck dich...

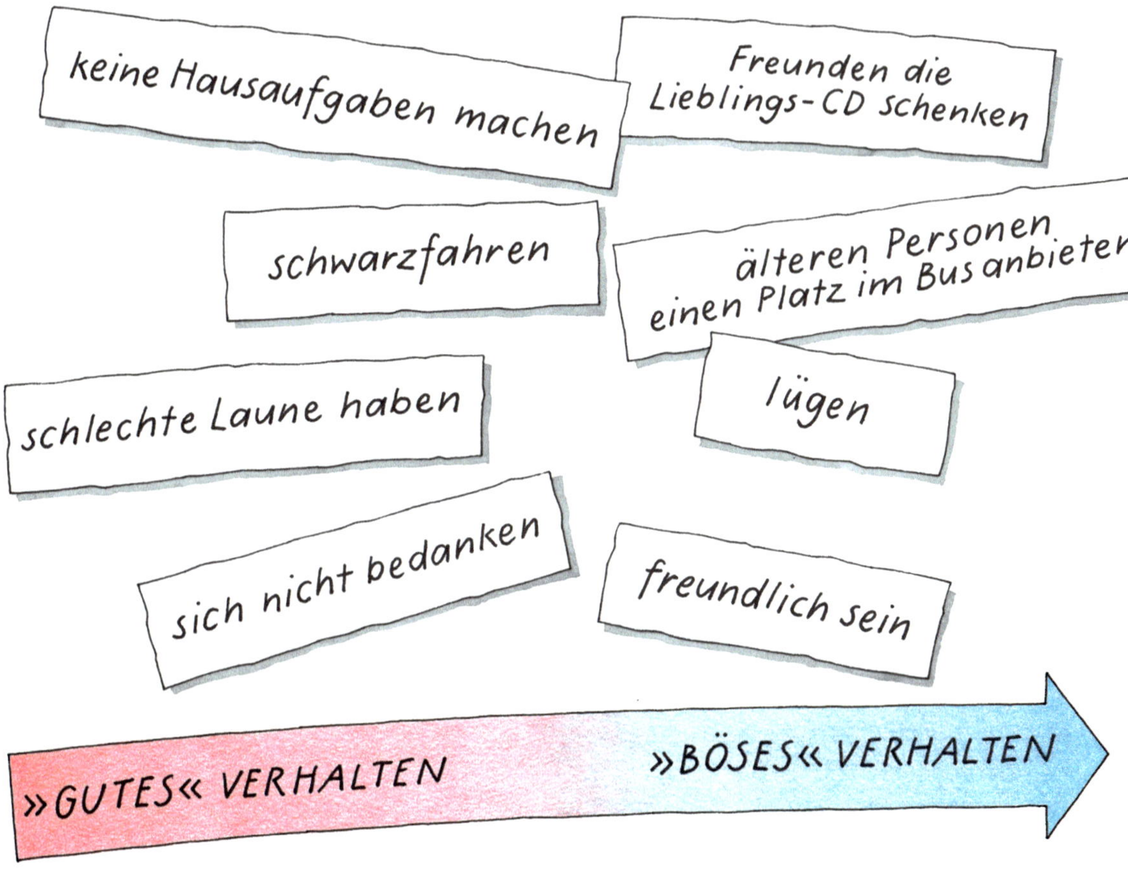

1 Erzähle die Geschichten der abgebildeten Figuren nach!

2 Welche Figuren sind »böse«, welche »gut«? Aufgrund welcher Verhaltensweisen hast du deine Entscheidung getroffen?

3 Lies das Märchen »Tischlein deck dich« von den Gebrüdern Grimm nach. Wo findest du hier das »Gute« und das »Böse«?

4 Male die Skala quer in dein Heft und sortiere die oben genannten Beispiele ein, z. B. was du für ein sehr »gutes« Verhalten hältst, schreibst du ganz links auf, wenn du das Verhalten weder gut noch böse findest, kommt es in die Mitte etc. Du kannst dich mit deinem Partner über deine Entscheidungen austauschen.

5 Überlege dir auch eigene Beispiele und trage sie in der Skala ein!

Was ist gut, was ist böse?

Manchmal ist es ganz einfach zu entscheiden, was »gut« und was »böse« ist, aber oft müssen wir uns die Situation und die Umstände genauer anschauen. Es gibt auch Momente, in denen wir etwas tun, obwohl wir wissen, dass es nicht in Ordnung ist, zum Beispiel, weil wir uns einen Vorteil erhoffen oder es einfach nur Spaß macht.

1 Was glaubst du, wie sich der Sohn nun fühlt? Wie wird sich der Vater fühlen, wenn er erfährt, was sein Sohn getan hat?

2 Erkläre, wo deiner Meinung nach Spaß aufhört und Betrug anfängt.

Die drei Siebe

Eines Tages suchte ein Mann den Philosophen Sokrates auf und sagte zu ihm: »Hör zu, Sokrates, ich muss dir unbedingt etwas über das Benehmen deines Freundes erzählen.«
»Halt, ich muss dich schon unterbrechen«, erwiderte Sokrates. »Hast du auch daran gedacht, das, was du mir sagen willst, vorher durch drei Siebe zu geben?«
Und da ihn der Mann verständnislos ansah, fuhr er fort: »Ja, noch bevor du den Mund auftust, solltest du deine Gedanken erst durch drei Siebe geben. Hör mir gut zu! Das erste ist das Sieb der Wahrheit. Hast du geprüft, ob das, was du mir erzählen willst, auch vollkommen wahr ist?
»Nein, ich habe es nur gehört.«
»So so! Dann nehme ich an, dass du deine Worte wenigstens durch das Sieb der Güte hast passieren lassen. Was du mir sagen möchtest, ist doch wohl eine gute Sache?«
Der Mann zögerte und sagte: »Nein, leider nicht, ganz im Gegenteil.«
»Aha!«, rief der Philosoph. »Kommen wir dennoch zum dritten Sieb. Hat denn das, was du mir erzählen möchtest, einen Nutzen?«
»Nutzen? Nicht unbedingt.«
»Na also, dann reden wir nicht mehr darüber!«, sagte Sokrates. »Denn wenn das, was du mir sagen willst, weder wahr noch gut ist und auch keinerlei Nutzen hat, dann will ich es lieber nicht wissen. Und ich rate dir, es am besten gleich zu vergessen.«

Q Moderne Nachdichtung über Sokrates (470–399 v. Chr.)

Bart packt aus

»Wie kann man nur an so einem schönen Tag Kinder in der Schule einsperren?« sagt Bart zu seiner Schwester Lisa, als sie sich morgens auf den Weg machen. Nachdem die Lehrerin auch noch ankündigt, dass die Schüler zwei Stunden länger bleiben müssen, weil die Schuluhr im letzten Halbjahr zu schnell gelaufen ist, steht für ihn fest: Er schwänzt die Schule.

Er treibt sich ein wenig in der Stadt herum und merkt plötzlich, dass sein Direktor ihn sucht! Nach einer aufregenden Verfolgungsjagd landet er auf der Geburtstagsfeier von Freddy Quimby, dem Neffen des Bürgermeisters. Freddy ärgert den französischen Kellner LaCoste, weil dieser das Wort »Suppe« wie »Süpée« ausspricht.

Bart beobachtet in der Küche heimlich, wie Freddy den Kellner immer wieder auffordert, »Suppe« zu sagen. Dieser weigert sich jedoch hartnäckig. Als Freddy die Küche daraufhin verlässt, rutscht der Kellner aus, fällt unglücklich und verletzt sich. Freddy wird vor Gericht beschuldigt, den Kellner verprügelt zu haben.

Bart hat ein schlechtes Gewissen, weil er den unschuldigen Freddy vor einer Verurteilung bewahren könnte. Aber in seiner Phantasie sieht er schon die Bestrafung, die sich sein Direktor für das Schuleschwänzen ausdenken könnte: lebenslange Zwangsarbeit in der Cafeteria! Letztendlich entscheidet er sich doch dafür, vor Gericht die Wahrheit zu sagen. Freddy wird frei gesprochen und Bart von seinem Direktor für seine Ehrlichkeit gelobt. Er muss dennoch vier Wochen nachsitzen …

1 Warum können wir es manchmal kaum abwarten, Dinge weiter zu erzählen, die wir irgendwo gehört haben?

2 Erkläre, was passieren kann, wenn man Gerüchte und Behauptungen ungeprüft weitergibt.

3 Welches Sieb erscheint dir am wichtigsten? Begründe deine Entscheidung.

4 Hättest du dich auch so wie Bart verhalten? Begründe deine Entscheidung.

5 Wie beurteilst du die Entscheidung des Direktors, Bart nachsitzen zu lassen?

Das »Gute« und das »Böse« begegnen uns sowohl in den Phantasiewelten in Märchen, Film und Fernsehen als auch im alltäglichen Leben. Auch bei scheinbar harmlosen Verhaltensweisen sollte man sich überlegen, was sie für die andere Person bedeuten könnten. Wichtig ist, dass man für das eigene Handeln die Verantwortung übernimmt und – im schlimmsten Fall – eine Bestrafung akzeptiert.

Woher kommen das »Gute« und das »Böse«?

Tagesablauf eines zweijährigen Kindes (Auszug)

8.10 Uhr Parfum auf den Teppich gespritzt. Riecht fein. Mama ist böse – schimpft. Parfum ist verboten.
8.45 Uhr Papas Feuerzeug genommen, fast in den Kaffee geworfen. Mama ruft: Peter! Feuerzeug zurückgelegt. Mama lächelt. Feuerzeug verboten.
9.00 Uhr Bei Mama in der Küche gewesen. Töpfe ausgeräumt. Rausgeflogen. Allein im Gang. Töpfe verboten.
9.15 Uhr Auf dem Töpfchen gesessen, Geschäftchen gemacht. Kuss auf die Wange bekommen. Töpfchen gute Sache. Schrankschlüssel abgezogen. Mama sucht verzweifelt.
9.30 Uhr Ich weiß auch nicht, wo er ist. Klaps aufs Händchen. Schrankschlüssel verboten.
10.00 Uhr Rotstift gefunden. Tapete bemalt. Mama kämpft mit den Tränen, kann nicht mal schimpfen. Strengstens verboten.
10.15 Uhr Bauklötzchen wiederentdeckt. Ganz hoher Turm. Bum! Bum! Alles wieder kaputt. Mama streichelt übers Köpfchen. Bauklötzchen erlaubt.

Wir lernen durch Erziehung, was wir tun dürfen und was wir besser nicht tun sollten. Unsere Eltern zeigen es uns, indem sie uns belohnen oder bestrafen. Später nehmen wir die Gebote der Eltern und anderer Erzieher in unser Inneres auf und es entsteht das Gewissen als eine »innere Stimme«, die uns sagt, was gut und was böse ist. Dieser Erklärung des Gewissens steht eine andere gegenüber, die in ihm mehr sieht als den Einfluss von Eltern und Erziehern. Gläubige Menschen nehmen an, dass Gott dem Menschen die Anlage eines Gewissens gegeben hat und er daher auch ohne Erziehung weiß, was gut und was böse ist.

»Das Gewissen hindert uns nicht, Sünden zu begehen. Aber es hindert uns, die Sünden zu genießen.«
Salvador de Madariaga y Rojo (1886–1978), span. Diplomat und Schriftsteller

»Alles, was gegen das Gewissen geschieht, ist Sünde.«
Thomas von Aquin (um 1225–1274), italienischer Philosoph und Kirchenlehrer

Schlechtes Gewissen

Sie nahmen Jesus fest, führten ihn ab und brachten ihn in das Haus des obersten Priesters. Petrus folgte ihnen in weitem Abstand. Mitten im Hof hatte man ein Feuer angezündet, und viele saßen darum herum. Auch Petrus setzte sich dazu. Eine Dienerin bemerkte ihn dort und sah ihn scharf an. »Der hier war auch mit ihm zusammen!« sagte sie. Aber Petrus stritt es ab: »Ich kenne ihn ja überhaupt nicht!« Bald darauf wurde ein Mann auf ihn aufmerksam und sagte: »Du gehörst doch auch zu denen!« Aber Petrus widersprach: »Mensch, ich habe nichts mit ihm zu tun!« Etwa eine Stunde später behauptete noch einer: »Gar keine Frage, der war auch mit ihm zusammen, er ist doch auch aus Galiläa.« Aber Petrus stritt es ab: »Ich weiß überhaupt nicht, wovon du sprichst!« Im gleichen Augenblick krähte ein Hahn. Der Herr drehte sich um und sah Petrus an. Da fiel Petrus ein, was der Herr zu ihm gesagt hatte: »Bevor heute der Hahn kräht, wirst du dreimal behaupten, dass du mich nicht kennst.« Und er ging hinaus und weinte verzweifelt.

Q Lukasevangelium 22, 54–62

Steckt das Böse schon in unserem Kopf?

In der Forschung gibt es neue Ergebnisse. So behaupten zum Beispiel Gehirnforscher, dass kein Mensch selber entscheiden kann, ob er sich gut oder böse verhält. Sie sagen, dass Verschaltungen in unserem Gehirn unser Verhalten bestimmen.
Der Mensch kommt demnach mit einem angeborenen Sinn für Gut und Böse auf die Welt. Als Begründung nennen diese Wissenschaftler, dass:
1. Beschädigungen in bestimmten Gehirnbereichen dazu führen, dass Menschen nicht mehr zwischen Gut und Böse unterscheiden können.
2. überall auf der Erde Menschen wohnen, die offenbar das gleiche Gefühl für Gut und Böse haben.
3. die Regeln und Gesetze aller Länder sehr ähnlich sind.

1 Beschreibe, was das zweijährige Kind an diesem Tag so erlebt (Was tut es selbst, wie reagiert die Mutter und wie bewertet das Kind die Reaktionen der Mutter?) Wodurch lernt das Kind, was es tun und was es lassen soll? Wie wird sich das früh Erlernte später auswirken?

2 Versetzt euch in die Lage von Petrus. Wieso weint er?

3 Otto stiehlt am Kiosk Süßigkeiten. Er wird vom Besitzer erwischt. Wie könnte er sich, durch Berufung auf die Gehirnforschung, rechtfertigen? Sind solche Rechtfertigungen überzeugend?

4 Haltet die drei vorgestellten Erklärungen über den Ursprung des Gewissens schriftlich in eigenen Worten fest und diskutiert auch anhand weiterer Beispiele, welche euch am stärksten überzeugt.

Es gibt unterschiedliche Erklärungsmodelle, woher das »Gute« und das »Böse« im Menschen kommen. Viele Menschen sind der Meinung, dass vor allem die Erziehung durch unsere Eltern und später auch der Einfluss von anderen Menschen, zum Beispiel von Lehrern, unser Verhalten prägt. Andere, zum Beispiel gläubige Menschen, suchen eine Erklärung bei Gott. Gehirnforscher hingegen meinen, die Ursache für »gutes« und »böses« Verhalten im Aufbau unseres Gehirns gefunden zu haben.

Warum das Gute tun und das Böse lassen?

Der Ring des Gyges

Eine von PLATON überlieferte Sage erzählt, wie vor langer Zeit ein Hirte einen geheimnisvollen goldenen Ring an der Hand eines toten Mannes fand. Er zog ihn ab und steckte ihn sich selbst an den Finger. Durch Zufall bemerkte der Hirte, dass er durch das Drehen des Ringes in das Innere der Hand unsichtbar wurde; drehte er den Ring ein weiteres Mal nach außen, wurde er wieder sichtbar. Da beschloss er, die wunderbare Kraft des Ringes auszunutzen.

Seite 121 ◄
Methode: Mit Gedanken experimentieren*

1 Stell dir vor, du hättest einen Tag oder eine Woche lang diesen Ring. Was würdest du tun, wenn du dich für diesen Zeitraum unsichtbar machen könntest?

2 Präsentiert eure Geschichten! Worin ähneln sie sich, worin unterscheiden sie sich? Welche Hintergründe und Umstände waren für eure Entscheidungen wichtig?

Auf Kosten anderer

Die Brautleute hatten nicht viel Geld, aber dennoch wollten sie, dass viele Menschen mitfeiern. Geteilte Freude ist doppelte Freude, dachten sie. Es sollte ein großes Fest werden, beschlossen sie, mit vielen Gästen. Denn warum sollte unsere Freude nicht ansteckend sein? – fragten sie sich. Es herrschte unter den Menschen ohnehin mehr Leid als Freude. Also baten sie die Eingeladenen, je eine Flasche Wein mitzubringen. Am Eingang würde ein großes Fass stehen, in das sie ihren Wein gießen könnten; und so sollte jeder die Gabe des anderen trinken und jeder mit jedem froh und ausgelassen sein.
Als nun das Fest eröffnet wurde, liefen die Kellner zu dem Fass und schöpften daraus. Doch wie groß war das Erschrecken aller, als sie merkten, dass es Wasser war. Versteinert saßen oder standen sie da, als ihnen bewusst wurde, dass eben jeder gedachte hatte: Die Flasche Wasser, die ich hineingieße, wird niemand merken. Jeder von ihnen hatte gedacht: Heute will ich einmal auf Kosten anderer feiern.
Unruhe, Scham und Unsicherheit erfasste sie alle, nicht nur, weil es lediglich Wasser zu trinken gab. Und als um Mitternacht das Flötenspiel verstummte, gingen alle schweigend nach Hause und jeder wusste: Das Fest hatte nicht stattgefunden.

Q Chinesische Parabel

1 Wieso wird behauptet, dass das Fest »nicht« stattgefunden hat?

2 Erkläre das Sprichwort: »Geteilte Freude ist doppelte Freude«.

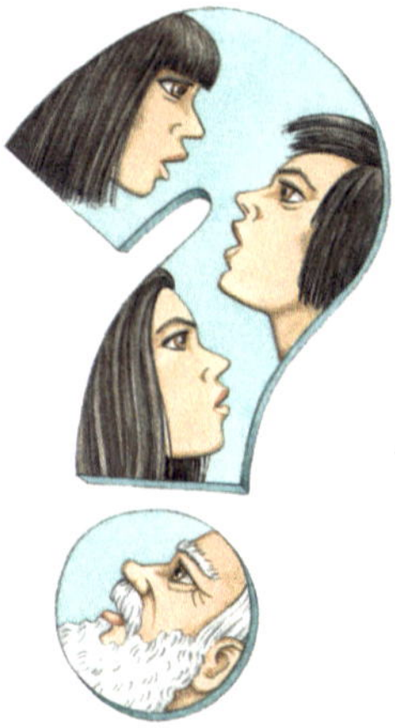

13-jährige Jugendliche aus Chile diskutieren mit Herrn Ibarra, einem älteren weisen Mann, über die Frage, warum man gut sein bzw. das Gute tun soll:

»Nehmen wir einmal an«, sagte Camilla, »ich finde einen kostbaren Ring, den ich gern für mich behalten möchte, obwohl er einer meiner Freundinnen gehört. Wenn ich mir diesen Ring aneigne, werde ich mit Sicherheit ein starkes Schuldgefühl entwickeln, denn wenn mir so etwas von der Freundin zugefügt würde, dann wäre ich empört, da ich die Betroffene wäre. Und wahrscheinlich wäre es schwer, sich über die anderen zu empören, aber keine Gewissensbisse zu haben, wenn man selbst etwas Ähnliches tut.«
»Das schon«, unterbrach sie Sebastian. »Aber was ist, wenn jemand diese Gewissensbisse ganz ignoriert?«
»Wie kann man Gewissensbisse ignorieren?«, fragte Gloria ungläubig.
»Ganz einfach, Gloria«, sagte Sebastian. »Angenommen, mir würde Camillas Ring so sehr gefallen, dass ich mich entschließe, ihn mir anzueignen, dann wären mir diese Schuldgefühle ziemlich egal!«
Gloria schwieg, weil sie nicht wusste, was sie erwidern sollte.
»Was Sebastian sagt, hat etwas für sich«, schaltete sich Herr Ibarra ein. »Natürlich kann so etwas vorkommen. Wenn unser Interesse an einer Sache sehr stark wird, kann das Schuldbewusstsein in gleichem Maße schwächer werden. Allerdings sind das Einzelfälle.«
»Und weshalb?«, fragte Sebastian.
»Weil gute Menschen geschätzt werden und nicht schlechte. Wenn uns zu Bewusstsein kommt, dass wir schlechte Menschen sind, werden wir uns verachtenswert finden […].«
»Aber wenn das kein anderer mitbekommt?«, beharrte Sebastian.
»Trotzdem wären die Selbstvorwürfe dann nicht geringer. Auch wenn er sonst […] Lob und Anerkennung bekäme, würde dieser Mensch doch in seinem Innern immer wissen, dass er schlecht gehandelt hat.« […]
»Ja bestimmt«, sagte Manuel, »vor allem würde ich mich wohl über mein eigenes Verhalten schämen.«
»Kann man also sagen, dass es unser eigenes Schamgefühl ist«, fragte Herr Ibarra, »und der Wunsch, als Mensch nicht ohne Wert zu sein, was uns zu gutem Handeln treibt? «
»Ja, ich glaube, das ist für mich das Entscheidende«, antwortete Manuel.

Q Nach Ernst Tugendhat, Celso Lopez, Ana Maria Vicuna: Wie sollen wir handeln?

1 Fasst zusammen, weshalb Herr Ibarra meint, dass die meisten Menschen gut handeln, auch wenn sie unbeobachtet sind. Diskutiert, ob er recht hat und ob ihr mit Manuels letzter Äußerung übereinstimmt.

Es gibt die verschiedensten Gründe, warum man Dinge tut, die man eigentlich nicht tun sollte. Macht man sich jedoch bewusst, dass man durch Egoismus anderen Personen und letztlich sich selbst schadet und am Ende alle ganz traurig sind, entscheidet man sich meist für ein gutes Verhalten. Auch wenn es anstrengend ist, so ist man bei einem Blick in den Spiegel stolz auf sich – oder?

Ein Wechsel der Perspektive*

Vom Wolf, der in Verruf geriet

Ich lebte im Wald. Hier war mein Zuhause, um das ich mich gekümmert habe. […] Als ich hinter einem Baum hervorschaute, sah ich ein Mädchen mit einem Korb den Weg herunterkommen. Sie schien mir sofort verdächtig, weil sie so komisch angezogen war, ganz in Rot, den Kopf bedeckt, als ob sie nicht erkannt werden wollte.
Nun, ich weiß, dass ich die Menschen nicht nach ihrem Äußeren beurteilen soll, aber sie war in meinem Wald, und ich fand es nur richtig, ein bisschen mehr über sie zu erfahren. Ich habe sie gefragt, wer sie sei, wo sie herkomme – lauter solche Sachen eben. Zuerst sagte sie spröde, dass sie nicht mit Fremden spreche. Mit Fremden? Und das ausgerechnet zu mir, der eine ganze Familie im Wald aufgezogen hatte. […]
Ich habe sie ihren Weg gehen lassen, aber ich lief ihr voraus zum Haus der Großmutter. Als ich diese nette alte Frau sah, erklärte ich ihr die Situation, und sie stimmte mir zu, dass ihre Enkelin etwas mehr Rücksicht lernen müsste. Wir haben ausgemacht, dass sie unsichtbar bleiben sollte, bis ich sie rief – in Wirklichkeit versteckte sie sich unter dem Bett. Als das Mädchen ankam, rief ich es ins Schlafzimmer, wo ich in der Kleidung der Großmutter im Bett lag. Sie kam herein mit ihren roten Backen und machte eine kränkende Bemerkung über meine großen Ohren. Ich bin schon mal beleidigt worden, also habe ich das Beste daraus gemacht, und ihr gesagt, dass meine großen Ohren mir helfen würden, sie besser zu hören. […] Aber sie machte noch eine vorwitzige Bemerkung über meine großen Augen. Sicher könnt ihr euch vorstellen, wie sich meine Gefühle für dieses kleine Mädchen entwickelten, das auf den ersten Blick so freundlich erschien, tatsächlich aber eine sehr unangenehme Person war. Da ich aber gelernt habe, einiges an Ärger still zu schlucken, sagte ich nur, dass meine großen Augen mir helfen, sie besser zu sehen. Ihre nächste Beleidigung ging aber nun wirklich zu weit. Ich habe nun mal ein Problem mit meinen großen Zähnen – und dieses kleine Mädchen hatte nichts Besseres zu tun, als mich auch noch darauf anzusprechen, einfach so. Ich weiß, ich hätte mich besser unter Kontrolle halten sollen, aber ich sprang aus dem Bett hoch und knurrte, dass meine Zähne mir helfen würden, sie besser aufzufressen!
Also, um es klipp und klar zu sagen: Kein Wolf würde jemals ein Mädchen auffressen. Jeder weiß das. Aber dieses alberne Kind begann, schreiend durch das Haus zu laufen. Ich bin ihr nachgelaufen und habe versucht, sie zu beruhigen. […] Dann krachte plötzlich die Tür auf, und ein Kerl von der Forstbehörde, fast zwei Meter groß, stand da mit einer Axt in der Hand. Ich habe ihn angeschaut, und es war klar, dass ich in großen Schwierigkeiten steckte. Hinter mir war das offene Fenster – also sprang ich raus. […] Bald begann man zu erzählen, dass ich eine fürchterliche Kreatur wäre, der man nicht trauen dürfe.

Q JAMIE WALKER

1 Was ist in dieser Fassung anders als in dem Originalmärchen von »Rotkäppchen und dem bösen Wolf«?

2 Beschreibe, wie der Wolf das Rotkäppchen sieht. Worüber ärgert sich der Wolf?

3 Welche Missverständnisse entstehen zwischen den beiden?

4 Entwickelt ein Gespräch zwischen Rotkäppchen und Wolf, in dem alle Missverständnisse ausgeräumt werden. Spielt das Gespräch.

5 Bist du oder jemand, den du kennst, auch schon einmal wie der Wolf in »Verruf« geraten? Schreibe es auf oder berichte mündlich.

6 Suche dir eine Figur aus einem anderen Märchen aus und schreibe das Geschehen aus ihrer Perspektive* auf.

Weitere gute Gründe für das Gutsein!

Man kann also sagen: Je glücklicher und fröhlicher sich jemand fühlt, umso weniger Lust hat er, böse zu sein. Ist es dann nicht vernünftig zu versuchen, das Glück der anderen mit allen Mitteln zu fördern, anstatt sie unglücklich und daher für das Böse anfällig zu machen? Wer seinen Teil zum Unglück der anderen beiträgt oder nichts zu dessen Linderung tut, der ist selber schuld. Er soll sich dann nicht beklagen, dass so viele Böse frei herumlaufen! […]

Q Fernando Savater, geb. 1947, spanischer Schriftsteller und Philosoph

Projekt 1: Der »Gute-Tag«

Wie Fernando Savater sagt, sind die Menschen für das Böse anfälliger, wenn sie unglücklich sind, und wir sind selber schuld, wenn wir dies nicht ändern.
Suche dir einen Wochentag aus, zum Beispiel den Mittwoch, und verhalte dich einen Monat lang an diesem Tag nur »gut«. Sei zu allen Menschen freundlich, hilfsbereit und überlege dir, wie du jemandem einen Gefallen tun kannst. Beobachte, was passiert! Hat sich vielleicht etwas in dir oder in den anderen verändert?

Projekt 2: Das »Alle guten Dinge«-Tagebuch

Häufig reden wir nur über Ereignisse oder Menschen, die uns ärgern. Dabei ist das schade, denn es passiert so viel Gutes in unserem Leben! Schreibe ein bis zwei Wochen jeden Abend mindestens fünf »gute« Ereignisse auf, die dir am Tag widerfahren sind. Zum Beispiel, ob dir jemand etwas Leckeres gekocht hat oder nett zu dir gewesen ist. Dieses Tagebuch wird dir dabei helfen, dich auf die positiven Seiten des Lebens zu konzentrieren!

DU SOLLST!
DU MUSST!
DU DARFST?
ENTSCHEIDE SELBST ...

Regeln und Gesetze

Hallo Kinder, hört doch mal her –
Rechte verstehen, das ist gar nicht schwer.
Stellt euch mal vor, es gäbe ein Recht –
nur für Kinder, das wär doch gar nicht schlecht.

Wie geht es den Kindern auf unserer Welt?
Die Frage hat sich neulich die UNO gestellt.
Wie leben die Kleinen, wie werden sie groß?
Nicht allen fällt Liebe und Glück in den Schoß.

Drum hat sich die UNO was Tolles ausgedacht –
und Rechte für die Kinder der ganzen Welt gemacht.
Sie sollen euch schützen vor Gewalt und Tyrannei –
auch für eure Eltern ist etwas dabei.

UNO: Vereinte Nationen: Zusammenschluss von 192 Staaten zur Sicherung des Weltfriedens, zur Einhaltung der Völkerrechte und zum Schutz der Menschenrechte

Ein Beispiel:
Artikel 7 des »Übereinkommens über die Rechte des Kindes«:
»Das Kind hat von Geburt an Anspruch auf einen Namen und das Recht, eine Staatsangehörigkeit zu erwerben. Und, soweit dies möglich ist, das Recht auf Kenntnis und Fürsorge seiner Eltern.«

1 Sammelt gemeinsam Regeln und Gesetze, die für euch gelten.

2 Wodurch unterscheiden sich Gesetze und Regeln? Sucht nach typischen Merkmalen.

3 Warum ist es wichtig, dass ein Kind Anspruch auf einen Namen hat?

Jeder wie er will?

Regeln

Nachdem ihr Ordnung in die chaotische Situation gebracht und Straßenverkehrsregeln aufgestellt habt, können alle Verkehrsteilnehmer/innen sicher zur Arbeit oder zur Schule kommen.

Werdet zu Verkehrsplanern: Nehmt die Zeichnung als Grundlage und entwerft eine Verkehrsführung, mit der viele Verkehrsteilnehmer/innen zufrieden sein können.

Für viele Situationen des Alltags gibt es »Regeln« – sie fördern die Sicherheit, schützen das Leben, die Gesundheit und das Eigentum der Menschen. Regeln enthalten Richtlinien, die zu einem bestimmten Verhalten verpflichten: im Straßenverkehr und im Sport, beim Lernen, Arbeiten oder Spielen. Stell dir nur einmal vor, was passieren würde, wenn das Chaos auf der Zeichnung oben in alle deine Lebensbereiche einziehen würde – wenn jeder machen würde, was ihm oder ihr gerade in den Sinn kommt oder am Angenehmsten erscheint. Würdest du dann noch Spaß haben? Wie würden die anderen reagieren? Wäre ein friedliches Miteinander überhaupt möglich?

Viele Richtlinien sind schriftlich festgehalten – zum Beispiel auf Verkehrsschildern oder als Spiel- oder Sportregeln; andere beruhen auf mündlichen Überlieferungen oder gemeinsam getroffenen Abmachungen zwischen Menschen.

Sucht euch drei Verkehrszeichen oder Gesellschaftsspiele aus und erläutert, welche Regeln sie beinhalten.

1 Stell dir vor, es gäbe keine Verkehrsschilder. Was wäre dann auf den Straßen los?

2 Wodurch unterscheiden sich die einzelnen Regeln oben auf dieser Seite?

3 Sucht nach Überschriften, ordnet die Regeln danach und ergänzt sie durch weitere, die zu den Überschriften passen.

4 Sammelt Beispiele für Regeln, die sich geändert haben.

5 An welche Regeln werden sich die Feuerwehrmänner halten? Begründe die Entscheidung der Feuerwehrmänner.

Jeder wie er will?

Die Goldene Regel

»Was du nicht willst, was man dir tu, das füg auch keinem andern zu.« So heißt es in einem bekannten Sprichwort – diese »Goldene Regel« ist eine der ältesten Richtlinien des menschlichen Miteinanders.

In einer jüdischen Schrift aus dem zweiten vorchristlichen Jahrhundert liest sie sich so:
»Was dir selbst verhasst ist, das mute auch einem anderen nicht zu!«

Tobit 4, 15 ◂ (Hebräische Bibel*)

Im Christentum lautet eine Fassung:
»So wie ihr von den Menschen behandelt werden möchtet, so behandelt sie auch.«

Matthäus 7, 12 ◂ (Neues Testament)

Auch der Islam kennt eine Form der Goldenen Regel:
»Keiner von euch ist ein Gläubiger, solange er nicht seinem Bruder wünscht, was er sich selbst wünscht.«

40 Hadithe von an-Nawawi 13 ◂

Im Buddhismus findet man die Formulierung:
»Ein Zustand, der nicht angenehm oder erfreulich für mich ist, soll es auch nicht für ihn sein; und ein Zustand, der nicht angenehm oder erfreulich für mich ist, wie kann ich ihn anderen zumuten?«

Sammyutta Nikaya ◂ V, 535.53 – 354.2

Im Hinduismus formuliert man die Goldene Regel so:
»Man sollte sich gegenüber anderen nicht in einer Weise benehmen, die für einen selbst unangenehm ist; das ist das Wesen der Moral.«

Mahabharata ◂ XIII.114.8

So einfach nun auch wieder nicht!

»Die wichtigste Regel, wie wir uns anderen gegenüber verhalten sollten, ist ganz einfach. Sie lautet: *Behandelt andere Menschen so, wie ihr selbst behandelt werden wollt.*« [...] Das hatte Frau Peters im Unterricht gesagt. Es hatte ihnen eingeleuchtet, ähnliche Sprüche bekam man auch von den Eltern zu hören.
In der Pause sagte Marcy zu den anderen. »So einfach, wie die Peters das meint, ist das gar nicht mit der Goldenen Regel. Ich nenne euch ein Beispiel, auch wenn ihr das komisch findet: Ich esse unheimlich gern Kartoffelsalat mit Würstchen, Kartoffelsalat

mit viel Zwiebeln, Gurkenstückchen und Apfelstückchen drin und mit viel Majonäse. Wenn ich zum Geburtstag einlade, dann müsste ich doch nach der Goldenen Regel meinen Gästen Kartoffelsalat mit Würstchen vorsetzen.« »Mit viel Zwiebeln, Gurken- und Apfelstückchen und viel Majonäse drin«, fuhr Karla fort und grinste dabei. »Stimmt«, sagte Marcy, »weil ich das gern vorgesetzt bekomme, müsste ich das anderen auch vorsetzen. Ob die das wollen? Irgendetwas stimmt hier nicht.«

»Ja und ich«, sagte Hans, der Witzbold der Klasse, »ich höre gern unanständige Witze. Ich müsste also ununterbrochen unanständige Witze erzählen, auch meiner Oma, meinem Onkel Josef, der immer so vornehm tut, meiner kleinen Schwester und der Frau Peters.« Die anderen lachten, wie er gehofft hatte.

»Ich finde, dass es uns die Goldene Regel einfach macht«, meinte Karla. »Ich höre gerne Techno und bekomme auch gerne Techno-CDs. Jetzt weiß ich, was ich anderen schenken soll. Ganz einfach: Techno-CDs.« [...]

»Also ich weiß nicht«, sagte Marcy, die das Gespräch eröffnet hatte: »Je mehr ihr erzählt, umso merkwürdiger kommt mir die Goldene Regel vor.« Sie wiederholte: »Irgendetwas stimmt da nicht.« [...]

Q Helmut Engels

1 »Irgendetwas stimmt da nicht.« Sucht gemeinsam nach den Ursachen, warum Marcy Recht hat mit ihrer Behauptung.

2 Welche Frage müssten Marcy, Karla und Hans sich stellen, wenn sie die Goldene Regel richtig anwenden wollen?

3 Arbeite den Unterschied in den unterschiedlichen Fassungen der Goldenen Regel heraus und überlege dir für jede Fassung ein Beispiel aus dem Alltag.

4 Alle großen Religionen auf der Welt kennen die Goldene Regel. Sucht nach Gründen, warum dies für das Zusammenleben wichtig ist.

In jeder Gemeinschaft haben Mitglieder Rechte und Pflichten. Sie ändern sich im Laufe der Zeit – genauso wie Regeln, Normen* und Gesetze. Einige von ihnen haben sich über lange Zeiträume bewährt und dienen noch heute als Orientierungshilfe für das Miteinander, zum Beispiel die Goldene Regel.
Regeln sind Vereinbarungen (Übereinkünfte), die innerhalb menschlicher Gemeinschaften gelten – zum Beispiel: Regeln im Sport, im Straßenverkehr oder Spielregeln. Einige Regeln kann man verändern – aber nur, wenn alle Beteiligten damit einverstanden sind: zum Beispiel im Sport, beim Spielen oder in eurer Klasse.

Jeder wie er muss?

Gesetze – früher und heute

Schon vor unserer Zeitrechnung gab es viele Rechtsvorschriften, die von Herrschern erlassen wurden. Der babylonische König HAMMURABI ließ seine Gesetze in Stein meißeln. Die Säule, die das vollständige Gesetzeswerk enthält, ist die älteste erhaltene Gesetzessammlung der Welt – sie ist heute im Pariser Museum Louvre ausgestellt.

§ 1 Wenn jemand einen andern bezichtigt und ihm Mord vorwirft und die Bezichtigung gegen ihn (vor Gericht) aussagt, aber ihn nicht überführt, so soll sein Bezichtiger getötet werden.
§ 200 Gesetzt, ein Mann hat einem anderen ihm gleichstehenden Mann einen Zahn ausgeschlagen, so wird man ihm einen Zahn ausschlagen.
§ 233 Gesetzt, ein Baumeister hat für einen Mann ein Haus gebaut, sein Werk aber nicht haltbar gemacht und eine Wand ist eingefallen, so wird selbiger Baumeister von seinem Gelde selbige Wand befestigen.

Q Kodex HAMMURABI (Auszug)

Auch bei uns gibt es Bücher über Rechte und Pflichten, Vorschriften und Gesetze – so zum Beispiel das Grundgesetz, das Bürgerliche Gesetzbuch und das Strafgesetzbuch.

§ 168 Wer in Beziehung auf einen anderen eine Tatsache behauptet oder verbreitet, welche denselben verächtlich zu machen oder in der öffentlichen Meinung herabzuwürdigen geeignet ist, wird [...] mit Freiheitsstrafe bis zu einem Jahr oder mit Geldstrafe [...] bestraft.
§ 223 Wer vorsätzlich einen anderen körperlich misshandelt oder an der Gesundheit beschädigt, wird wegen Körperverletzung mit Freiheitsstrafe bis zu fünf Jahren oder mit Geldstrafe bestraft.
§ 303 Wer rechtswidrig eine fremde Sache beschädigt oder zerstört, wird mit Freiheitsstrafe bis zu zwei Jahren oder mit Geldstrafe bestraft.

Q Aus dem Strafgesetzbuch der Bundesrepublik Deutschland

1 Gib mit eigenen Worten den Inhalt der Paragrafen wieder.

2 Unterscheide verschiedene Arten von Strafen in den Gesetzeswerken und äußere deine Meinung zu den Strafen, die HAMMURABI erließ.

3 Worin unterscheiden sich die Strafen im alten Babylon von den Strafen in der Bundesrepublik Deutschland?

4 Gesetze kommen ohne Strafandrohung nicht aus – tauscht euch über die Gründe aus. Erläutert, welche Ziele Gesetze haben müssen.

Gesetze und Regeln in der Schule

Wegschauen oder reagieren?

Jedes Bundesland verfügt über ein Schulgesetz – auf dieser Grundlage beruhen auch die Hausordnungen für Schulen.

Unsere Hausordnung – Leitgedanken

- Jedes Miteinander von Menschen bedarf einer Ordnung. Das gilt auch für das Miteinander von Schüler(inne)n und Lehrer(inne)n in der Schule. Das Verhältnis zwischen Schülern und Lehrern ist nicht nur im Unterricht auf gegenseitiges Vertrauen angewiesen. Es ist darum im Interesse eines Klimas der Rücksichtnahme und Fairness sowie Toleranz* notwendig, dass Lehrer, Schüler und Eltern dieses Vertrauensverhältnis gleichermaßen schützen.
- Das Auftreten von Lehrern und Schülern sollte stets dem guten Ansehen unserer Schule in der Öffentlichkeit entsprechen.
- Unsere Hausordnung soll eine Grundlage für die Gestaltung des schulischen Lebens sein, aber auch eine vernünftige Basis für die Vermeidung und Lösung möglicher Konflikte darstellen.

Q Aus der Hausordnung einer Schule

www.schulministerium.nrw.de/BP/Schulrecht/Gesetze/SchulG_Info/Schulgesetz.pdf

1 Arbeitet heraus, was die Hausordnung der Schule über die Notwendigkeit und Ziele von Regeln aussagt.

2 Forscht in eurer Hausordnung nach: Welche Bereiche des Schulalltags kommen vor? Überprüft, ob die Hausordnung alle Beteiligten gleichermaßen berücksichtigt.

3 In § 53 des Schulgesetzes in NRW gibt es sogenannte Erzieherische Einwirkungen und Ordnungsmaßnahmen für grobe Regelverstöße. Informiert euch, welche Maßnahmen dort aufgelistet werden.

4 Überlegt euch, wie ihr auf die in den Fotos gezeigten Situationen reagieren würdet. Diskutiert anschließend über die Vorschläge und »Maßnahmen«.

Die Kinderstadt

Es war einmal eine wundersame Stadt. In dieser Stadt lebten nur Kinder. Und auf dem Eingangsschild der Stadt stand geschrieben: »Erwachsene nur mit ausdrücklicher Erlaubnis der Stadtverwaltung!«

Immer wenn ein Erwachsener in die Stadt wollte, musste er sich langwierigen Genehmigungsprozeduren unterziehen. Das konnte Jahre dauern und am Schluss wurde er oft dennoch abgewiesen.

Hatte er es aber geschafft, bekam er ein Visum für drei Tage und konnte einreisen. Hatte er endlich alle Eingangskontrollen passiert, bekam er ein Zimmer im Erwachsenenhotel.

In den drei Tagen durfte er sich umsehen, wo er wollte. Aber nie war er ohne Aufsicht. Er erhielt ein in diesen Dingen äußerst erfahrenes Kind als Begleiter, das immer an seiner Seite blieb. Da Erwachsene wegen ihrer Größe natürlich sofort auffallen, wurden sie, wenn sie ohne Begleitung gingen, sofort von der Kinderpolizei, die nur für diesen Zweck da war, aufgegriffen und ausgewiesen. Die Erwachsenen hatten zudem große Schwierigkeiten, sich an das Stadtleben zu gewöhnen. Dauernd musste ihr Begleiter eingreifen, sie warnen, ermahnen und belehren.

Deshalb hatten die älteren Kinder, die schon schreiben konnten, ein Papier drucken lassen, auf dem Verhaltensregeln standen:

1. Du bist Gast in der Kinderstadt. Verhalte dich entsprechend.
2. Fluche nie, wenn du dich an Decken oder Türen stößt, die zu klein für dich sind.
3. Beschwere dich nie über Unordentlichkeit.
4. Pass auf, dass du mit deinen dicken Füßen nicht einem Kind auf die Zehen trittst.
5. Beantworte alle Fragen, die an dich gestellt werden, auch wenn sie dir dumm vorkommen.
6. Sage nie: »Ich habe keine Zeit.«
7. Wenn du nicht weißt, was du zu tun hast, denke immer an den Spruch: Vorsicht! Kinder! Dann handelst du immer richtig.

Hauptzweck der Erwachsenen war es natürlich, herauszufinden, warum es keinen Streit und Zank in der Kinderstadt gab. Viele erwachsene Gelehrte stritten sich über den Grund. Die einen führten es darauf zurück, dass keine bösen Erwachsenen da waren, von denen die Kinder lernen konnten. Andere meinten, es läge irgendein Stoff in der Luft der Kinderstadt, der diese so friedlich machte. Wieder andere behaupteten gar, dass die Kinder in der Kinderstadt keine Menschen seien, denn es gäbe nun einmal keine Menschen, die nicht böse seien. Und noch andere sagten, alles hätte mit den Spielen der Kinder zu tun. […]

Q Nach Thomas Klocke und Johannes Thiele

1 Wie gefällt dir das Leben in der Kinderstadt ? Hältst du die Darstellung des Stadtlebens für wirklichkeitsnah?

2 Suche alle Regeln, Gebote und Verbote heraus, die für die erwachsenen Besucher aufgestellt wurden. Nimm Stellung dazu und setze dich kritisch mit den Kontroll- und Strafmaßnahmen der »Kinderpolizei« auseinander. Kehre zu diesem Zweck die Verhältnisse einmal um: Mache aus Kindern Erwachsene und umgekehrt. Denke darüber nach, ob du so behandelt werden möchtest wie die Erwachsenen in dieser Geschichte.

3 Worauf führst du es zurück, dass in der Kinderstadt nie ein Streit ausbricht? Gibt uns die Geschichte die dazu nötigen Informationen? Vervollständige die Geschichte durch einen Regelkatalog der Kinder untereinander – eine »Kinderstadt-Ordnung«.

4 Zurück im wahren Leben: Erstelle einen Regelkatalog, der die wichtigsten Grundsätze des Zusammenlebens zwischen Kindern und Erwachsenen beinhaltet – oder zeichne einen Comic, der Bezug nimmt auf gemeinsame Regeln und Normen*.

In jeder Gemeinschaft haben Mitglieder Rechte und Pflichten. Sie ändern sich im Laufe der Zeit – genauso wie Regeln, Normen* und Gesetze. Einige von ihnen haben sich über lange Zeiträume bewährt und dienen noch heute als Orientierungshilfe für das Miteinander, zum Beispiel die Goldene Regel.

Regeln sind Vereinbarungen (Übereinkünfte), die innerhalb menschlicher Gemeinschaften gelten – zum Beispiel: Regeln im Sport, im Straßenverkehr oder Spielregeln. Sie können schriftlich festgelegt werden oder auch auf mündlichen Absprachen beruhen. Einige Regeln kann man verändern – aber nur, wenn alle Beteiligten damit einverstanden sind: zum Beispiel im Sport, beim Spielen oder in eurer Klasse.

Ordnungen fassen mehrere Regeln und Normen* für einen Bereich zusammen, zum Beispiel die Hausordnung in der Schule oder die Straßenverkehrsordnung. Rechte und Pflichten jedes einzelnen Gemeinschaftsmitglieds sind darin genau aufgeführt. Wer gegen diese Ordnungen verstößt, kann mit »Ordnungsmaßnahmen« bestraft werden.

Gesetze sind in Gesetzestexten festgehalten. Sie sind für alle verbindlich – wer dagegen verstößt, macht sich strafbar. Ohne Gesetze kann ein Miteinander nicht funktionieren – es würde, wie im Tierreich, das »Recht des Stärkeren« gelten; die Schwächeren einer Gemeinschaft hätten kaum ein Chance.

Jedes Land verfügt über Gesetze – sie können für unterschiedliche Bereiche gelten: zum Beispiel zum Schutz der Jugend, der Umwelt oder zur Sicherstellung eines guten Schulbetriebs. Gesetze können nicht so leicht geändert werden – die Vertreter/innen des Volkes müssen dafür eine Mehrheit finden

In Deutschland sind Kinder mit 14 Jahren strafmündig.

Friedhofsmord

Wegen gemeinschaftlichen Mordes aus Habgier müssen sich demnächst vier Jugendliche vor der Jugendkammer des Mönchengladbacher Landgerichts verantworten. Die Staatsanwaltschaft wirft den 15 und 16 Jahre alten Jungen und Mädchen vor, am 20. März auf dem Friedhofs-Parkplatz in Hückelhoven-Schaufenberg einen älteren Autofahrer mit zwei Messerstichen getötet zu haben.

Die Polizei ermittelte, dass das Quartett nach dem Verbrechen mit dem Wagen des Opfers verschwand. Zuvor sollen die Täter den schwer Verletzten gezwungen haben, Autoschlüssel und Handy herauszugeben. Passanten entdeckten das Opfer, das noch am Tatort seinen Verletzungen erlag. […]

Ihr Ziel, so eine 16-jährige Komplizin aus Düsseldorf, sei der Autodiebstahl gewesen. Die Reise sollte nach Spanien gehen. Man wollte dort neu anfangen, so das Quartett, das offenbar aus schwierigen familiären Verhältnissen stammt und teilweise bereits Heimaufenthalte hinter sich hat. […]

Joao in Rio

Wohnverhältnisse der Armen in Rio de Janeiro

Joao lebt in Rio de Janeiro. Das ist eine Stadt in Brasilien in Südamerika, eine sehr große Stadt. Jeden Tag zieht er los mit einer kleinen Kiste. Darin liegen eine Dose Schuhcreme, eine Bürste, ein Lappen. Jeden Tag stellt er sich an die Ecke einer viel besuchten Einkaufsstraße und hofft auf Kunden, denen er für ein bisschen Geld die Schuhe putzen kann. Wenn er einen guten Tag und etwas Geld verdient hat, kauft er etwas zu essen. Für sich und die anderen Kinder, die wie er auf der Straße leben. Ist es schlecht gelaufen, dann wird Joao zum Dieb, um satt zu werden. Manchmal stiehlt er nur etwas zu essen oder zu trinken. Ab und zu greift er auch nach einer locker sitzenden Geldbörse. Am Abend treffen sich die Straßenkinder hinter einer großen Kirche. Dort wird geteilt, was jeder ergattern konnte. Und dort wird auch geschlafen. Vielen Polizisten sind die Straßenkinder ein Dorn im Auge. Deshalb kommt es immer wieder vor, dass in der Nacht eine Gruppe von Polizisten auftaucht und die Kinder ins Gefängnis bringt. Dort werden sie misshandelt, gefoltert und sexuell missbraucht, manchmal sogar umgebracht. »Einer weniger, der unsere Straßen verschmutzt«, denken Polizisten, die so etwas tun.

1 In beiden Geschichten ist von jugendlichen Straftätern die Rede. Vergleicht die Geschichten und sucht nach Gemeinsamkeiten und Unterschieden.

Seite 100 ◀
Methode: Rollenspiel

2 Stellt euch vor, ihr seid Richter eines Jugendgerichts und müsst in beiden Fällen Recht sprechen. Stellt die Gerichtsverhandlung als Rollenspiel dar. Die nachfolgende Grafik gibt euch Hilfestellung bei der Rollenverteilung. Bereitet die jeweilige »Rolle« gemeinsam in Gruppen vor.

3 Informiert euch über mögliche Strafen und entscheidet euch gemeinsam für eine angemessene Bestrafung.

→← Entwicklungspsychologisch sind Kinder und Jugendliche erst in einem gewissen Alter in der Lage, eine Tat als Unrecht zu beurteilen und nach dieser Einsicht zu handeln. Aus diesem Grunde sind Kinder, die jünger als 14 Jahre sind, strafunmündig.
Auf Jugendliche zwischen 14 und 17 Jahren wird das Jugendgerichtsgesetz angewendet. Mögliche Strafen sind je nach Schwere der Verfehlung: Erziehungsmaßregeln, Zuchtmittel und Jugendstrafe.

Warum überhaupt Regeln?

Methode: Rollenspiel
Im Rollenspiel übernehmen wir die »Rolle« von anderen Menschen, ihre Aufgaben und ihre Denkweise in ganz bestimmten Situationen. So können wir z. B. eine Gerichtsverhandlung »spielen«, indem wir die dort beteiligten Personen (Richter, Staatsanwalt, Verteidiger usw.) als Rollen untereinander aufteilen. Wer eine Rolle übernimmt, muss sich dann so verhalten wie die Person, deren Rolle er darstellt. Er oder sie muss immer überlegen, was die Person, die er spielt, sagen oder tun würde. Damit das gut gelingt, kann man auch Rollenkarten einsetzen. Je besser man in der Vorbereitung eines Rollenspiels die verschiedenen Verhaltens- und Denkweisen für die Rolle, die man spielt, überlegt, umso besser funktioniert das Rollenspiel.
Wer keine Rolle übernimmt, verfolgt als kritischer Zuschauer, wie die Mitschüler/innen ihre Rolle spielen. Durch kritische Hinweise helfen die Zuschauer/innen nicht nur, das Rollenspiel zu verbessern, sondern tragen auch zum besseren Verständnis der Rolle selbst bei.

1 Beschreibt das Spiel »Calvinball« euren Freunden.

2 Überlegt gemeinsam, ob ihr bei Calvin und Hobbes mitspielen wollt. Begründet eure Entscheidung.

3 Schreibe eine Fortsetzung des Comicstrips.

Regeln und Gesetze helfen uns, geordnet zusammenzuleben. Regeln geben Orientierung und helfen uns, die Reaktionen anderer Menschen vorauszuplanen und einzuschätzen.
Sich an Regeln zu halten, ist jedoch auch anstrengend, da sie, wenn sie einmal verabredet sind, unsere eigene Freiheit einschränken. Gemeinsame Spiele sind jedoch ohne feste Regeln, an die sich jeder Spieler hält, nicht möglich.

Anregungen für Klassen- oder Kursregeln findet ihr unter:
http://vs-material.wegerer.at/diverses/Klassenregeln.pdf
http://www.schule-insight.de/html/klassenregeln.html

Projekt: Regeln im Unterricht Praktische Philosophie

Wenn ihr euch in eurem Kurs Praktische Philosophie wirklich wohl fühlen wollt, müsst ihr euch an Regeln halten und jede Kursteilnehmerin/jeder Kursteilnehmer hat gewisse Rechte, die von den anderen respektiert werden.

Stell dir einmal vor, jede/r würde immer das tun dürfen, wozu er gerade Lust hat. Sicher fallen euch da gleich ein paar Beispiele ein. Wenn du wirklich immer alles tun dürftest, wozu du gerade Lust hat, was würde das für deinen Nachbarn, für andere oder für euren Kursraum bedeuten?

Ihr müsst euch also überlegen, welche Regeln in eurem Kurs gültig sein sollen.

Dabei solltet ihr unterscheiden zwischen Regeln, die für alle Fächer gelten, und Regeln, die insbesondere für den Unterricht im Fach Praktische Philosophie gelten sollen.

Vielleicht ist es sogar möglich, gemeinsam mit den Religionskursen Regeln auszustellen.

1 Überlegt zunächst in Einzelarbeit acht Regeln, die euch wichtig sind.

2 Vergleicht eure Ergebnisse mit einem Partner und einigt euch auf sechs Übereinstimmungen.

3 Tauscht eure Ergebnisse mit einer anderen Zweiergruppe aus und haltet die für euch wichtigsten Regeln fest.

4 Stellt eure Gruppenergebnisse dem Kurs vor.

5 Erarbeitet im Gespräch eure Kursordnung. Stellt dabei lieber weniger Regeln als zu viele auf und haltet sie dann auch wirklich ein.

6 Gestaltet ein Lernplakat mit euren Kursregeln.

Hunger und extreme Armut beseitigen

Im Jahr 2000 beschlossen die Vereinten Nationen (UNO) acht Ziele zur Bekämpfung von Hunger und extremer Armut. Nach dem lateinischen Wort »Millennium« (Jahrtausend) spricht man seitdem von den Millenniumszielen:

Mehr als eine Milliarde Menschen muss mit weniger als einem US-Dollar am Tag auskommen – sie sind arm. Über 800 Millionen Menschen können ihren täglichen Energiebedarf von mindestens 1 800 Kilokalorien nicht decken – sie hungern. 300 Millionen davon sind Kinder. Täglich sterben etwa 24 000 Menschen an den Folgen von Hunger und Unterernährung.

Das erste Milleniumsziel sieht vor, den Anteil der Armen an der Weltbevölkerung bis 2015 zu halbieren. Ebenfalls bis 2015 soll auch der Anteil der Weltbevölkerung, der an Hunger leidet, halbiert werden.

Im September 2008 schlug UN-Generalsekretär Ban Ki Moon Alarm: Die Zahl der Hungernden in der Welt ist weiter angestiegen. Meldungen zufolge nimmt selbst in den »reichen« Ländern die Armut zu und die Unterschiede zwischen Arm und Reich werden immer größer.

Endet der Kampf gegen Armut und Hunger mit einer Niederlage?

Armut und Wohlstand

»Wer seinen Wohlstand vermehren möchte, der sollte sich an den Bienen ein Beispiel nehmen. Sie sammeln den Honig, ohne die Blumen zu zerstören. Sie sind sogar nützlich für die Blumen. Sammle deinen Reichtum, ohne seine Quellen zu zerstören, dann wird er beständig zunehmen.«
BUDDHA, Längere Sammlung

Die acht Millenniumsziele der Vereinten Nationen

1. Hunger und extreme Armut beseitigen
2. Grundschulbildung für alle Kinder
3. Gleichstellung und stärkere Beteiligung von Frauen
4. Kindersterblichkeit verringern
5. Die Gesundheit von Müttern verbessern
6. Aids, Malaria und andere Krankheiten bekämpfen
7. Wirksamer Schutz der Umwelt
8. Aufbau einer weltweiten Partnerschaft für Entwicklung

1 Beschreibt die Szenen dieser Doppelseite. Überlegt, welchen Ländern oder Gebieten die verschiedenen Formen von Armut und Reichtum zugeordnet werden könnten.

2 Notiert Fragen, die ihr aufgrund der Bilder klären möchtet.

3 Informiert euch im Internet über den aktuellen Stand im Kampf gegen Hunger und extreme Armut in der Welt.
Sammelt auch Meldungen über die Situation in Deutschland.

http://www.welthungerhilfe.de

Armut als weltweite Herausforderung

Seit 1999 – nach 30 Jahren Bürgerkrieg – herrscht in Kambodscha Frieden. Der Krieg hat aus dem ehemaligen Khmer-Reich eines der ärmsten Länder Südostasiens gemacht. Im Durchschnitt verdient ein Kambodschaner 250 US-Dollar (rund 190 Euro) im Jahr. Jeder fünfte Mann und fast jede zweite Frau sind Analphabeten. Kinderarbeit ist weit verbreitet. Allein in der Hauptstadt Phnom Penh arbeiten etwa 28 000 Kinder.

Zu Besuch auf »Smokey Mountain« – eine Reportage aus Kambodscha

Die zwölfjährige Savon rutscht aus, verliert einen ihrer Schlappen und tritt in eine Glasscherbe. Sie steht auf dem »Smokey Mountain«, dem Müllberg von Phnom Penh. Aus ihrer Nase läuft Rotz, die Augen tränen. Schnell schlüpft sie wieder in den Schuh und sucht in der Rauchwolke nach ihren Eltern. Ein Müllwagen lädt seine stinkende Ladung aus. Ein Menschenknäuel stürzt sich darauf und wühlt mit den Händen im Abfall. Die Erwachsenen haben ihre Gesichter […] vermummt zum Schutz gegen die giftigen Dämpfe […].

Savon hält noch immer verzweifelt Ausschau nach ihren Eltern, die auch hier arbeiten. Schließlich findet sie die beiden hinter dem Müllwagen. Sie beugen sich über aufgeplatzte Müllsäcke, heben leere Plastikflaschen, Bierdosen und Löffel auf und stopfen alles in einen leeren Sack. Savon zeigt ihrer Mutter den verletzten Fuß. Doch diese verscheucht sie mit wedelnden Händen wie eine Fliege. Enttäuscht humpelt das Mädchen zum Fuße des Abfallberges, auf der Suche nach So Phalla. Als Savon das Tor aufstößt und langsam über den Hof geht, sitzt ihre 46-jährige Lehrerin erschöpft im Schatten des einzigen Baumes vor der Schule der Müllkinder (ein Projekt einer internationalen Hilfsorganisation).

Der Müll der anderen sichert das Einkommen der Menschen auf der Müllkippe.

[…] Mit der Pinzette zieht sie vorsichtig die Scherben heraus und reinigt die Wunde mit Jod. »Auch mein siebenjähriger Bruder und meine beiden älteren Geschwister arbeiten hier als Müllkinder«, erzählt Savon […]. Zwölf Stunden täglich sortiert das Mädchen Abfall, bei tropischer Hitze. Jeden Tag, auch am Wochenende. Der Schrotthändler bezahle den Arbeitern je 5 000 Riel (umgerechnet etwa ein Euro) am Tag für die gefundenen Sachen, sagt Savon. […] Die Schule für die Müllkinder befindet sich auf dem Gelände der Deponie […]. Seit eineinhalb Jahren unterbricht Savon jeden Morgen für eine Stunde ihre Arbeit und kommt hierher. […] So Phalla möchte das Mädchen in die staatliche Schule schicken. Doch Savons Eltern sind von der Idee nicht begeistert, obwohl die Hilfsorganisationen das Schulgeld bezahlen würden. Aber ginge Savon zum Unterricht, würde das eine Arbeitskraft weniger in der Familie bedeuten. […]

Q ELLEN KÖHRER: Die Kinder vom Smokey Mountain (2009)

Savon wohnt mit ihrer Familie am Rande der kambodschanischen Hauptstadt Phnom Penh – in einer Hütte aus Plastikplanen mitten im Schwemmland. Die 15 Quadratmeter-Behausung steht deshalb auf Stelzen.

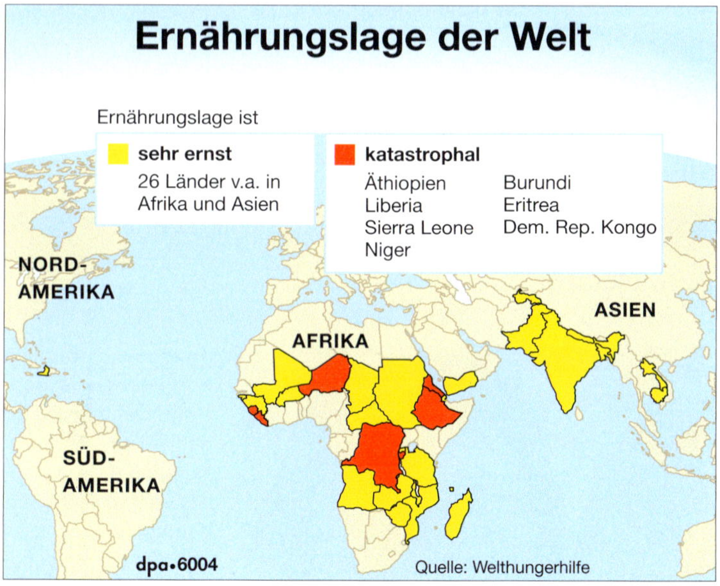

Die Situation nach Informationen der Welthungerhilfe

1 Berichte, wie Savons Tag verläuft. Was erfahren wir über ihre Lebensumstände, ihre Familie, ihre Pläne?

2 Finde heraus, welche Gründe für die Armut von Savons Familie in der Reportage genannt werden.

3 Stelle fest, wie sich die wirtschaftliche Lage in Kambodscha seit 2009 entwickelt hat.

4 Erkläre, welche Ziele die Hilfsorganisation an Savons Müllkippe verfolgt.

Armut als weltweite Herausforderung

Schutz vor Hunger als Menschenrecht
1976 trat ein internationales Abkommen in Kraft, das den Schutz vor Hunger und das Recht auf angemessene Ernährung als Menschenrecht festschreibt. 160 Staaten haben diesen Vertrag inzwischen in ihr eigenes Recht übernommen, darunter auch Deutschland. Das heißt: Unser Staat muss dafür sorgen, dass bei uns kein Mensch Hunger leidet (vgl. S.110).

Die 22 größten Industrienationen haben 2007 rund 103,7 Milliarden Dollar für öffentliche Entwicklungshilfe ausgegeben. Damit sanken die Ausgaben im zweiten Jahr hintereinander. Das Versprechen der wohlhabenden Staaten, bis 2015 ihre Ausgaben auf 0,7 Prozent des Nationaleinkommens zu steigern, erscheint fast unerreichbar.
Nach Angaben der OECD*

Die Bemühungen der Vereinten Nationen (UNO)

Schon bei der Gründung der Vereinten Nationen im Juni 1945 nach dem Ende des Zweiten Weltkrieges herrschte die Überzeugung, dass es keinen Frieden in der Welt geben kann ohne Freiheit von Not. In weiten Teilen der Welt gab es noch Kolonien. Dort lebten die Menschen unter der Herrschaft europäischer Kolonialländer. Als die Kolonien unabhängig wurden, bestanden große Entwicklungsunterschiede zu den Industriestaaten.
Doch die Anstrengungen internationaler Hilfsorganisationen gegen Armut und Hunger in unterentwickelten Ländern sind nur wenig erfolgreich gewesen. Einige Länder konnten ihre Lage zwar deutlich verbessern – teilweise auch ohne Hilfe von außen –; aber in anderen Ländern wurden die Unterschiede zwischen Arm und Reich noch größer – vor allem viele der allerärmsten Länder finden keinen Ausweg aus ihrer Not. Die Verabschiedung der Millenniumsziele durch die UNO im Jahr 2000 ist ein neuer Anlauf, um einen Durchbruch zu erzielen. Trotz der ungünstigen Zwischenbilanz sind weltweit viele Projekte im Gang, um die Millenniumsziele umzusetzen.

Projekte helfen die Not lindern

Kongoussi in Burkina Faso (Westafrika): Burkina Faso ist das zweitärmste Land der Welt. Die meisten Einwohner müssen von dem leben, was sie selbst anbauen. Doch in Kongoussi sind die Böden steinig und lassen sich nur schlecht bepflanzen. Dazu kommen häufige Dürren. Die Ernten reichen nicht aus, um die steigende Bevölkerungszahl zu ernähren. Viele Männer wandern deshalb in die Städte, um dort Arbeit zu finden. Ihre Frauen bleiben zurück und ihre Kinder müssen auf den Feldern arbeiten – statt zur Schule gehen zu können. Aber ohne Schulbildung können sie den Teufelskreis der Armut nicht durchbrechen.
Zusammen mit den Dorfbewohnern wurden jetzt die Anbaumethoden und die Wasserversorgung verbessert, um die Ernteerträge zu steigern. Kinder bekommen Unterstützung, um den Schulbesuch zu fördern.

Zur Umsetzung der Milleniumsziele hat die deutsche Welthungerhilfe* in fünfzehn Dörfern in Asien, Afrika und Lateinamerika Projekte in Angriff genommen. Zwei Beispiele aus Afrika (S.106 unten und auf dieser Seite):

welt hunger hilfe

Aktuelle Einzelheiten über die Milleniumsdörfer erfahrt ihr im Internet: www.welthungerhilfe.de

Anosikely in Madagaskar (Ostafrika):
Der Inselstaat Madagaskar gehört zu den ärmsten Ländern der Welt. Im Dorf Anosikely ist der Boden versandet und wenig fruchtbar. Auch der Dorfbrunnen ist verschmutzt. Geringe Ernten und unsauberes Wasser führen zu Unterernährung und häufigen Krankheiten. Viele Säuglinge und Kleinkinder sterben. Inzwischen wurden in den Bereichen Ernährung, Wasser, Gesundheit und Bildung Fortschritte erzielt. Durch neues Saatgut und neue Setzlinge konnten die Betroffenen ihre Ernährungssituation verbessern. Der Zugang zu sauberem Trinkwasser ließ die Zahl der Erkrankungen zurückgehen. Die Hebammen des Ortes wurden fortgebildet und können Frauen und Säuglinge wirksamer betreuen. Große Fortschritte gab es auch bei der Alphabetisierung: Immer mehr Kinder gehen in die Schule.

Hilfe zur Selbsthilfe
»Es ist die einzige Art, wie man wirklich helfen kann. Die Welthungerhilfe* gibt den Menschen die Würde und Möglichkeit, sich selber zu ernähren und für sich selber verantwortlich zu sein.«
Horst Lichter, TV-Koch

1 Überlegt und diskutiert, warum es keinen Frieden ohne Freiheit von Not geben kann.

2 Beschreibt an den Beispielen der Millenniumsdörfer die Arbeitsweise der Welthungerhilfe*. Welche der acht Millenniumsziele werden in den Projekten der Dörfer jeweils besonders verfolgt? Erläutert, wie die verschiedenen Maßnahmen zusammenwirken. Erstellt anschließend Plakate, auf denen ihr einzelne Dörfer vorstellt.

Der Kampf gegen Armut und Hunger gehört zu den zentralen Aufgaben der UNO, der Weltorganisation der Staaten. Dabei helfen ihr viele international arbeitende Hilfsorganisationen. Dennoch ist es bisher kaum gelungen, Armut wirksam einzuschränken. Viele wohlhabende Länder, aber auch einflussreiche Herrscher und Clans in den armen Ländern, sind ihren Verpflichtungen nicht ausreichend nachgekommen. Einzelprojekte zeigen aber, wie erfolgreich Hilfe zur Selbsthilfe geleistet werden kann.

Armut bei uns

2006 sollten Zelte in Paris Obdachlose vor dem Erfrieren bewahren und die Öffentlichkeit auf ihre Situation aufmerksam machen. Der französische Politiker Nicolas Sarkozy versprach, dass kein Mensch mehr sterben müsse, wenn er erst Präsident sei. Doch von 2007 auf 2008, Sarkozy war inzwischen Staatspräsident, stieg die Zahl der toten Obdachlosen auf der Straße von 232 auf 340. Jeden Abend müssen im größten Pariser Obdachlosenasyl Menschen abgewiesen werden, weil die Plätze nicht ausreichen. Bernard ist einer, der einen Platz bekommen hat. Er erzählt den anderen, wie er früher als Entwicklungshelfer in Afrika Bauern moderne Bewässerungsmethoden beigebracht hat. Heute kann er sich jedoch keine Wohnung mehr leisten und schläft in einem der Schlafsäle mit vier Etagenbetten.

Armut in Deutschland – hier z.B. in der Kölner Innenstadt

Auch Armut?

Wer hinschaut, kann die Spuren der Abnutzung auf der Jeans von Alexandra Schröder gut erkennen. Die hellen Stellen am Gesäß bildet die Form des Fahrradsattels nach, und das liegt daran, dass das Rad ihr viel benutztes Instrument zur Alltagsbewältigung ist. Gerade zieht sie mit dem Fahrrad den Anhänger nach Hause, den die Familie vor Jahren für stolze 1 500 Mark angeschafft hatte, um mit den damals noch kleinen Töchtern auf Wochenendtour zu gehen oder sie in den Kindergarten zu fahren. Aylin und Muriel sind heute zwölf und acht Jahre alt. Der Anhänger wird jetzt, nach der Scheidung, da die Mutter ohne Auto allein klarzukommen hat, für den Wocheneinkauf genutzt, und er ist vollgestapelt.

Alexandra Schröder hat eineinhalb Stunden konzentrierte Einkaufsarbeit am Stadtrand von Celle hinter sich. Ihre Shoppingliste war detailliert ausgearbeitet. Auf der Rückseite waren die Gerichte notiert, die sie in den kommenden fünf Tagen kochen will. Auf der Vorderseite waren die einzelnen Bedarfsposten aufgelistet, links Lebensmittel, rechts oben Hygieneartikel, rechts unten dies und das.

»Mehr Netto für alles.« Alexandra Schröder nimmt den Slogan beim Wort, der in dem gleichnamigen Discountmarkt über den Regalen schwebt: Auch sonst nutzt sie systematisch jene Handelsketten, die auf den Bedarf und die Möglichkeiten der Menschen mit kleinem Portemonnaie ausgerichtet sind. […]

Wichtig ist Alexandra Schröder der Urlaub […]. Auf die zwei Wochen

Bulgarien-Urlaub in diesem Sommer mit Oma, die 1 700 Euro gekostet haben, hatte sie drei Jahre lang gespart. […]
Noch wichtiger als der Urlaub ist ihr, dass die Töchter nicht zu sehr zurückstecken müssen. Sie sind mit allem ausgestattet: DVD-Player, Computer, Digitalkamera, auch wenn es einfache und keineswegs nagelneue Geräte sind. Die Große kann für 36 Euro im Monat Reiten gehen, die Kleine will nun zum Jazzdance für 30 Euro im Quartal, das soll sie bekommen, denn ihr Sportverein koset nur drei Euro im Monat, und auch sonst haben die Mädchen gelernt, sich wie die Mutter zu bescheiden. Ein Handy hat die jüngere Tochter nicht, die ältere erst eines, seit sie auf dem Gymnasium ist. Und mit der Prepaid-Karte über 20 Euro ist sie von Oktober bis Juli ausgekommen.

Q WOLFGANG GEHRMANN: Hart an der Grenze (2008)

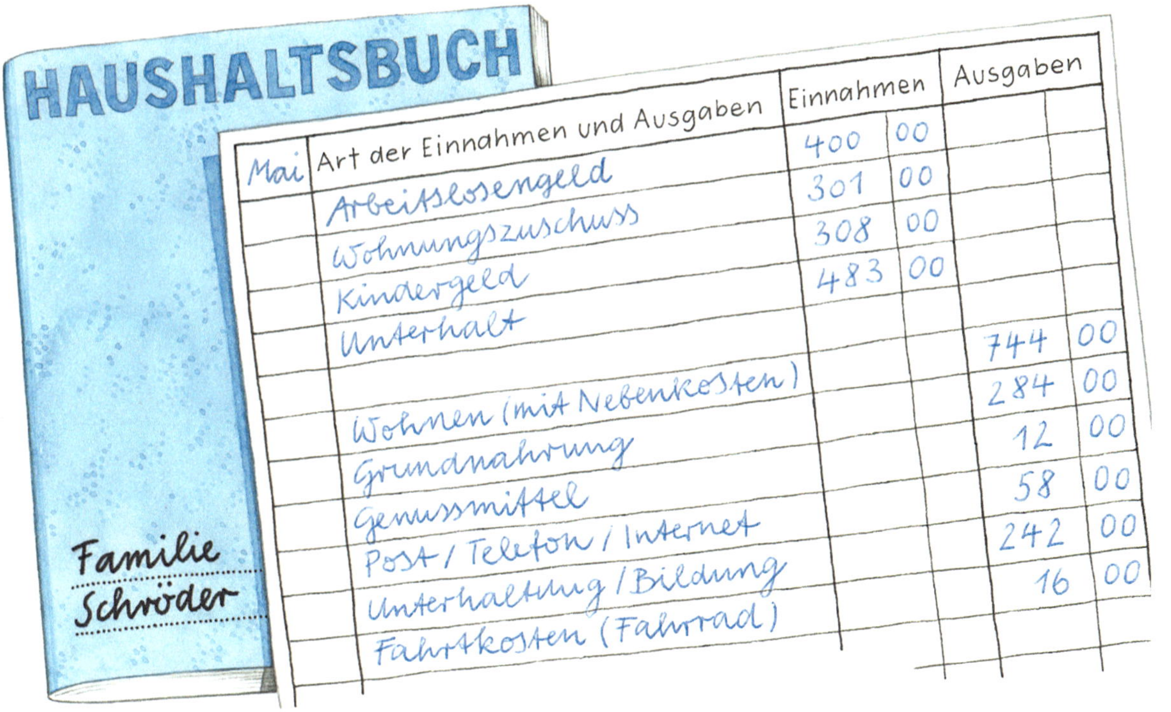

In Deutschland gelten Haushalte als arm, deren Nettoeinkommen* 50 Prozent oder weniger des Durchschnittseinkommens vergleichbarer Hauhalte beträgt.

1 Beschreibt die Armutsbeispiele aus Frankreich und Deutschland.

2 Vergleicht die Lage von Familie Schröder mit den vorherigen Beispielen. Welche Unterschiede stellt ihr fest?

3 Mit welchen Problemen muss Familie Schröder fertig werden? Wie ist Frau Schröder in ihre Lage gekommen?

4 Setzt euch mit der Haushaltsführung von Frau Schröder auseinander: Wo liegen ihre Schwerpunkte? Gibt es andere Möglichkeiten? Spielt ein Gespräch zwischen den beiden Töchtern über die Verteilung der Haushaltsmittel, die zeigen, dass die Mädchen auf ihre Mutter stolz sind.

5 Ist Familie Schröder »arm«? Sammelt Argumente pro und kontra.

Armut bei uns

Kinderarmut nimmt zu

In Deutschland driften Arm und Reich immer weiter auseinander. Die Ungleichheit bei den Einkommen und die Armut – gerade auch von Kindern – haben in den vergangenen Jahren stärker zugenommen als in anderen Ländern. 2005 lebten bei uns unterhalb der Armutsschwelle fast 11 Prozent der Bevölkerung. Alleinerziehende und Kinder sind überdurchschnittlich, Rentner dagegen unterdurchschnittlich von Armut betroffen.

Q Nach einer OECD*-Studie (2008)

Fachübergreifend (Politik): Staatliche Verpflichtungen

Das höchste Gesetz der Bundesrepublik Deutschland ist das 1949 beschlossene Grundgesetz. Seine Artikel enthalten Grundregeln unserer staatlichen Ordnung und unseres Zusammenlebens. Alle weiteren Gesetze dürfen dem Grundgesetz nicht widersprechen, sondern müssen sich nach seinen Vorgaben richten.
»Die Würde* des Menschen ist unantastbar«, heißt es in Artikel 1. Das Grundgesetz legt daher fest, dass unser Staat auch ein Sozialstaat sein soll. Er soll sich für soziale Gerechtigkeit einsetzen und die Existenzgrundlagen der Bürger/innen garantieren.
Mit diesen Zielsetzungen soll die Grundlage für ein friedliches Zusammenleben der Menschen geschaffen werden. So wie der Friede in der Welt nicht gesichert werden kann, wenn nicht Maßnahmen zur Hilfe gegen Notsituationen getroffen werden, so kann in unserem Staat kein sozialer Friede herrschen, wenn Menschen in Not nicht geholfen wird.
Welche konkreten Konsequenzen sich daraus ergeben, darüber wird immer wieder neu gestritten, weil unsere Gesellschaft und ihre wirtschaftlichen Möglichkeiten immer wieder Veränderungen unterworfen sind.

- Beschreibt, welche Aufgaben ein Sozialstaat hat.
- Überlegt, welche Begründungen und Motive hinter der Sozialstaatsidee stecken.

Armut bremst Bildung

Ein geringes Monatseinkommen der Eltern muss nicht die einzige Ursache für Kinderarmut sein. Entscheidend ist, was bei Kindern ankommt. So gibt es neben materieller Armut (kein Geld) auch staatliche Mängel (schlechte Schulen), geistige Armut (keine Teilnahme am kulturellen Leben), soziale Armut (keine Freunde), gefühlsmäßige Armut (keine Liebe), Vernachlässigung (keine Aufmerksamkeit), falsche Versorgung (schlechtes Essen) oder auch ein Leben in Einsamkeit (kaum Kontakte zu anderen Menschen). Alle diese Armutsfaktoren wirken sich ungünstig auf den Schulerfolg aus.

Methode: Ein Streitgespräch führen

Wer sich mit einem Thema beschäftigt, merkt schnell, dass es dazu gegensätzliche Meinungen geben kann. Zur besseren Einschätzung der Argumente und zur Klärung der eigenen Position hilft ein Streitgespräch.

- Das Thema und die gegensätzlichen Positionen werden bekannt gegeben. Zwei Gruppen werden gebildet, die sich jeweils für eine Position »stark machen«. Eine Gesprächsleitung wird bestimmt, die den Gruppen abwechselnd das Wort erteilt.
- Wenn die zur Verfügung stehende Zeit abgelaufen ist, wird das Gespräch ausgewertet, z. B. durch ein Protokoll, das die wichtigsten Argumente enthält. Auf dieser Grundlage kann ein eigener Standpunkt mit Begründung formuliert werden.

Was darf Menschenwürde kosten?

Wer in Deutschland keine Arbeit findet oder aus anderen Gründen nicht das notwendige Geld verdienen kann, erhält staatliche Unterstützung. Voraussetzung ist, dass er weder über eigenes Vermögen (z. B. Ersparnisse, eigenes Haus) noch durch seine Familie unterstützt werden kann. Bis Juni 2009 betrug die Höhe der monatlichen Unterstützung noch 351 Euro. Für Wohnung und Heizung gibt es Extrazuschüsse.
Wer eine solche Unterstützung erhält, kann zur Arbeit in öffentlichen Einrichtungen oder Vereinen verpflichtet werden und erhält dafür einen Euro pro Tag. Wer sich weigert, muss mit der Kürzung der staatlichen Unterstützung rechnen.
Seit einigen Jahren wird über die Bedingungen für die Zahlung der Unterstützungsleistungen und ihre Höhe gestritten. Die einen fordern eine Erhöhung, die anderen eine Senkung. 2008 erregten zwei Wissenschaftler Aufsehen, die eine Senkung des Monatsbetrages auf 132 Euro für möglich hielten – unter anderem wollten sie die vorgesehenen Beträge für Alkohol und Nikotin gestrichen wissen. Auch ihnen ging es ausdrücklich um die »Menschenwürde« der Betroffenen.

Wie sich die 351 Euro zusammensetzten
(seit Juli 2009: 359 Euro)

Ernährung/ Genussmittel: (davon Alkohol: 7,62 Euro, Tabak: 6,34 Euro)	137,72 Euro
Essen/Trinken außer Haus:	8,30 Euro
Bekleidung/ Schuhe:	34,80 Euro
Wohnen/ Energie:	25,08 Euro
Gesundheitspflege:	12,82 Euro
Verkehr:	15,97 Euro
Telefon/Post/ Internet:	30,83 Euro
Freizeit/ Unterhaltung/ Kultur:	39,80 Euro
Bildung:	–
Verschiedenes:	27,23 Euro

1 Familie Schröder bezieht finanzielle Mittel aus verschiedenen Quellen. Stellt fest, welche Bereiche des Sozialstaats hier wirksam werden (s. S. 108/109).

2 Zählt auf, wer oder was – zusätzlich zum Sozialstaat – dazu beitragen könnte, damit insbesondere arme Kinder Wege aus der Armut finden.

Seite 107 ◄ Hilfe zur Selbsthilfe

3 Führt ein Streitgespräch: Gehört die Finanzierung von Alkohol und Nikotin zum Schutz der Menschenwürde?

Armut gibt es auch in wirtschaftlich wohlhabenden Ländern wie in Deutschland. Nach den Zielvorstellungen unserer sozialstaatlichen Ordnung müssen die Armen vor Verelendung geschützt werden. Unterstützungsleistungen sollen allerdings nicht nur Not lindern, sondern den Betroffenen auch Anreize zur Selbsthilfe bieten.

Verpflichtet Wohlstand?

Meditationstuch – 50 Jahre »Brot für die Welt«

Die Antwort des Grundgesetzes

Seite 110 ◄

Das Grundgesetz bejaht die Frage in der Überschrift dieser Doppelseite. In Artikel 14 wird das Eigentum und seine Vererbung zwar geschützt, aber in Absatz 2 heißt es: »Eigentum verpflichtet. Sein Gebrauch soll zugleich dem Wohl der Allgemeinheit dienen.« Das Eigentum soll also nicht nur ein Nutzen für den Einzelnen haben, sondern auch für die Gesamtheit der Menschen. Damit kann gerechtfertigt werden, dass wohlhabende Menschen mit einem größeren Einkommen und Vermögen stärker besteuert werden als Menschen, die weniger verdienen und besitzen. Auf diese Weise kann der Sozialstaat ausgleichend wirken. Er erhält zum Beispiel die Mittel, um arme Menschen durch die Sozialhilfe zu unterstützen. Über den Rahmen der Gesetze hinaus gibt es aber von staatlicher Seite keinerlei Zwang; jeder Mensch kann sein Eigentum vermehren und selbst entscheiden, was er mit seinem »Reichtum« anfangen will.

Als wohlhabend gilt derjenige, dessen Einkommen größer ist als das Durchschnittseinkommen vergleichbarer Haushalte.

Almosen* in den Religionen

Das Wort »Almosen« kommt aus dem Griechischen und bedeutet »Mitleid« oder »Mildtätigkeit«. Der Spender des Almosens lässt dem Bedürftigen eine Gabe zukommen, ohne eine Gegenleistung zu erwarten. Bei religiösen Festen der Griechen wurden Teile der Opfergaben an die Götter zum Verzehr freigegeben und kamen Bedürftigen zugute. Auch in Judentum, Christentum und Islam war die Almosenidee von Anfang an fest verankert. Für Muslime bildet das Almosen eine der fünf Grundsäulen ihrer Religion.

Teilen
Sie trinken auf ihre neue Freundschaft. »Wenn du fünf Fernsehgeräte hättest, würdest du mir eines schenken« – »Freilich.« – »Wenn du fünf Autos hättest, würdest du mir eins schenken?« – »Freilich.« – »Wenn du fünf Hemden hättest, würdest du mir eins schenken?« – Der Gefragte schüttelte den Kopf. – »Warum nicht?« – »Ich habe fünf Hemden.«
Erzählt nach Willi Hoffsümmer

Das Almosen ist eine Vorschrift von Allah und soll den Armen helfen. Gleichzeitig soll der Muslim lernen, sein Herz nicht an den irdischen Besitz zu hängen, sondern es für Gott zu öffnen. Dies gilt in ähnlicher Weise für Juden und Christen.

Almosen (Zakat) im Islam

»Die Almosen sind nur für die Armen und Bedürftigen
Und die, welche sich um sie bemühen,
und die, deren Herzen gewonnen sind,
und für die Gefangenen und die Schuldner […].«

Q Koran (Sure 9, 60)

Almosen im Judentum »Wenn einer deiner Brüder arm ist […], so sollst du dein Herz nicht verhärten und deine Hand nicht zuhalten gegenüber deinem armen Bruder, sondern sollst sie ihm auftun und ihm leihen, so viel er Mangel hat. […]«

Q Hebräische Bibel (5. Buch Mose 15, 7f.)

Matthäusevangelium 6, 1–4 ◀

Lukasevangelium 16, 19–31 ◀

Kapitel 10: Leben und Feste in Religionen ◀

Almosen im Christentum Das jüdisch-christliche Gebot der Nächstenliebe schließt auch die Mildtätigkeit ein. Allerdings soll man damit nicht angeben, sondern seine Gaben unauffällig abgeben. In einigen Bibelstellen wird drastisch zum Ausdruck gebracht, dass der Verstoß gegen das Gebot der Nächstenliebe bestraft wird. So erzählt Jesus im Gleichnis* vom reichen Mann und vom armen Lazarus, wie der reiche Mann, der sich um den armen und kranken Lazarus nicht gekümmert hat, nach seinem Tod schreckliche Qualen erleiden muss. Früher waren solche Geschichten für reiche Christen ein zusätzlicher Beweggrund, um Stiftungen für Arme zu gründen.

Armut muss bekämpft werden – Wohlstand verpflichtet

Die Kirchen von heute beziehen die christliche Verpflichtung zur Nächstenliebe auf alle Menschen, unabhängig von ihren Überzeugungen. Deshalb haben sie Organisationen ins Leben gerufen, die im eigenen Land und weltweit versuchen, den Gedanken der Nächstenliebe umzusetzen.

Als Gottes Ebenbilder sind alle Menschen gleich. Die Würde und der Wert des Lebens sind Gottes Geschenk. Armut kann diese Würde nicht beeinträchtigen und Reichtum fügt ihr nichts hinzu. Allerdings gibt es Lebenssituationen in Armut, die der Würde* des Menschen Hohn sprechen und auch ein falsches Vertrauen auf Reichtum. Wir sind von Gott aneinander gewiesen und tragen füreinander Verantwortung. Menschen vom gemeinsamen Leben auszuschließen und Teilhabe zu verweigern, ist Sünde vor Gott. Gott traut uns zu, unser Land gerecht zu gestalten und seinen Reichtum zum Wohle aller einzusetzen.

Q Aus einem Beschluss der Evangelischen Kirche in Deutschland (2006)

1 Vergleicht die Sätze des Grundgesetzes zur Verpflichtung des Wohlstands mit denen der evangelischen Kirche. Was ist gleich, was ist anders? Welche Konsequenzen lassen sich daraus jeweils für den einzelnen Menschen ableiten?

2 Informiert euch über christliche Spendenwerke. Stellt Projekte vor.

Seiten 114/115 ◀

3 Erkundigt euch über Hilfsaktionen in eurer Stadt (Region).

→← Privates Eigentum ist in unserer Gesellschaft geschützt, aber gleichzeitig dem Gemeinwohl verpflichtet. Im modernen Sozialstaat wird durch Gesetze ein gewisser Ausgleich zwischen Arm und Reich herbeigeführt. In den Religionen ist die Vorstellung von der Verpflichtung der Wohlhabenden gegenüber den Armen noch deutlicher ausgeprägt; deshalb stammen viele Initiativen im Kampf gegen die Armut aus religiösen Organisationen.

DIE TAFELN
Essen, wo es hingehört

Beim Wort »Tafel« denken wir schnell an die Tafel in den Klassenräumen. Aber »Tafel« ist auch die Bezeichnung für den zum Essen gedeckten Tisch. Von daher wurde das Wort zur Bezeichnung für eine bundesweite Hilfsorganisation, die für arme Menschen Lebensmittelspenden organisiert und verteilt. Die erste Tafel in Deutschland wurde 1993 in Berlin gegründet. Seitdem ist ihre Zahl auf über 800 gewachsen – auch ein Zeichen für die Zunahme von Armut in Deutschland. Neben der Verteilung gespendeter Lebensmittel bieten einige Tafeln auch die Möglichkeit an, mittags eine warme Mahlzeit einzunehmen. Über 40 000 ehrenamtliche Helfer sind für Tafel-Projekte in Deutschland aktiv. Sie unterstützen regelmäßig eine Million Menschen mit Lebensmitteln.

Ernährungsarmut in Deutschland

Je nach Berechnungsmodell leben in Deutschland zwischen fünf und acht Millionen Menschen in (Einkommens-)Armut. Das Einkommen wird zu einem großen Teil für die Absicherung elementarer Lebensbedürfnisse benötigt. Bei einem ohnehin beschränkten Budget können meist nur bei der Nahrung größere Posten eingespart werden. Haushalte mit geringem Einkommen verzichten auf den Kauf bestimmter Nahrungsmittel.
Viele Betroffene leben pro Tag mit 4 bis 5 Euro, die für die Zubereitung von Frühstück, Mittag- und Abendessen ausreichen müssen. Als Luxus gilt unter den Armen oft schon das, was für die Mehrheitsgesellschaft als Alltagskost gesehen wird. Auf Fleisch wird meist ganz verzichtet. Frisches Obst ist meist im Sommer noch zu teuer und auch Grundnahrungsmittel wie Milch gehören oft zu den Luxusgütern. […]

800. Tafel in Deutschland
Die Ratinger Tafel hat bereits im Herbst nach einer mehr als einjährigen Vorbereitungszeit mit der Ausgabe von Lebensmittelspenden begonnen. Mittlerweile nutzen mehrere hundert wirtschaftlich benachteiligte Bürgerinnen und Bürger der Stadt das Hilfsangebot. Getragen wird die Tafel vom Sozialdienst katholischer Frauen (SkF) und der Diakonie Ratingen.
Pressemeldung vom 13.1.2009

Besonders im letzten Monatsdrittel fällt es vielen schwer, eine ausgewogene Ernährung sicherzustellen Die negativen Folgen für die Betroffenen liegen auf der Hand: Hunger, Fehlernährung sowie die Konkurrenz von Nahrungsmitteln zu Genussmitteln wie Alkohol, Zigaretten sowie Drogen ist groß. Viele Sozialhilfeempfänger schaffen es nur durch extremen Verzicht, bis zum Monatsende durchzuhalten. Vielen gelingt es nicht – sie sind auf die Hilfe anderer Menschen angewiesen oder hungern.

Q Angaben nach Bundesverband Deutsche Tafel e. V.

Projekt 1: Besuch bei einer Tafel

Über 90 Prozent der Tafeln in Deutschland sind im Bundesverband Deutsche Tafel e. V. organisiert. Auf dessen Homepage (http://www.tafel.de) findet ihr Zugang zu einem Verzeichnis mit Suchfunktion. Dort könnt ihr feststellen, ob es eine Tafel in eurer Stadt oder in der Nähe eurer Schule gibt. Ihr könnt aber sicher auch über das Rathaus nähere Informationen erhalten.

- Erkundigt euch über Tafeln in eurer Nähe und verschafft euch erste Informationen. Nehmt Kontakt zu einer Tafel auf und vereinbart ein Gespräch oder einen Besuch.
- Ladet Vertreter der Tafel zu einem Besuch in eure Klasse ein oder bereitet einen Besuch bei einer Tafel vor. Führt Interviews mit den ehrenamtlichen Helfern durch. Klärt, ob es Möglichkeiten gibt, mit Menschen, die Lebensmittel von der Tafel erhalten, ins Gespräch zu kommen.
- Erkundigt euch, ob die Hilfsempfänger ermutigt werden, als Gegenleistung für empfangene Hilfen selbst etwas zu geben oder zu tun, z.B. ehrenamtlich mitzuarbeiten.
- Überlegt, wie ihr über euren Besuch berichtet. Ihr könnt dazu in eurer Schule eine Ausstellung machen und/oder einen Bericht in der Schülerzeitung schreiben.

Projekt 2: Ein Hoffnungsheft anlegen

Immer nur schlechte Nachrichten hören? So etwas kann auf die Dauer mutlos machen. Gegen schlechte Stimmungen könnt ihr etwas tun, denn das Hoffen auf bessere Zeiten braucht ihr nicht auf morgen verschieben. Sucht stattdessen nach Spuren der Hoffnung im Heute:

- Beschreibt Tagebuchblätter oder sammelt Fotos mit dem, was um euch herum in Ordnung ist.
- Notiert, wenn Menschen wieder Arbeit gefunden haben oder wenn Obdachlose in einer Suppenküche mitarbeiten.
- Lest Zeitungen und schneidet die guten Nachrichten aus.
- Dokumentiert eure Lebensträume.

Hoffnungen und Träume sind nicht nur Schäume – sie können die Kraft geben, etwas zu verändern: Was ist ein gutes Leben? Was will ich in meinem Leben erreichen? Was ist mir wirklich wichtig? – Das Hoffnungsheft kann ein Anfang sein …

Lesetipp

Kurt Held: Die rote Zora und ihre Bande. Originalroman mit Fotos aus der Neuverfilmung, Düsseldorf: Patmos Verlag 2007 (Sonderausgabe über den dramatischen Kampf armer Kinder ums tägliche Brot).

Leben von und mit der Natur – Tiere als Mit-Lebewesen

Wasser ist die natürliche Grundlage des Lebens: Tiere und Menschen sind nach heutigem Wissensstand aus ihm entstanden und in vielfältiger Weise auf diesen Lebensspender angewiesen; oft sind sie seiner Naturgewalt aber auch schutzlos ausgeliefert.
Von jeher erzählt der Mensch in Mythen und religiösen Überlieferungen von der besonderen Bedeutung des Wassers. Daran wird deutlich, dass wir und unsere Welt in einen größeren Zusammenhang eingebettet sind.
Wie gehen wir eigentlich mit unseren natürlichen Grundlagen um?

Seiten 164–169 ◄ Mythen erzählen: »Woher kommen Welt und Mensch?«

»Ohne Wasser läuft nichts«

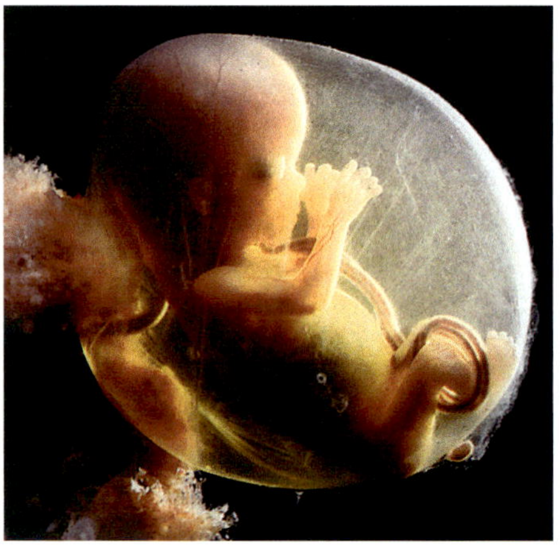

Fötus im 4. Monat …

Das »Wasser-Paradies«

So wie jedes Säugetier, so hat auch der Mensch seinen ersten Lebensabschnitt im Wasser zugebracht – zunächst als Embryo* und dann später als Fötus* im Fruchtwasser seiner Mutter. Mit der Geburt ist der Mensch demnach aus dem Wasser gekommen. Vielleicht erinnern wir uns ja unbewusst an dieses Wasser-Paradies, wenn wir uns wie schwerelos im Wasser treiben lassen oder entspannt darin tauchen. Wie könnte es in diesem kleinen Fruchtwasser-See wohl gewesen sein …?

… wie Fische im Wasser

Ich, ein Winzling, liege behaglich und geborgen in einem weichen, warmen Wasserbad und kann darin schlafen, unbeschwert schwimmen oder Purzelbäume schlagen – gerade so, wie ich es will. Zarte Wellen, hervorgerufen durch den gleichmäßigen Pulsschlag meiner Verbindungsschnur zu einer der Wände um mich herum, geben mir ein Gefühl vertrauter Geborgenheit. Ab und zu taste oder schmecke ich, was so um mich herum schwebt. Gespannt horche ich auf ferne Laute, wenn ich nicht gerade unbesorgt vor mich hin dämmere.
Doch plötzlich ist es mit der Ruhe und Behaglichkeit vorbei. Weit draußen sind rätselhafte Geräusche zu hören, deren Ursprung ich mir nicht erklären kann. Ich gerate in helle Aufregung und stoße mehrfach heftig an die Wände meiner Kammer. Da vernehme ich eine leise, sanfte Stimme in meinem Ohr:
»Habe keine Angst. Was du da gerade gehört hast, das war Ultraschall. Aber zuerst will ich mich einmal vorstellen: Ich bin dein warmer und weicher See aus vielen Wassertropfen, die dich schützen und ernähren …«

Fachübergreifend (Biologie): Das Fruchtwasser
Das Fruchtwasser ist eine Lösung, die sich ständig erneuert und vom Fötus* getrunken und ausgeschieden wird. Es mischt sich mit allem, was der Magen-Darmtrakt, die Atemorgane oder die Haut hineinlassen. Am Ende der Entwicklung werden aus etwa 50 Milliliter (ml) fast 1.500 ml Fruchtwasser – die anfangs klare Farbe nimmt einen milchig-gelblichen Farbton an. Das Fruchtwasser dient auch als »Stoßdämpfer« und leitet den Schall besser als die Luft, sodass der Fötus auch die Geräusche um die Mutter herum aufnimmt.
• Tragt weitere Informationen über das Fruchtwasser zusammen: über Herkunft, Aufgabe und Verbleib bei der Geburt.
• Überlegt und diskutiert, warum das Fruchtwasser immer wieder als »paradiesisch« beschrieben wird.

Aus dem Wasser entstanden

Seiten 164–169 ◀

Der griechische Naturwissenschaftler und Philosoph* Thales von Milet war der Meinung, alles sei aus dem Wasser entstanden. Mit ihm beginnt die Geschichte der Philosophie. Thales meint: Alles Sein hat einen gemeinsamen natürlichen Ursprung: das Wasser. Hinter allem Wechsel der einzelnen Erscheinungen wie Sommer und Winter, Blühen und Welken, Leben und Tod bleibt ein unvergänglicher, ewiger und allen Dingen gemeinsamer natürlicher Urgrund. Thales glaubte, dass dieser natürliche Ursprung nicht entstanden sei und immer erhalten bleibe. Thales war übrigens auch davon überzeugt, die Erde ruhe als Scheibe auf dem Wasser. Das Auftreten von Erdbeben erklärte er durch Schwankungen der Erdscheibe.

Thales von Milet (ungefähr 624–546 v. Chr.)

1 Erzählt die Geschichte des Fruchtwassers weiter und versucht dabei, eure gewonnenen Erkenntnisse über die Bedeutung des Fruchtwassers in den Text einzubauen.

2 Berichtet von euren Wassererlebnissen: Gefühlen des Glücks, der Geborgenheit, der Angst …

3 Welche Rolle spielt eigentlich Wasser sonst im Alltag?

Wie wir am Beispiel des Fruchtwassers sehen, ist Wasser für die Entwicklung jedes einzelnen Menschen lebensnotwendig. Aber auch für die gesamte Menschheit ist Wasser ein unverzichtbares »Lebensmittel«. Zu den »Geschwistern« des Fruchtwassers gehören Regen, Bäche, Flüsse, Seen und Meere.
Wasser spielt eine Hauptrolle im Leben: Es erhält das Leben und ist in vielfältiger Weise von praktischem Nutzen. Außerdem dient es der Erholung und befriedigt auch das Bedürfnis der Menschen nach Schönheit in der Natur und in der Kunst.

Wasser erleben – mit Wasser umgehen

Freiluft-»Toilette« im Mittelalter – noch ohne geregelte Entsorgung … (französische Buchmalerei, 14. Jahrhundert)

(Kein) Wasser aus der Leitung

Es herrscht furchtbare Sommerhitze. Dein Haustier, deine Zimmerpflanze und nicht zuletzt auch du: Alle wirken durstig, fühlen sich matt, sehnen sich nach Erfrischung. Kein Problem für dich: ein kurzer Gang in die Küche oder ins Bad, eine kleine Drehung des Wasserhahns und sofort fließt frisches, sauberes Wasser aus der Leitung – so viel und so lange du willst. Wasser ist für uns eine alltägliche Selbstverständlichkeit; man muss nur den Hahn öffnen. Ein Druck auf den Toilettenspülkasten – und unsere Fäkalien sind entsorgt. Wo ist da ein Problem? Warum soll man sich über unseren Wasserverbrauch Gedanken machen? Vielleicht musste in deiner Straße schon einmal für ein paar Stunden das Wasser wegen Reparaturarbeiten abgestellt werden. Dann hast du sicher miterlebt, welche Vorkehrungen zu Hause getroffen wurden, um diese wasserlose Zeit zu überbrücken. Vielleicht sind dir schon wenige Stunden ohne fließendes Wasser wie ein unangenehmer Ausnahmezustand erschienen. Stelle dir aber nun einmal vor, es käme für Wochen oder Monate kein Wasser mehr aus der Leitung. Dann würdest du dich in einer Situation befinden, wie sie in vielen Teilen der Welt herrscht, wo die Versorgung mit sauberem Trinkwasser aus Versorgungsleitungen und die Entsorgung von Fäkalien durch Abwasserleitungen keine Selbstverständlichkeit sind. Etwa 1,2 Milliarden Menschen auf der Welt (das sind etwa 20 Prozent der Weltbevölkerung) haben keine verlässliche Versorgung mit sauberem Trinkwasser und Sanitärwasser. Eine einzige Toilettenspülung bei uns verbraucht so viel Wasser wie ein Mensch in den armen Ländern pro Tag zur Verfügung hat.

Noch gar nicht so lange gibt es bei uns und anderswo einen Kreislauf aus Frischwasserzufuhr sowie Entsorgung und Reinigung des schmutzigen Altwassers.

Wasser ist kostbar: Weisheiten aus aller Welt

»Kein Frosch trinkt
den Tümpel leer,
in dem er lebt.«
Q Sprichwort der Inka

»Vergossenes Wasser kehrt
nicht in die Flasche zurück.«
Q Aus Kenia

»Wo das Wasser endet,
endet auch die Welt.«
Q Aus Usbekistan

Frauen und Kinder sind die Wasserträger der armen Welt: In manchen Gebieten Afrikas müssen Frauen für 20 Liter Wasser 20 Kilometer laufen …

Methode: Mit Gedanken experimentieren*
Ist scheinbar Selbstverständliches wahr? Gilt diese oder jene Vermutung wirklich? Wenn du in Gedanken bestimmte Annahmen machst, die zwar zutreffen könnten, es aber in Wirklichkeit nicht tun, kommst du der Antwort schon näher: Gedankliche Experimente werden häufig eingeleitet mit Wendungen wie »Nehmen wir an …«, »Stellen wir uns vor« oder »Was wäre, wenn …?« Im Gegensatz zu naturwissenschaftlichen Experimenten wird die Versuchsanordnung hier nur in Gedanken vorgenommen; aber wie bei diesen liegt der Sinn eines Gedankenexperiments in den (neuen) Ergebnissen, die man mit der gedanklichen Durchführung des Versuchs erzielen will.

1 Erkundigt euch: Woher kommt euer Wasser, bevor es aus dem Hahn sprudelt? Muss es vorher »aufbereitet« werden? Gibt es in euer Heimat Quellen, Bäche und, Wasserschutzgebiete?

2 Wie viel und zu welchem Zweck verbraucht deine Familie täglich Wasser? (ein exakter Verbrauchsmesser ist die Wasseruhr im Keller!) Entspricht euer Wasserverbrauch dem durchschnittlichen Verbrauch in Deutschland (etwa 130 Liter pro Kopf und pro Tag)?

3 Stellt euch vor: Kein Wasser (mehr) aus der Leitung:
- Welche Folgen hätte das fehlende Wasser?
- Was könntest du tun, um Abhilfe zu schaffen? (Gehe dabei davon aus, dass es deiner Nachbarschaft ebenso geht wie dir – du also in deiner Umgebung nicht um eine Wasserspende bitten kannst!)
- Wie viele Wassereimer müsstest du für deinen Wasserbedarf herbeischleppen – und woher?
- Wie könntest du Wasser einsparen?

→← Es gibt gute Gründe, warum wir Menschen Achtung vor dem Wasser haben sollten: Wasser ist sehr vielseitig. Die Natur kann ohne Wasser nicht existieren, genauso wenig wie der Mensch. Alles Leben ist vom Wasser abhängig. Sprichwörter zeigen, dass weltweit viele Menschen den Wert des Lebensmittels Wasser erkennen und einen verantwortungsvollen Umgang mit diesem Naturstoff wünschen. Vermutlich schon im Jahr 2050 wird fast jeder vierte Mensch in einem Land leben, wo das Wasser knapp geworden ist: Sauberes Süßwasser wird in Zukunft wertvoller und umkämpfter sein als Gold, Erdöl oder Erdgas.

Wasser – Segen oder Fluch?

Altes Wasserrad (Deutschland)

Sicher hast du schon einmal einen Wasserfall gesehen, gehört und erlebt. Ist es nicht faszinierend, welche Kraft Wasser hat? Diese Kraft wurde von den Menschen schon vor langer Zeit erkannt – und auch genutzt. Wasserräder gab es zum Beispiel schon im alten Ägypten, um Felder zu bewässern; durch Wassermühlen wurden Mühlsteine bewegt, um Getreide zu mahlen. Heute wird Wasser gestaut, um an Staudämmen Turbinen anzutreiben und Elektrizität zu gewinnen. Neben dem Wind ist Wasser eine der stärksten erneuerbaren Energiequellen.

Fachübergreifend (Erdkunde): Ägypten – Land des Nils
Ägypten ist ein großes Land in Nordafrika. Durch dieses Land fließt der längste Strom der Erde, der Nil. Links und rechts des Nils gibt es fruchtbaren Boden; der Rest des Landes ist Wüste. So ist der fruchtbare Teil des Landes ein Geschenk des Nils.

- Wenn du deinen Atlas zu Hilfe nimmst, wirst du dieses Land finden, der Nilverlauf erinnert dabei an eine Pflanze.
- Informiere dich darüber, was sich im Land des Nils in Sachen »Wasser« und »Bewässerung« inzwischen verändert hat.

Lebensnotwendiges Wasser

Im alten Ägypten hätte sich ohne Überschwemmung nie eine Kultur* entwickeln können, denn hier regnet es noch heute sehr selten. Ohne die jährliche Überflutung wäre das gesamte Land nur Wüste. Jahrtausendelang begann fast auf den Tag genau ab dem 15. Juli der Wasserspiegel des Nil anzusteigen und bis zum Oktober hatte sich das Wasser mit den mitgeführten Schlammmassen auf beiden Seiten des Nils ausgebreitet. Schon in vorchristlicher Zeit notierte der Schreiber Pai-Bes:
»In den Kanälen gibt es Fische im Überfluss, auf den Seen Massen von Vögeln. Die Felder sind saftig grün, die Ufer tragen Dattelpalmen. Die großen Getreidespeicher sind voll Weizen und Gerste. Es gibt Knoblauch, Weizen, Gemüse und Obst, sogar Wein und Honig. […] Selbst der Bescheidene, der hier wohnt, ist besser dran als die Mächtigen in anderen Teilen der Welt.«

Am fruchtbaren Nilufer (Ägypten)

Zerstörerisches Wasser

Überschwemmungen kommen auch in anderen Ländern vor; dabei sind sie nicht nur von Nutzen. Im Gegenteil: Sie bringen Krankheit, Zerstörung, Hunger, Elend und Tod. So kann Wasser auch zum Fluch werden. Viele Menschen sind dann auf die Hilfe anderer angewiesen.

Mosambik: Eigentlich verläuft hier eine Autobahn ... – Durch Hochwasser sind immer wieder Millionen Menschen bedroht.

Überschwemmungen gibt es auch in Deutschland – wie hier in Pirna (Sachsen) 2002.

1 Welche Flutkatastrophen sind dir aus den letzten Jahren bekannt? Informiere dich über die betroffenen Länder.

2 Vergleicht die Ausmaße von Flutkatastrophen in verschiedenen Ländern. Worin bestehen die Unterschiede? Überprüft, ob und welchen Anteil die Menschen an den Katastrophen haben.

3 Welche Hilfsorganisationen kennst du, die bei solchen Katastrophen im Einsatz sind?

4 Menschen können niemals sicher vor Naturkatastrophen sein. Überlegt am Beispiel der Tsunami*-Katastrophe 2004, ob und wie man sich dennoch schützen kann.

→← Wasser ist wertvoll, Wasser ist lebensnotwendig – eine notwendige Voraussetzung für die Fruchtbarkeit des Bodens. Dieser Naturstoff kann aber auch zu einer Bedrohung werden; dann sind nicht nur Menschen in großer Gefahr: Es gibt Möglichkeiten, diese Gefahren zu erkennen und vorbeugend zu handeln. Wasser kennt keine Ländergrenzen; es macht vor diesen auch nicht Halt. Deshalb muss die Menschheit eine weltweite Verantwortung übernehmen.

Wasser in den Religionen

Beispiel Bibel

Menschen, Tiere und Pflanzen brauchen Wasser, um zu leben. Außerdem reinigen wir uns täglich mit Wasser: Wir duschen, waschen die Hände, putzen die Zähne, gehen Baden. Wen wundert es da, dass Wasser auch ein Symbol* ist? In vielen Religionen steht »Wasser« für die innere »Reinigung« des Menschen – für den Übergang zu einem neuen Leben, aber auch für Vernichtung und Tod.
Ein berühmtes Beispiel findet ihr in der Hebräischen Bibel*. Dort steht die Geschichte von Noah, einem schiffähnlichen Kasten (Arche) und einer Flutkatastrophe (Sintflut*):

Seite 196 ◀

Die Arche Noah

Die Menschen verbreiteten sich über die ganze Erde. Aber sie kümmerten sich nicht um das Gute. Fast alles, was sie dachten und taten, war böse. Darüber war Gott traurig. Er sprach: »Es reut mich, dass ich die Menschen geschaffen habe. Ich will sie von der Erde vertilgen.«
Nur ein Mensch lebte noch nach Gottes Willen. Er hieß Noah. Auch seine Frau und seine drei Söhne waren gute Menschen. Gott sprach zu Noah: »Mit der Menschheit geht es zu Ende. Bald wird die Große Flut über sie hereinbrechen. Aber du, deine Frau, deine drei Söhne und ihre Frauen und Kinder sollen gerettet werden. Bau dir ein Schiff aus Holz mit drei Stockwerken und einem Dach. Nimm von allen Tieren ein Männchen und ein Weibchen mit, denn ich will, dass das Leben erhalten bleibt. Und denk an das Futter für die Tiere und das Essen für dich und deine Familie […].

Seiten 172/173 ◀

Q Nach 1. Mose 6–9

Wie könnte die Geschichte weitergehen?

György Lehoczky, Arche Noah (1966)

Wasser - Symbol* für neues Leben

In allen christlichen Kirchen spielt die Taufe eine große Rolle – von jeher. Über das Besondere daran informierst du dich am besten im Kapitel »Religionen« (Kap.10).

Seite 187 ◂

Schauplatz Israel: eine christliche Taufe im Jordan, nahe dem See Genezareth. Der Überlieferung nach wurde JESUS in dieser Gegend von JOHANNES DEM TÄUFER getauft.

Gläubige Hindus baden im Ganges (Indien).

Auch in anderen Religionen hat das Wasser eine besondere Bedeutung: Regelmäßig reinigen sich Anhänger des Hinduismus mit dem »heiligen Wasser« des Ganges.

1 Findet heraus, welche Rolle das Wasser spielt: bei Juden, Christen, Muslimen und Hindus.

2 Wurdest du getauft? Was kannst du darüber in Erfahrung bringen?

3 Welche Aufgabe hat ein Taufbecken – und woran erkennt man es?

4 Wozu wird in der Kirche Wasser verwendet? Du kannst dabei auch Menschen fragen, die öfters in die Kirche gehen.

5 In der Bibel gibt es mehrere Geschichten, in denen Wasser eine besondere Rolle spielt: Findet einige dieser Geschichten und erzählt, worum es dort geht.

6 Erkundigt euch: Kennen andere Religionen und Kulturkreise ebenfalls Flutgeschichten? Welche könnt ihr in Erfahrung bringen?

→← In der Sintflut* wird nach der Geschichte der Bibel alles vernichtet; dennoch erhielten die Menschen eine zweite Chance. Haben sie diese Möglichkeit genutzt?
Achten und schätzen die Menschen das Wasser im täglichen Leben ebenso wie in den religiösen Ritualen*? Gehen sie respektvoll und verantwortungsbewusst mit ihren natürlichen Lebensgrundlagen um?

Tiere als Teil der Natur

»Es schmerzt mich, dass es nie zu einer Erhebung der Tiere gegen uns kommen wird, der geduldigen Tiere, der Kühe, der Schafe, alles Viehs, das in unsre Hand gegeben ist und ihr nicht entgehen kann.«
ELIAS CANETTI, Schriftsteller (1905–1994)

Die heutige Naturwissenschaft ist überzeugt: Alles Leben auf der Erde kommt aus dem Wasser und hat sich in vielen Millionen Jahren von einfachen zu immer komplizierteren Formen entwickelt. Aufgrund ihrer Herkunft und Entwicklungsgeschichte sind Menschen und Tiere also miteinander verwandt (vergleiche S.114/115).
Aber ist es deswegen berechtigt, Tiere wie Menschen vor Gericht zu stellen, wie es im späten Mittelalter und auch noch zu Beginn der Neuzeit verbreitet war?

Tiere vor Gericht

Könnt ihr euch vorstellen, Würmer, Käfer oder Nutztiere wie Kühe und Schafe wegen Schädigung menschlicher Lebensgrundlagen anzuklagen? Ein derartiger Gedanke wird euch sicher völlig fremd oder lächerlich erscheinen.
Noch im 17. Jahrhundert konnte es aber passieren, dass Tiere wegen einer Straftat wie Menschen angeklagt und vor Gericht erscheinen mussten. Ihnen wurden dann Verteidiger zugewiesen, die sie vertraten und Widerspruch gegen Verurteilungen und Bestrafungen einlegen konnten. In Graubünden (Schweiz) sind im Jahr 1659 Würmer einer Ortschaft wegen Kräuter- und Blattfraß angeklagt worden. In einem langwierigen Prozess soll der Anwalt der Würmer schließlich eine Aufenthaltsgenehmigung für die Bodenbewohner ausgehandelt haben.
Außer Mäusen und Schlangen, die manchmal Dorfbewohnern zusetzten, standen häufiger Nutztiere wie Schweine, Esel, Schafe und Kühe vor Gericht.
Deren Vergehen bestand meistens in einer Verletzung oder – in Ausnahmefällen – auch Tötung von Kleinkindern.
Die Einhaltung rechtlicher Regeln sollte den Mitgeschöpfen gerechte Behandlung und Fairness – wie bei »normalen« Gerichtsverfahren – signalisieren und die Tiere von Racheakten an Menschen abhalten.

Haben Tiere Rechte?

Welche Verantwortung haben wir Menschen für das Tier?

»Die animalischen Wesen sind der Menschen wegen da, die zahmen zur Dienstleistung und Nahrung, die wilden zur Nahrung und zu sonstiger Hilfe, um Kleidung und Gerätschaften von ihnen zu gewinnen.«
ARISTOTELES, griechischer Philosoph (384–322 v. Chr.)

»Es gibt keinen unpersönlichen Grund, die Interessen von Menschen für wichtiger zu halten als die von Tieren.«
BERTRAND RUSSELL, englischer Mathematiker und Philosoph (1872–1970)

1 Spielt eine Gerichtsverhandlung, in der Käfer, Würmer und andere Tiere angeklagt werden – mit Anklageschrift, Verteidigungsrede, unterschiedlichen Interessen, Urteil. Stellt euch in diesem Zusammenhang die Frage, ob Tiere auch Moral haben: Kann ein Tier »böse« sein?

2 Stellt in einer mind map zusammen, welche Aufgaben Tiere für den Menschen erfüllen: Nahrung sein, Kleidung liefern, schwere Arbeiten verrichten usw. Ordnet den gefundenen Aufgaben jeweils zwei bis drei typische Tiere zu.

3 Darf man Käfer sammeln und Fliegen klatschen – oder macht man sich strafbar, wenn man dies tut? Hat ein Käfer denselben »Eigenwert« wie zum Beispiel ein Schimpanse?

4 Stell dir vor, die abgebildete Katze sei dein Haustier. Hat dieses Tier einen berechtigten Anspruch an dich wie zum Beispiel ein Kleinkind an seine Eltern? Inwieweit bist du für das Tier verantwortlich und warum?

In verschiedenen Kulturkreisen und zu verschiedenen Zeiten schwankt die Stellung des Tieres im Recht und in der Gesellschaft: Mal wird es mit einer Sache gleichgesetzt, die man beliebig kaufen, verkaufen oder auch beseitigen kann, wenn man sie nicht mehr braucht. Mal wird es, durch religiöse Einflüsse unterstützt, als etwas Heiliges und Unantastbares angesehen, wie z. B. die Kuh in Indien. Heute gibt es im westlichen Kulturkreis immer mehr Menschen, die Tieren und sogar der Natur insgesamt ähnliche Rechte wie Menschen zugestehen wollen. Würden solche »Eigenrechte« der Natur anerkannt, könnte man Lebewesen nicht mehr länger wie Sachen behandeln, mit denen man machen kann, was man will.

Literaturtipp

ERICH KÄSTNER:
Die Konferenz
der Tiere. dtv 2002

Sind Tiere und Menschen unterschiedlich?

Tiere können nur dann ähnliche Rechte wie Menschen bekommen, wenn sie denken und Kultur ausbilden können. Das entgegnen jedenfalls viele Menschen auf die Bemühungen von Tier- und Naturschützern, den Schutz der Tiere zu erweitern und sie sogar mit eigenen Rechten auszustatten.

Mein Hund versteht mich und denkt mit

»Aber natürlich versteht mich der Rex«, sagt Laura zu ihrem älteren Bruder Alex, »er befolgt alle meine Befehle wie ›Platz!‹ und ›Komm‹, und wenn er merkt, dass es mir schlecht geht, wenn ich zum Beispiel Krach mit Papa oder eine »5« in Mathe habe, dann kommt er ganz lieb auf mich zu und drückt sich an mich.«
»Vielleicht fühlt der Hund da irgendwas, der Rest ist Dressur. Verstehen kann er dich jedenfalls nicht«, erwidert Alex.
»Aber ich kann ihm auch sonst alles erzählen, er hört immer genau zu und sieht mich verständnisvoll mit seinen treuen Augen an. Und wenn ich nur die Leine vom Haken hole, weiß er schon genau und denkt, dass er jetzt ›Gassi‹ gehen kann.«
»Das ist doch Unsinn!« sagt Alex. »Hunde können nicht denken. Das sind alles nur Instinkte.«

1 Wer hat Recht: Laura oder Alex? Sammelt Argumente für die eine und für die andere Seite.

Können Tiere denken?

»Laura, du hast die Behauptung aufgestellt, dass Menschen denken können und Tiere auch, war es nicht so?« […] »Ja, Herr Portos.«
[…] »Also, Laura, es besteht kein wesentlicher Intelligenzunterschied zwischen Mensch und Tier. Es ist nur ein gradueller Unterschied, so wie der geistige Unterschied zwischen Kindern und Erwachsenen.«
»Was meinen Sie mit ›gradueller Unterschied'?‹, fragte Mira. […]
Nachdenklich sagte er: »Ihr Mädchen seid doch alle verschieden groß. Mira ist die Größte, Laura die Zweitgrößte und dann kommt Gabi. Also unterscheidet ihr euch in der Größe. Und das ist ein gradueller Unterschied. Unterscheidet ihr euch auch im Gewicht?«
»Laura ist die Schwerste«, antwortete Gabi, dann kommt Mira und dann ich. Ist das auch ein gradueller Unterschied?«
»Richtig«, erwiderte Herr Portos. »Aber der Unterschied zwischen Größe und Gewicht selbst ist ein Artunterschied und kein gradueller Unterschied. Man misst Größe in Metern und Zentimetern, während Gewicht in Kilogramm und Gramm gemessen wird.«
»Was hat das alles mit Geist oder Denken zu tun?«, wollte Mira wissen.

»Nun, wie ich vorhin sagte«, erklärte Herr Portos, »ist der Unterschied zwischen dem geistigen Verhalten der Tiere und der Menschen meiner Meinung nach nur ein gradueller Unterschied. Also können wir wirklich sagen, dass Tiere einen Geist haben.«

»Aber gibt es dann einen Artunterschied zwischen Menschen und Tieren?«, fragte Gabi und nahm endlich einen Schluck von ihrem Orangensaft.

»Nun ich glaube, ja. Der Mensch hat Kultur, aber haben Tiere Kultur? [...] Darunter versteht man alle verschiedenen Formen des Zusammenlebens, die ein Volk entwickelt hat. Das ist seine Sprache, sein Erziehungs- und Bildungswesen, seine Religion und die Kunst, die Art, wie die Menschen leben, wie sie ihre Staaten organisieren, ihre Hochzeiten, ihr Eigentum und vieles mehr. Und diese verschiedenen Formen des Zusammenlebens werden dann von Generation zu Generation weitergegeben.«

Die Mädchen sahen Herrn Portos verständnislos an. [...]

»Gabi«, sagte er, »der Mensch bewegt sich von Natur aus auf dem Land fort. Was macht er, wenn er sich auf dem Wasser fortbewegen möchte?« »Er schwimmt oder baut sich ein Schiff«, antwortete Gabi.

»Und wenn jemand einmal herausgefunden hat, wie man ein Schiff baut, kann jeder andere, der sich auf dem Wasser fortbewegen will, seine Erfindung nachbauen«, sagte Herr Portos. »Wenn er fliegen will, wartet er dann, bis ihm Flügel wachsen?«

»Nein«, erwiderte Laura, »er erfindet Ballone, Flugzeuge und Raketen oder nützt die Erfindung eines anderen.«

»Aber wie ist das mit anderen Lebewesen?«, fragte Herr Portos. »Vögel fliegen, aber sie bauen keine Flugzeuge. Fische schwimmen im Wasser, aber sie bauen keine Boote. Wale waren einst tatsächlich Landbewohner, aber allmählich wurden sie Meeresbewohner. Sie überlebten nicht, wie Noah, indem sie Boote bauten, sondern, man könnte sagen, dadurch, dass sie zu Booten wurden.«

»Augenblick, bitte«, unterbrach Mira. »Ich glaube, ich begreife langsam, worauf Sie hinauswollen. Tiere tun gewisse Dinge einfach, sie leben und bewegen sich auf eine ganz bestimmte Weise fort. Der Mensch aber kann neue Lebensformen finden und neue Wege, die Welt um sich herum zu ändern.« [...]

Q Nach Matthew Lipman

»Der Mensch ist ein Pelztier, man erkennt ihn an der Röte seiner Nase und der Größe seiner Füße, die im Winter bis zu 2 Meter lang werden können.«

1 Erklärt an weiteren Beispielen, was Herr Portos unter einem graduellen und unter einem Art- oder Wesensunterschied versteht. Stimmt ihr zu, dass es nur bei der Kultur einen Wesensunterschied zwischen Mensch und Tier gibt?

2 Stellt wichtige Fähigkeiten des Menschen zusammen (mitfühlen, logisch denken, sich erinnern, Pläne machen, Wünsche haben usw.) und überlegt, was Hunde davon und was sie darüber hinaus können. Bezieht auch andere Tierarten (Menschenaffen, Katzen, Kaninchen, Fische, Insekten) ein und überlegt, was sie jeweils können.

3 Sprecht auf dieser Grundlage über den Unterschied zwischen Tier und Mensch.

Sind Tiere und Menschen unterschiedlich?

Können Tiere sprechen?

»Aus hohler Einbildung sondert sich der Mensch als vermeintlich Auserwählter von all den anderen Geschöpfen ab. Aber wie will er durch die Bemühung seines Verstandes die inneren und geheimen Regungen der Tiere erkennen können? Wenn ich mit meiner Katze spiele – wer weiß, ob ich nicht mehr ihr zum Zeitvertreib diene als sie mir? Die närrischen Spiele, mit denen wir uns vergnügen, sind wechselseitig: Ebenso oft wie ich bestimmt sie, wann es losgehen oder aufhören soll.«
Michel de Montaigne, französischer Philosoph (1533–1592)

1 Einigt euch in Kleingruppen auf einige weniger bekannte Tiere, deren Laute ihr schriftlich festhaltet. Jeder übt, eins der Tiere möglichst genau in seinem Lautverhalten nachzumachen. Stellt anschließend eure Ergebnisse vor, die anderen müssen raten, welches Tier gemeint ist.

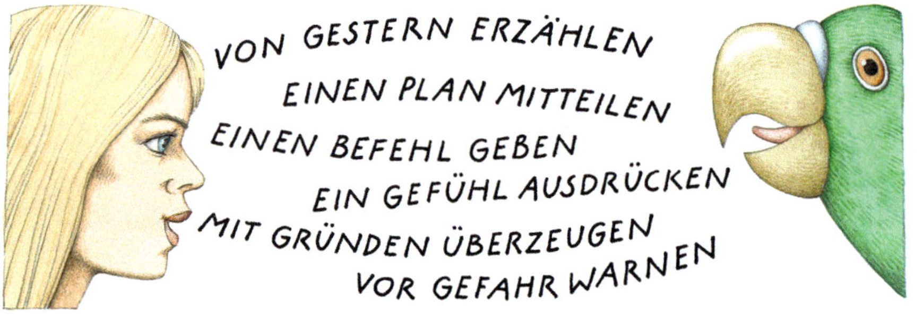

2 Sucht für jede der abgedruckten Sprachformen Beispiele und überlegt, welche davon ein höher entwickeltes Säugetier wohl verstehen oder selbst anwenden könnte, wenn es die Laute der menschlichen Sprache beherrschte.

Ein Philosoph antwortet

»Es ist bemerkenswert, dass es keine so dummen Menschen gibt, die nicht fähig wären, verschiedene Worte zusammenzuordnen und daraus eine Rede zu bilden, wodurch sie ihre Gedanken verständlich machen; dagegen es kein noch so vollkommenes Tier gibt, das etwas Ähnliches tut. Denn man sieht, dass die Papageien ebenso gut Worte hervorbringen können wie wir, und doch können sie nicht ebenso gut reden, das heißt zugleich zeigen, dass sie denken, was sie sagen. Dies beweist nicht nur, dass die Tiere weniger Vernunft als die Menschen, sondern dass sie gar keine haben.«
René Descartes, französischer Philosoph (1598–1650)

Was in den Köpfen der Tiere vorgeht, können wir Menschen nicht wissen. Offenbar sind Tiere nicht fähig, uns ihre Gedanken und Empfindungen mitzuteilen – und wenn doch, dann können zumindest wir Menschen diese Mitteilungen nicht verstehen. Der deutsche Philosoph Dominik Perler (geb. 1964) versucht daher aus dem Verhalten der Tiere auf ihr Innenleben zu schließen. In einem Interview äußert er sich zur Sprachfähigkeit von Tieren.

WELT.de *Welches Tier kommt uns am nächsten?*
Perler Uns fallen zunächst die Primaten – Schimpansen, Orang-Utans – ein. Bei meiner Auseinandersetzung mit dem Thema habe ich aber durch Gespräche mit Tierforschern bemerkt, welche erstaunlichen Fähigkeiten zum Beispiel Vögel besitzen. Sie legen Landkarten im Gehirn an, merken sich Verstecke von Lebensmitteln, verständigen sich auf raffinierte Weise miteinander. Man würde sich selber kaum mit einem Vogel vergleichen. Aber wir sind einem Eichelhäher ähnlicher, als wir glauben. Er kann sich merken, wo er Körner versteckt hat, und diese Informationen bei Bedarf verändern.
WELT.de *Trotzdem sind Sie anders als der Eichelhäher. Wodurch?*
Perler Der eigentliche Unterschied liegt in der Sprachfähigkeit. Ich meine nicht die Signalsprache; die finden wir bei Tieren auch. Sie warnen sich zum Beispiel gegenseitig vor Feinden […]. Aber was wir Sprache nennen, das beherrschen sie nicht.
WELT.de *Was ist Sprache?*

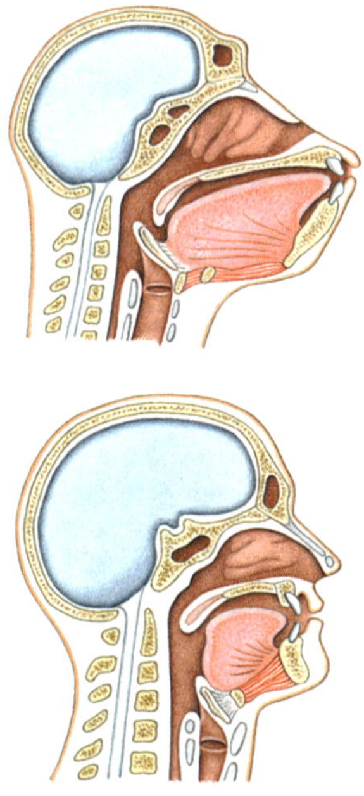

Der Kehlkopf des Menschenaffen liegt so hoch und ist so wenig ausgebildet, dass er die für eine komplizierte Sprache notwendigen Laute nicht formen kann – anders der Mensch.

Perler Ein Mitteilungssystem mit drei Dimensionen [Bereichen]. Erstens ist da die Bedeutung. Man verfügt nur über eine Sprache, wenn man die Bedeutung von Sätzen und Wörtern versteht. Zweitens die Syntax. Das heißt, die einzelnen Bausteine müssen nach bestimmten Regeln des Satzbaus zusammengestellt werden. Drittens die praktische Dimension. Wir setzen Sprache ein, um Fragen zu stellen, Wünsche zu äußern oder Befehle zu erteilen. Nur Lebewesen, die über Sprache in allen drei Dimensionen verfügen, sind tatsächlich Herren einer Sprache.

WELT.de *Und Tiere sind das nicht?*

Perler Nein. Nehmen wir ein Beispiel: Ein Vogel schreit, um sein Junges vor einem Eindringling zu warnen. Was geschieht da? Der Schrei hat einen praktischen Zweck – das Warnen. Großzügig ausgelegt gibt es auch eine Bedeutung – verschiedene Signale werden für verschiedene Feinde eingesetzt. Was aber fehlt, ist die Syntax. Die Laute werden nicht zu Sätzen zusammengefügt; ohne Syntax gibt es aber keine Sprache. [...]

WELT.de *Gibt es Tiere, die alle diese Voraussetzungen erfüllen?*

Perler Mir sind aus den Forschungen keine bekannt.

WELT.de *Sie können es aber nicht ausschließen.*

Perler Nein.

WELT.de *Dann bleibt die Frage ewig offen? So lange, bis jemand ein Tier findet, das in allen drei Dimensionen kommuniziert?*

Perler Ja, aber bislang hat kein Tier in Experimenten Sprachfähigkeit bewiesen. Affen, die man vor eine Tastatur setzt, drücken zwar Knöpfe, aber meistens scheitern die Experimente an der Syntax. Alle dokumentierten Versuche zeigen das. Aber natürlich kann ich nicht ausschließen, dass irgendwann einmal ein Tier alle drei Bedingungen erfüllt.

Q Dominik Perler im Gespräch mit Christoph Keese (2007)

3 Informiert euch genauer über Versuche, Menschenaffen die Zeichensprache der Taubstummen oder das Sprechen über Tasten am Computer beizubringen.

4 Erklärt die drei Dimensionen der Sprache, die Perler unterscheidet, an Beispielen. Lassen sich noch weitere Dimensionen feststellen (vgl. die sechs Sprachformen auf S.130)?

5 Was sagen die Aussagen zur Sprache über den Unterschied zwischen Mensch und Tier? Warum übersetzen Tiere ihre Sprache nicht für andere Tiere?

→← Sprache und Kultur scheinen Eigenschaften zu sein, in denen es einen prinzipiellen oder Wesensunterschied zwischen Mensch und Tier gibt. Beim Denkvermögen ist der Unterschied vermutlich nur graduell, einige Tiere sind zu erstaunlichen Denkleistungen fähig, die sich z.B. im Werkzeuggebrauch und einem guten Gedächtnis zeigen. Jedoch sind alle unsere Aussagen über die geistigen Fähigkeiten von Tieren ungewiss, weil wir nicht mit ihnen darüber sprechen oder sonst wie in ihr Bewusstsein hineinschauen können.

Mit Tieren umgehen – aber wie?

»Es geht nicht darum, ob sie denken können! Oder ob sie sprechen können! Es geht einzig und allein darum, ob sie leiden können.«
JEREMY BENTHAM, englischer Philosoph (1768–1832)

Denkanstoß:
Wie kommt es, dass Menschen darüber nachdenken und diskutieren (können), ob sie Tiere töten oder quälen dürfen, aber Tiere sich offenbar nicht darüber austauschen, ob sie andere Tiere töten oder quälen dürfen?

»Ich finde, wir Verbraucher sollten in den Kaufstreik treten und klipp und klar sagen, dass wir kein minderwertiges Fleisch mehr wollen. Ich glaube, dass viele mit mir lieber seltener ein gutes und etwas teureres Stück Fleisch essen als häufiger ein schlechtes, was übrigens auch nicht gerade billig ist.«
ASTRID LINDGREN, schwedische Kinderbuchautorin (1907–2002)

Auf dem Franzenhof

Endlich Ferien. Lisa und Pina, die beiden Freundinnen, sind mit den Eltern von Lisa auf einen Bauernhof in Schleswig-Holstein gefahren. Drei Ferienwohnungen gibt es dort. Seit einer Woche sind sie hier, reiten jeden Vormittag, füttern die Kaninchen und Ziegen und spielen mit den Katzen. Früher gab es hier auch noch Kühe, erzählt der Bauer Franzen dem Vater, aber jetzt haben sie auf Schweinezucht umgestellt. Er zeigt dabei auf das grün gestrichene unauffällige Gebäude in ein paar hundert Metern Entfernung.
Plötzlich rollt ein großer LKW über den Hof, direkt auf das Gebäude zu, in dem die Schweine untergebracht sind. Kurze Zeit später hören die beiden Mädchen ein vielstimmiges angsterfülltes Quieken. Als sie hingehen, sehen sie, wie Herr Franzen und der LKW-Fahrer mehr als hundert Ferkel in einzelne Boxen treiben, in die das große Gebäude eingeteilt ist. Ca. zehn Tiere finden in einer Box Platz, die etwa so groß ist wie Lisas Zimmer zu Hause, aber so dunkel und kahl wie eine Höhle. Herr Franzen erklärt: »Die werden hier von uns ein halbes Jahr lang fett gefüttert, dann kommt der LKW wieder und holt sie ab zum Schlachten. Wir machen dann die Ställe sauber und bekommen neue Ferkel.«
»Ist es denn den ganzen Tag so dämmrig in den Verschlägen?«, fragt Pina. »Ja, die Schweine sind intelligente Tiere, wie Hunde und Katzen, und dabei anfällig für Stress, wie Menschen. Und wenn es immer dämmrig ist, dann knabbern sie sich nicht aus Stress oder Langeweile gegenseitig die Schwänze ab – wenigstens nicht so stark.« »Aber das ist doch Tierquälerei«, sagt Lisa. »Wir wollen auch so gut leben wie ihr in der Stadt«, erwidert der Bauer, »und Schweinefleisch, das wollen viele essen, wenn auch hier der Preis in letzter Zeit gefallen ist.« »Aber warum werdet ihr dann keine Biobauern? – Ihr könntet mehr Geld für das Fleisch verlangen und die Schweine hätten es bei euch so gut wie die Katzen und Ziegen« »Das ist nicht so einfach«, entgegnet Herr Franzen, »wir müssten dann alles umstellen, und ob so viele Menschen den hohen Preis für das Biofleisch zahlen, das ist ungewiss. Am Ende müssen wir es vielleicht so billig verkaufen wie normales Fleisch und haben mit der Schweinehaltung einen Verlust gemacht.« Er wendet sich wieder den Schweinen zu.
»Ich werde mal meine Eltern fragen, ob die bereit sind, in Zukunft nur Biofleisch zu kaufen,« sagt Lisa. »Mein Bruder, der jetzt in die 12 kommt, ist Vegetarier«, erwidert Pina, »ich glaube, ich verstehe jetzt, warum.«

§ 1 »Niemand darf einem Tier ohne vernünftigen Grund Schmerzen, Leiden oder Schäden zufügen.«
§ 2 Wer ein Tier hält [...], muss das Tier seiner Art und seinen Bedürfnissen entsprechend angemessen ernähren, pflegen und verhaltensgerecht unterbringen.
§ 7 Versuche an Wirbeltieren dürfen nur durchgeführt werden, wenn die zu erwartenden Schmerzen, Leiden oder Schäden der Versuchstiere im Hinblick auf den Versuchszweck ethisch vertretbar sind.
AUS DEM TIERSCHUTZGESETZ

Tierversuche
Ihr Nutzen ist nicht immer eindeutig, denn die Ergebnisse, etwa bei der Erprobung von Medikamenten, lassen sich nicht ohne Weiteres auf Menschen übertragen. Dennoch sind Tierversuche in unserer Gesellschaft weitgehend akzeptiert, insoweit sie für die Gesundheit der Menschen oder für den wissenschaftlichen Fortschritt durchgeführt werden. Tierversuche, die zur Erprobung von Luxusartikeln wie Kosmetika stattfinden, befürworten deutlich weniger Menschen. Weil sie Tiere als genauso leidensfähig ansehen wie Menschen, fordern viele Tierschutzorganisationen ein vollständiges Verbot von Tierversuchen. Seit 2009 ist ein weitgehender Tierschutz in der Gesetzgebung der EU europaweit verankert.

1 Wie könnte das Gespräch der beiden Mädchen untereinander und mit den Eltern weitergehen? Führt dazu ein Rollenspiel durch (vgl. Seite 100).

2 Informiert euch genauer über die Massentierhaltung von Schweinen und Geflügel in Deutschland und überlegt Gründe dafür und dagegen, Vegetarier zu werden.

3 Informiert euch über das deutsche Tierschutzgesetz und über Initiativen gegen Tierversuche. Überlegt, ob ihr die Regelungen des Tierschutzgesetzes für ausreichend haltet und bezieht dabei ein, was ihr auf den Seiten 128–131 über den Unterschied zwischen Mensch und Tier erfahren habt.

4 Erarbeitet in Gruppen wesentliche Regeln für ein ideales Tierschutzgesetz. Einigt euch auch über seinen Zweck bzw. sein Ziel.
(Für die Gruppeneinteilung könnt ihr eure allgemeine Einstellung zu Tierversuchen und Massentierhaltung zugrunde legen: entschiedene Befürworter – gemäßigte Befürworter – gemäßigte Gegner – entschiedene Gegner.)

→← Selbst wenn man einen Wesensunterschied zwischen Tier und Mensch sieht, stellt sich die Frage, ob wir Menschen das Recht haben, Tiere zu töten oder sie zusammengepfercht in Massenställen zu halten, um täglich billiges Fleisch essen zu können. Denn fühlen und leiden können zumindest höher entwickelte Tiere offenbar ähnlich wie Menschen. Auch ob wir Tiere für unsere Gesundheit oder Schönheit in Tierversuchen quälen dürfen, ist eine Frage, deren Antwort davon abhängt, wie wir die Leidensfähigkeit von Tieren einschätzen. Auch der mögliche Nutzen von Tierversuchen für den Menschen ist hier zu beachten.

Literaturtipp

UWE TIMM: Rennschwein Rudi Rüssel. München: dtv junior 1993.

Welche Natur wollen wir?

Der Mensch ist Mitglied eines Erdhaushalts – einer Gemeinschaft, in der Wasser, Luft, Erde, Mikroorganismen, Pflanzen, Tiere und Menschen in ein Geflecht von Beziehungen und Abhängigkeiten eingebunden sind. Zunehmend erkennt der Mensch, dass er in diesem Haushalt nicht der einzige Bewohner ist und somit auch Rechte und Interessen von Mitbewohnern bedenken und berücksichtigen muss. Dass es hierbei zu Konflikten kommt, ist »natürlich«. Wie aber wird dieser Interessenkonflikt gelöst?
Zwar glauben hierzulande viele Menschen, dass die »Grenzen des Wachstums« erreicht seien und wir mit den natürlichen Ressourcen* – auch im Hinblick auf die nachfolgenden Generationen – sparsamer umgehen sollten. Aber weil diese »Grenze« keine Mauer ist, an die man hart anstößt, ist es schwer zu sagen, ab wann die Belastungsgrenze der Natur überschritten wird. Daher ist eine ökologische* Ethik* notwendig, die Grundsätze für einen haushälterischen Umgang mit der Natur enthält.

Welche Aussage steckt wohl in diesem Cartoon?

Mensch und Natur

1. Überlegt, inwiefern Mensch und Natur aufeinander angewiesen sind. Berücksichtigt dabei folgende Fragen:
   - Was benötigen wir von der Natur? Nennt »Bedürfnisse« und »Interessen« der Natur?
   - Welche Rolle spielt die Natur für euch im Alltag – als Jahreskreislauf, Nahrungsspender, Freizeitraum?
2. Beurteilt das Verhältnis von Mensch und Natur im globalen »Erdhaushalt«: Was ist an unserem Umgang mit der Natur gut, was ist schlecht? Falls der Naturhaushalt gestört ist: Was sind die Risiken und was kann der Mensch gegen diese unternehmen?
3. Findet Gründe dafür und dagegen, ob der Mensch berechtigt ist, in die Natur und ihre Lebensräume einzugreifen: Diskutiert die Stärken und Schwächen der jeweiligen Positionen.
4. Bezieht Stellung: Sind alltägliche Tätigkeiten wie Rasen mähen, Blumen pflücken und Waldspaziergänge ethisch vertretbar? Darf man Tiere einsperren und in Käfigen halten?
5. Verfasst für eure Mitschüler einen kleinen Ratgeber für den Umgang mit Haustieren.
6. Entwickelt abschließend Leitsätze für den richtigen Umgang mit der Natur.

Nach uns die Sintflut?

Vermissen wir Dinosaurier und Dodos (flugunfähige Vögel), die schon lange ausgestorben sind?

In Deutschland gibt es rund 800 Spinnenarten. Was fehlte, wenn davon einige »Ekeltiere« verschwänden? Würde es nicht genügen, ein paar dieser Exemplare in Museen oder Zoos für die Nachwelt aufzubewahren?

Wir tragen nicht nur für unsere Mitmenschen Verantwortung, sondern auch für den Schutz der Natur – diese Aufgabe sollte nicht nur Umweltverbänden überlassen bleiben: Wollt ihr in eurer Umgebung für die Natur aktiv werden? Ein erster Schritt könnte die Durchführung eines Projekts sein – um eure Schulgemeinschaft oder die weitere Umgebung über Gefährdungen der Umwelt und die Bedeutung der Artenvielfalt aufzuklären.

Medientipps

www.bmu.de: Auf der Startseite des Bundesumweltministeriums gelangt ihr zu Informationen über die Artenvielfalt in Deutschland.

www.floraweb.de: Das Bundesamt für Naturschutz dokumentiert Veränderungen der Flora* und aktualisiert ständig die »Rote Liste« gefährdeter Pflanzenarten.

Projekt: Natürliche Vielfalt bewahren – das Artensterben stoppen

In einer biblischen Fluterzählung heißt es, dass Noah von allen Tieren jeweils ein Männchen und ein Weibchen in die Arche aufgenommen hat. Das Leben sollte nach der großen Flut (Sintflut) in seiner ganzen natürlichen Vielfalt weitergehen – und der Mensch auf der Erde nicht allein sein. Was ist eigentlich aus dem Erbe Noahs geworden? Wie gehen wir mit der natürlichen Vielfalt von Pflanzen und Tieren um? Welche Arten verschwinden lautlos aus unseren Landschaften – und damit auf Nimmerwiedersehen von unserem Planeten?

- Informiert euch darüber, welche Pflanzen und Tiere bei uns und in den Regenwaldgebieten gefährdet oder inzwischen ausgestorben sind: Befragt dazu Naturschutzverbände, die in eurer Region aktiv sind.
- Untersucht und notiert Ursachen der Gefährdung von Tier- und Pflanzenarten: Bedenkt, dass ihr immer die Natur als Ganzes im Blick haben müsst. Störche zum Beispiel kommen in Deutschland nicht deswegen so selten vor, weil sie gejagt werden, sondern weil der Mensch ihnen ihre Lebensräume (feuchte Wiesen und Moore) entzogen hat.
- Diskutiert, ob und warum wir das Artensterben aufhalten sollten.
- Dokumentiert die Ergebnisse des Projekts für euch und eure Mitschüler.

Medienwelten – „schön“ und „hässlich“

Der amerikanische Künstler NAM JUNE PAIK (1932–2006) hat den »Pre-Bell-Man« 1990 anlässlich der Eröffnung des Bundespostmuseums geschaffen. Heute steht die Skulptur vor dem Museum für Kommunikation in Frankfurt am Main. Ihr Name verweist auf ALEXANDER GRAHAM BELL (1847–1922), der als Erfinder des Telefons gilt (1876).

1 Beschreibt die Skulptur und ihre einzelnen Bestandteile. Welche der hier abgebildeten Kommunikationsgeräte findet ihr in dem Kunstwerk wieder? Versucht herauszufinden, aus welchem Jahr diese Geräte stammen, und erstellt mit der Klasse eine Zeitleiste.

2 Findet heraus, was der Titel »Pre-Bell-Man« bedeutet.

3 Was möchte NAM JUNE PAIK deiner Meinung nach mit seinem Kunstwerk zum Ausdruck bringen?

4 Erkundigt euch bei älteren Menschen, wie man sich vor 50 oder mehr Jahren hauptsächlich miteinander verständigt hat.

Medien ohne Grenzen?

Das Wort Kommunikation kommt von dem lateinischen Substantiv communicatio:
1. Mitteilung
2. Gemeinschaft
3. Verbindung, Gemeinsamkeit. Unter Kommunikation verstehen wir heute die Verständigung untereinander, die auf viele verschiedene Arten erfolgen kann.

»Wir leben im Zeitalter der Medien!« Diesen oder ähnliche Sätze hast du sicherlich schon ganz oft gehört. Aber was ist damit eigentlich genau gemeint?
Medien sind die Kommunikationsmittel* der Menschen, die der Verbreitung von Informationen dienen. Unsere Sprache ist wohl das älteste und das wichtigste Medium überhaupt. Dann gibt es die Printmedien wie Bücher und Zeitungen, die sogenannten audio-visuellen Medien (Hörfunk, Fernsehen, Telefon) und die modernen computergestützten Medien wie CD-ROMs und das Internet.

Schlechte Noten für hohen Medienkonsum?

In einer Umfrage aus dem Jahr 2007 zum Medienverhalten von Kindern und Jugendlichen wurden folgende Durchschnittswerte ermittelt:
- Von 100 befragten Viertklässlern haben zwischen 30 und 40 Kinder einen eigenen Fernseher in ihrem Kinderzimmer…
- … ca. 35 Kinder einen eigenen PC.
- Jungen nutzen ihre Medien an Schultagen mehr als 50 Minuten länger als Mädchen.
- Kinder ohne eigenen Fernseher sehen an Schultagen mehr als eine Stunde fern …
- … und die, die einen eigenen Fernseher besitzen, fast doppelt so viel, nämlich etwa zwei Stunden.
- Kinder mit einer eigenen Spielkonsole spielen an Schultagen etwa 50 Minuten,
- Kinder ohne eine eigene Spielkonsole hingegen nur rund 20 Minuten.

Kritiker glauben, dass ein Zusammenhang besteht zwischen schlechten Schulnoten und häufigem Medienkonsum. Befürworter wiederum meinen, dass eine begrenzte Mediennutzung die Konzentrationsfähigkeit sogar steigern kann – natürlich nur bei bestimmten Inhalten und Spielen.
Was denkt ihr? Diskutiert darüber.

Methode: Eine Umfrage durchführen
- Klärt in einem ersten Planungsgespräch, was das Ziel eurer Umfrage ist und was genau ihr durch die Befragung herausfinden möchtet.
- Überlegt und entscheidet gemeinsam, bei welchem Personenkreis und welcher Altersgruppe eure Umfrage durchgeführt werden soll und wie viele Personen ihr befragen möchtet. Soll die Befragung anonym erfolgen?
- Erstellt den Fragebogen und achtet dabei auf eine ansprechende und übersichtliche Gestaltung.
- Wertet die Ergebnisse der Umfrage gemeinsam aus und diskutiert die Ergebnisse.

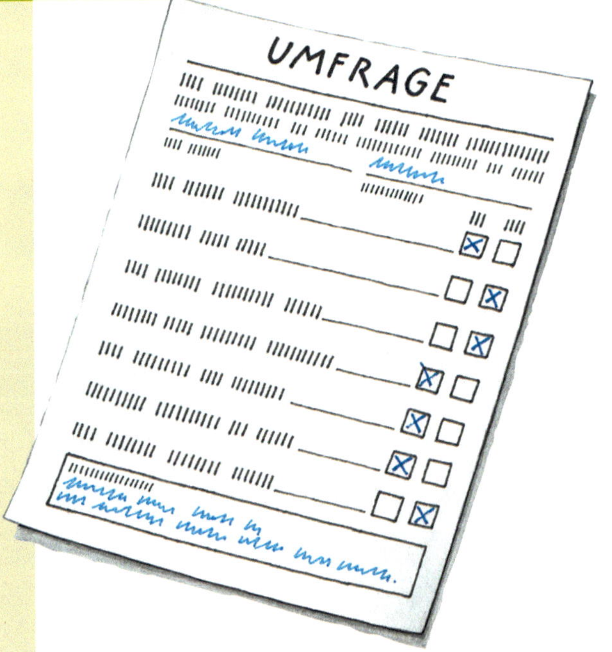

Mein idealer Tag

Es hat schon mal richtig gut angefangen: kein schriller Alarm des Weckers direkt neben meinem Kopfkissen! Heute ist nämlich Samstag, aber nicht irgendein Samstag. Es ist *der* Samstag! Ich darf den lieben langen Tag alles das tun, was mir am meisten Spaß macht. Ich muss auf keinen auch noch so gut gemeinten Rat meiner Mutter hören, besorgtes Stirnrunzeln meines Vaters darf ich geflissentlich übersehen. Es wird super – und ich habe auch schon einen genauen Plan...

1 Schreibe auf, wie dein idealer Tag verlaufen könnte und welche Bedeutung Medien an diesem Tag haben.

Der ideale Tag eines antiken Philosophen

Lieber Freund!
Ich will also deiner Aufforderung folgen und dir gern mein Tagestreiben und die Reihenfolge der Vorgänge schildern.
Der heutige Tag gehörte vollständig mir selbst; niemand hat mir von demselben auch nur das Geringste entzogen. Er verlief ganz im Wechsel zwischen Lesen und Ausruhen. Nur ein winziger Teil ward der körperlichen Übung gewidmet. Unmittelbar nach dieser Übung begab ich mich ins kalte Bad; so nenne ich das lauwarme. Dann einige Bissen Brot und ein Frühstück ohne Esstisch, nach welchem ich nicht nötig habe, mir die Hände zu waschen. Dann nickte ich ein wenig ein. Du kennst meine Gewohnheit.
Ich begnüge mich mit einem ganz kurzen Schlaf und spanne gleichsam nur aus.

Q Nach Seneca

2 Der römische Philosoph Seneca (ca. 1–65 n. Chr.) hat seinem Freund von seinem idealen Tag erzählt. Schreibe den Brief von Seneca in deine Sprache um.

3 Vergleiche deinen Tag mit dem von Seneca. Was ist dir vertraut und was ist dir fremd? Was würde dir an einem Tag, wie Seneca ihn liebt, fehlen?

4 Sind deine »Medienzeiten« eher gesellige oder einsame Zeiten?

5 Startet selber eine Umfrage zum Thema Mediennutzung. Zieht danach vergleichend die Ergebnisse der Studie aus dem Jahr 2007 heran.

→← Wenn der Philosoph Seneca mit einer Zeitmaschine zu uns reisen könnte, dann würde er die Welt nicht mehr verstehen. Aufgrund des unaufhaltsamen technischen Fortschritts gibt es heute eine Vielzahl unterschiedlicher Kommunikationsmedien, die einen ganz selbstverständlichen Platz in unserem Tagesablauf einnehmen und bei unserer Freizeitgestaltung der Entspannung und dem Spaß dienen. Im Gegensatz zu früher hat sich durch die Medien das Freizeitverhalten geändert.

Nicht ohne mein Handy!?

Die Grafik veranschaulicht dir, wie sich die Anzahl der Handybesitzerinnen und -besitzer innerhalb von 11 Jahren entwickelt hat.

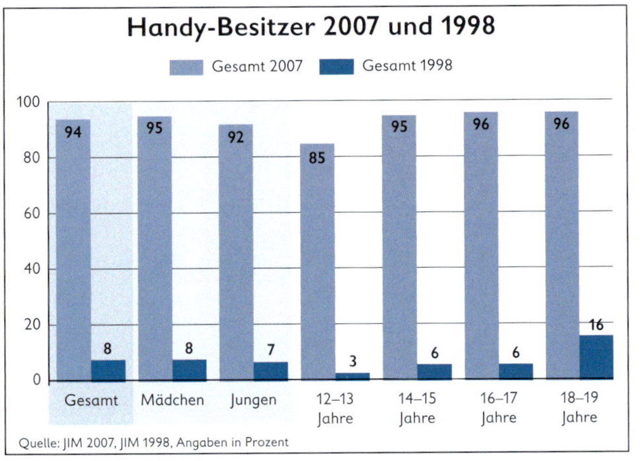

1 Denke darüber nach, wie in deinem Leben ein Tag ohne Handys aussehen könnte – ohne dein eigenes und ohne die Handys von anderen. Verfasse einen Text über diesen Tag, z. B. in Form eines Tagebucheintrags oder eines Briefes an einen von dir selbst gewählten Adressaten.

Der Verfasser dieses leidenschaftlichen Briefes ist der berühmte Komponist Ludwig van Beethoven (1770–1827). Man vermutet, dass er an Antonie von Brentano gerichtet ist.

Juli 1806

Mein Engel, mein alles!

Nur einige Worte heute, und zwar mit Bleistift – (mit deinem). Die Brust ist voll, dir viel zu sagen. Ach! Es gibt Momente, wo ich finde, dass die Sprache noch gar nichts ist.

Eben jetzt nehme ich wahr, dass die Briefe in aller Frühe aufgegeben werden müssen. Montags bis donnertags – die einzigen Tage, wo die Post von hier nach K. geht. Ach, wo ich bin, bist du mit mir. Ich weine, wenn ich denke, dass du erst wahrscheinlich sonnabends die erste Nachricht von mir erhältst – wie du mich auch liebst – stärker liebe ich dich.

O Gott, warum sich entfernen müssen, was man so liebt, und doch ist mein Leben in V. so wie jetzt ein kümmerliches Leben – Deine Liebe macht mich zum Glücklichsten und zum Unglücklichsten zugleich!

Engel, eben erfahre ich, dass die Post alle Tage abgeht, und ich muss daher schließen, damit du den Brief gleich erhältst. Welche Sehnsucht mit Tränen nach dir – dir – dir – mein Leben – mein alles – leb wohl – o liebe mich fort – verkenne nie das treuste Herz deines Geliebten

Ludwig
ewig dein
ewig mein
ewig uns

Q Ludwig van Beethoven

An vielen Schulen wird das Thema Handy zwischen Schülerinnen und Schülern und deren Vertretern, zwischen Lehrern und Eltern heiß diskutiert. Anlässe gibt es genug: unerwünschtes Filmen und damit Persönlichkeitsverletzungen, Unterrichtsstörungen, das Laden von verbotenen Bildern und Filmen, sogenannten jugendgefährdenden Inhalten, Strahlenbelastung, das Handy als Schuldenfalle, Mobbing etc.
Eine einheitliche Regelung für den Umgang mit Handys an Schulen durch den Gesetzgeber gibt es nicht, aber viele Schulen haben im Rahmen ihrer Hausordnungen verbindliche Regeln festgelegt.

Liegt die Würze in der Kürze?

Die SMS (short-message-service) ist heute ein viel genutztes Kommunikationsmedium. Sie sendet kurze Grüße, oft nur in Form von Emoticons oder Akronymen, oder übermittelt schnell informative Nachrichten. Neuerdings gibt es sogar SMS-Wettbewerbe zum Verfassen von Literatur.

Emoticons sind Zeichenfolgen aus normalen Satzzeichen, die ein Smiley nachbilden und Stimmungs- und Gefühlszustände ausdrücken. Die Bezeichnung Emoticon ist eine Wortzusammensetzung aus den englischen Wörtern emotion und icon.
Akronyme sind Kurzwörter, die aus den Anfangsbuchstaben mehrerer Wörter zusammengesetzt sind.

1 Erstellt an der Tafel eine Liste, in der ihr aufnehmt, welche Aufgaben Handys in eurem Alltag übernehmen.

2 Welche Erfahrungen habt ihr mit Handys in der Schule bereits gemacht? Diskutiert miteinander, welche Regeln unbedingt eingehalten werden sollten.

3 Erkundigt euch, welche Abmachungen es an eurer Schule zum Thema Handy gibt. Vergleicht eure Ideen mit denen der Schule und diskutiert eventuelle Unterschiede.

4 Versuche, Beethovens Liebesbrief in eine SMS oder eine E-Mail zu übersetzen. Was fällt dir dabei auf?

5 »Durch die verkürzte Sprache der Handy-Kommunikation verlernen die Menschen das Denken.« Diskutiert, ob diese Behauptung zutrifft oder nicht.

→← Fast überall bist du erreichbar und das, wenn du möchtest, rund um die Uhr. Umgekehrt kannst du per Anruf oder per SMS auch schnelle Kontakte herstellen – kurz: Ortsunabhängigkeit und Zeitersparnis sind Kennzeichen unseres modernen Lebens mit den modernen Medien.
Allerdings: Was für den einen ein Vorteil ist, kann für jemand anderen einen Nachteil bedeuten oder als unpassend empfunden werden. Wenn du dir dessen bewusst bist, dann kannst du die Vorteile des Mediums nutzen, ohne seinem Einfluss ausgeliefert zu sein.

Alles mit Computer?

Seite 159 ◀
Methode: Stummes Schreibgespräch

1 Führt in der Gruppe ein stummes Schreibgespräch über die Abbildung. Überlegt im Anschluss daran gemeinsam, was der Zeichner mit seinem Bild wohl ausdrücken möchte.

2 Diskutiert verschiedene mögliche Titel für das Bild und wählt denjenigen aus, der euch am passendsten erscheint.

Surfen ohne Grenzen

»Wow! Die webcam am größten Strand von Mallorca zeigt gnadenlose Überfüllung an. Menschen auf ihren Handtüchern dicht an dicht – klar: Hochsaison, Reisezeit, super Wetter! Mal seh'n, wie es gerade in Holland aussieht, dahin geht es ja in zwei Wochen ins Jugendcamp …«
Simon sitzt an seinem PC und ist mal wieder in der Welt unterwegs, als er seine Mutter die Treppe hochkommen und sich seinem Zimmer nähern hört. Er weiß genau, was jetzt kommt …

Mutter Mensch, Simon, du weißt doch, dass ich nicht möchte, dass du den ganzen Tag im Netz rumsurfst!
Simon Ich surfe ja auch nicht den ganzen Tag rum. Aber trotzdem: das ist so spannend! Was man hier alles rausfinden und entdecken kann!
Mutter Das ist es ja gerade! Da gibt es so viele Seiten, die nichts für Kinder sind. Zum Beispiel diese ganzen Gewaltdarstellungen. Wir haben doch schon darüber gesprochen, dass man herausgefunden hat, dass die Auswirkungen auf das richtige Leben haben!
Simon Auf diese Seiten gehe ich ja gar nicht. Und überhaupt: Ich weiß doch, dass das nicht die Wirklichkeit ist. Du verstehst das eben einfach nicht!
Mutter Jaja, das sagst du dann immer. Jetzt geh' endlich mal raus an die frische Luft und triff dich mit deinen Freunden …

1 Verfasst eine Fortsetzung des Gesprächs zwischen Simon und seiner Mutter. Gestaltet dabei sowohl die Argumente von Simon als auch die der Mutter genau aus, indem ihr die beiden Beispiele anführen lasst.

2 Surfen ohne Ende oder mit Begrenzung? Erzählt euch gegenseitig, welche Regeln es bei euch zu Hause gibt und wie eure Eltern diese Regeln begründen.

3 Worin besteht der Unterschied, ob du dich mit Freunden triffst oder ob du dich mit ihnen per Computer unterhältst?

Alles Mögliche im Netz

»Uff, schon 17 Uhr – ganz schön viele Hausaufgaben waren das heute.« Antonia klappt genervt ihr Mathebuch zu und kommt nun zum angenehmen Teil des Nachmittags. Sie fährt den Rechner hoch und loggt sich im Schüler-VZ ein. Seit ihrem zwölften Geburtstag vor zwei Wochen ist sie Mitglied im großen Online-Netzwerk und sie hat bereits 64 Kontakte. Zuerst schaut Antonia nach, wer seit gestern Abend, als sie das letzte Mal online war, ihre Profilseite mit dem persönlichen Steckbrief besucht hat. Auf der Pinnwand befinden sich acht neue Mitteilungen, zwei davon stammen von bislang Unbekannten: Die witzigen Fotos von ihrer Geburtstagsparty im Schwimmbad, die sie hochgeladen hat, machen offensichtlich andere aus der Netzgemeinschaft neugierig.
»Ah, Ayla hat gleich gesehen, dass ich jetzt online bin!« Im Posteingang blinkt eine neue Nachricht. »Stimmt, wir haben uns ja für heute Nachmittag noch mit Alisa und Ellen zur Vierer-Mail-Konferenz verabredet – großes Thema: der Neue in der Klasse 7c! Das Foto von ihm, das Ellen in der Pause mit dem Handy gemacht hat, ist auf ihrer Seite bereits eingestellt. Süßer Typ! Ob der auch schon im Schüler-VZ registriert ist?«
Bis die anderen auch online sind, surft Antonia noch ein bisschen in den Profilen und Fotos von anderen Mitgliedern herum. Was man da so alles zu lesen und zu sehen bekommt … Antonia kann gar nicht verstehen, warum ihre Eltern Vorbehalte gegen Schüler-VZ haben. Wenn es nach ihr ginge, wäre sie den ganzen Tag online und nicht nur die erlaubte Stunde pro Tag. Unkomplizierter kann man doch Freundschaften gar nicht schließen und pflegen!

Aufgepasst!

Was du auf jeden Fall wissen und bedenken solltest:

- Einmal im Netz – immer im Netz !? Die Texte und Bilder, die du hochgeladen hast, haben im Netz eine viel längere Dauer, als du vielleicht glaubst. Selbst wenn du auf bestimmten Seiten Eintragungen wieder löschen kannst, hast du keine Garantie, dass sie nicht vielleicht schon längst jemand anderes auf der eigenen Festplatte gespeichert hat.
- Du solltest dir genau überlegen, was du von dir öffentlich preisgeben möchtest. Nicht jede Information und nicht jedes Bild ist für die Allgemeinheit bestimmt.
- Ein gültiges Gesetz regelt eindeutig, dass Fotos nur mit der Einwilligung des Abgebildeten verbreitet werden dürfen. Dieses Gesetz gilt auch für die Verbreitung von Bildern im Internet. Um also das allgemeine Persönlichkeitsrecht nicht zu verletzen, solltest du mit den betreffenden Personen vorher sprechen und sie um ihre Erlaubnis bitten, ihr Bild zu veröffentlichen.

Q Aus dem Kunsturhebergesetz

1 Stellt euch vor, was passieren kann, wenn eure Daten und Angaben durch das Internet allen zugänglich sind.

2 Informiere dich über Verhaltensregeln, die für den Umgang mit dem Schüler-VZ gelten, sowie über die Sicherheitsvorkehrungen zum Datenschutz, die du dort treffen kannst.

3 Erstelle auf einem Plakat ein Profil zu deiner Person, das du auf einer Internetplattform wie Schüler-VZ veröffentlichen würdest, um dich anderen Kindern und Jugendlichen im Netz vorzustellen. Du kannst Auskunft geben über deine Hobbys, deine Vorlieben und Abneigungen, über deine liebsten Urlaubsziele und, und, und …

4 Stellt euch in kleineren Gruppen gegenseitig eure Profile vor. Gibt es Gemeinsamkeiten in der Selbstdarstellung bei Mädchen einerseits, bei Jungen andererseits? Tauscht euch über eure Eindrücke aus.

5 Kannst du dir vorstellen, jemanden, den du nur aus dem Internet kennst, als deine beste Freundin oder deinen besten Freund zu haben?

→← Der Computer und das Internet sind heute gar nicht mehr wegzudenken, nicht zuletzt, weil sie so viele unterschiedliche Funktionen übernehmen. Das Surfen im World-Wide-Web bietet uns unendliche Möglichkeiten; es scheint fast so, als würde die ganze Welt näher zusammenwachsen. Eine Frage, die jedoch immer wieder gestellt wird und die in der Forschung untersucht wird, ist, ob wir Menschen angesichts der virtuellen Welten, zu denen wir uns durch das Internet Zugang verschaffen, unsere ›Wirklichkeit vor der Haustür‹ überhaupt noch wahrnehmen. Wie wirken sich die virtuellen Begegnungen im World Wide Web auf unsere Kontakte mit den Menschen aus unserer realen Umgebung aus? Besteht die Gefahr, dass wir hier vereinsamen?

Der Glanz der Schönheit

1 Finde für die beiden leeren Rahmen Bilder von Menschen, die du schön findest.

Die meisten Jugendzeitschriften und die beliebtesten Fernsehserien präsentieren eine Fülle von attraktiven, hippen und lässigen Typen, die einem sofort ins Auge stechen und die zum Nachahmen anregen und manchmal sogar Trends begründen. Aber was ist mit denjenigen, die nicht so ansprechend oder trendy aussehen, die nicht so athletisch gebaut sind? Kommen die vor in unseren Soaps, in der Werbung, in Magazinen? Und was ist mit alten Menschen und mit Kranken?
Wissenschaftler haben herausgefunden, dass wir die Attraktivität von Menschen gleichsetzen mit Erfolg und Glück und dass wir aus diesem Grunde gerne ihre Nähe suchen. Körperliche Hässlichkeit oder Gebrechlichkeit hingegen machen uns Angst, lösen Widerstände aus und bewirken, dass wir uns von diesen Menschen eher fernhalten.

Wenn du einmal genau hinschaust auf dem Schulhof, in der City oder im Bus, dann entdeckst du neben den Menschen, die wir als schön bezeichnen würden, auch weniger attraktive oder anziehende, vielleicht merkwürdige und ungewöhnliche, vor allem aber viele ganz »normale« Menschen.

1 Erforscht anhand eines Lexikons, woher die Wörter »schön« und »hässlich« kommen.

2 Tauscht euch über eure Erfahrungen mit schönen und mit hässlichen Menschen aus.

3 Findet euch in Gruppen zusammen und erstellt gemeinsam eine Collage zum Thema »Der Glanz der Schönheit«. Verwendet dazu z.B. Werbematerial, Zeitungsausschnitte, Bilder aus Magazinen. Versucht, in der Collage auch eine kritische Haltung zum Thema »Der Glanz der Schönheit« zum Ausdruck zu bringen.

4 Verschafft euch bei der Auswahl eurer Materialien einen Eindruck davon, wie weniger attraktive oder auch ältere Menschen dargestellt werden.

5 Was glaubst du: Welche Auswirkungen hat die Darstellung von Schönheit in den Medien auf Kinder und Jugendliche?

Filmtipp

Überraschend hat sich die 10-jährige pummelige Olive für einen kalifornischen Schönheitswettbewerb qualifiziert, in dem die Little Miss Sunshine gekürt werden soll. Zusammen mit ihrer ein wenig chaotischen Familie macht sie sich in einem klapprigen VW-Bus auf den Weg nach Los Angeles. Little Miss Sunshine, USA 2006. Länge: 98 Minuten.

Dem Glanz der Schönheit nacheifern?

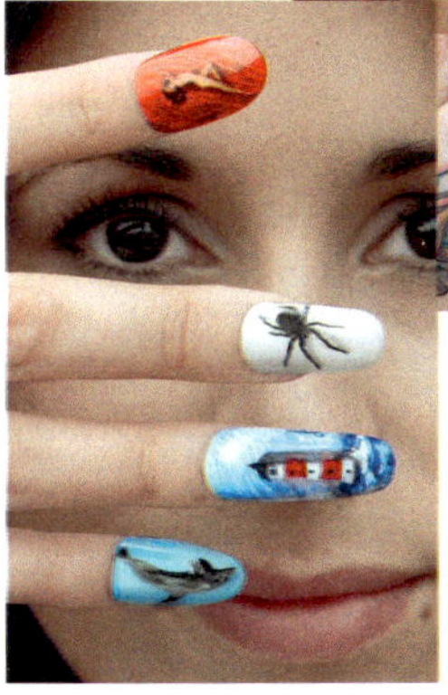

Schön sein um jeden Preis

Die Zahl der Jugendlichen, die durch eine Schönheits-OP ihr Äußeres und damit auch ihr Selbstbewusstsein verbessern möchten, ist in den letzten Jahren erheblich angestiegen. Dadurch, dass sich immer mehr Prominente und Stars offen zu kosmetischen Eingriffen bekennen, wird regelrecht ein Trend gefördert und der Weg unters Messer scheint immer selbstverständlicher zu werden: Eine Umfrage belegt, dass sich im Durchschnitt zwanzig Prozent der befragten 9- bis 14-Jährigen eine Schönheitsoperation wünschen, und Schätzungen zufolge werden zehn Prozent der in Deutschland vorgenommenen Schönheits-Operationen an Minderjährigen durchgeführt. Das Angebot ist groß: Abstehende Ohren lassen sich anlegen, krumme Nasen korrigieren. Offenbar gibt es auch Eltern, die ihren Kindern zum Geburtstag oder zu Weihnachten eine größere Brust, einen Schmollmund oder eine Fettabsaugung spendieren. Gesundheitspolitiker fordern nun ein Verbot für Schönheits-Operationen an Minderjährigen, sofern sie nicht aus medizinischen Gründen eindeutig zu verantworten sind.

»Schon als Kind wollte ich hässlich aussehen«

In einem Interview verrät Cindy Sherman (*1954), weltweit berühmt geworden durch aufwändige Verkleidungen, grelle Schminkspiele und schaurige Selbstdarstellung, warum ihr zum Beispiel grausame Clowns lieber sind als schöne Bilder.

Cindy Sherman in einem für sie typischen Styling

Frage *Woher kommt die Lust am Verkleiden?*

Sherman Ich habe als Kind getan, was viele Kinder tun, aber nicht so wie viele andere kleine Mädchen, die sich verkleiden, um hübscher auszusehen. Ich habe mich verkleidet, um hässlich und alt und wie ein Monster auszusehen.

Frage *Geht es Ihnen um die Bloßstellung der Schönheit?*

Sherman Ja, weil das ein Teil der Frage nach der Wirklichkeit ist. Was ist Schönheit? In gewisser Weise ist sie genauso künstlich wie alles andere […].

Frage *Lügen Fotos ebenso wie Bilder?*

Sherman Natürlich! Die Menschen gehen davon aus, dass ein Foto die Wahrheit einfängt.

Frage *In diesem Sinne hat der Computer die Rolle der Fotografie verändert. Benutzen Sie einen Computer?*

Sherman Ich setze den Computer nicht ein, um ein Gesicht zu verändern, das habe ich nie gemacht. Hinsichtlich der Veränderung der Haut oder der Augen will ich nicht von einem Computer abhängig sein. Ich finde, das ist Mogelei.

Frage *Sollen Ihre kaputten und zum Teil entstellten Puppen den Gegensatz zu gesellschaftlichen Idealvorstellungen darstellen?*

Sherman Nun, es gibt genügend Leute, die versuchen, schöne Bilder herzustellen oder das Schöne einzufangen, so dass ich seit je angezogen war von dem, was nicht als schön erachtet wird, von Dingen, die als heikel gelten.

Q Nach Cindy Shermann

1 Kennst du aus der Musikszene, der Promi-Welt oder aus deinem eigenen Alltag Menschen, die sich bewusst hässlich präsentieren? Welche Absicht könnte damit verbunden sein?

2 Überlegt, warum wir, z.B. zum Karneval, eine auf besondere Hässlichkeit zielende Kostümierung oft so toll finden.

3 Wie wichtig ist für dich die Gestaltung deines Äußeren?

4 Schminken – Tattoo – OP? Diskutiert darüber, bis zu welcher Grenze eine künstliche Veränderung des natürlichen Äußeren erlaubt ist.

→← Auch wenn die Welt der Schönheit und des Glamours, die uns in den Medien präsentiert wird, nur ein kleiner Ausschnitt aus unserer Wirklichkeit ist, beeinflusst sie uns und unser Geschmacksurteil. Können wir wirklich selbst entscheiden, welchen Trend wir mitmachen und an welcher Stelle wir unseren eigenen, den persönlichen Stil zum Ausdruck bringen?

Was finden wir eigentlich schön?

Kennst du das? In einem Buch, auf einem Plakat, vielleicht auch im Museum siehst du ein Bild von einem Künstler, von dem du weißt, dass viele Menschen seine Werke bewundern. Und du? Dir gefällt das Bild überhaupt nicht, berühmt hin oder her. So ist das nun mal, nicht jeder findet immer das Gleiche schön.

Sind diese Bilder schön?

»Das Bild macht gute Laune!«

»Wo sitzt denn bei der die Nase? Ist das Absicht?«

»Warum malt das jemand so komisch?«

»Die Stimmung ist so düster…«

»Die Formen finde ich schön.«

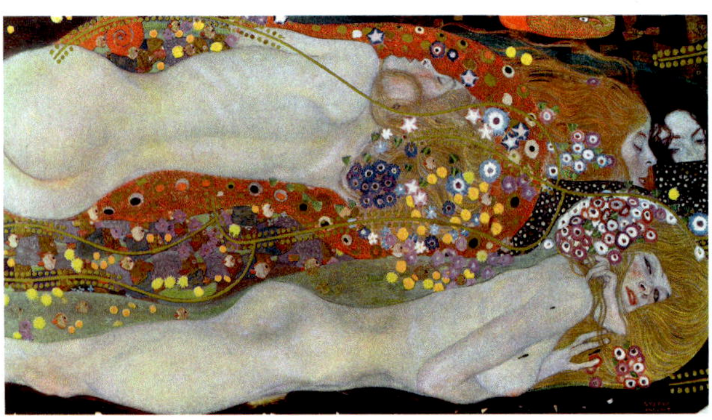

»Das sind meine Lieblingsfarben!«

»Die vielen Muster finde ich schön, die erinnern mich an eine Wasserlandschaft.«

Bewertet die Bilder auf einer Skala von 1–6: »1« bedeutet, ich finde das Bild sehr schön, »6« bedeutet, das Bild gefällt mir überhaupt nicht. Begründet euer Urteil!

Manche Leute sagen, Bilder sind schön, wenn…

… sie bunte Farben haben.

… sie meine Fantasie anregen.

… sie mich neugierig machen.

… sie naturgetreu gemalt sind.

… ich mich an ihnen freuen kann.

Menschliche Schönheit

Zu allen Zeiten und in allen verschiedenen Teilen der Welt gab und gibt es feste Schönheitsideale. Vor allem das Aussehen des Körpers und des Gesichtes, aber auch Frisuren, Kleidung, Schmuck und anderes modisches Zubehör bestimmen das jeweilige Idealbild mit. Um 1600 zum Beispiel gehörten schwere Brüste und runde Hüften zum idealen Frauenkörper und beim Mann galt ein Doppelkinn als attraktiv. Nur einige Jahre später begann man die Frauen in enge Korsetts zu zwängen und bis heute gilt Schlanksein als absolutes Muss. Das Ideal der vornehmen Blässe wurde vor gut 50 Jahren abgelöst: Gebräunte Haut, die bislang als unfein galt, weil sie ein Kennzeichen der im Freien arbeitenden Bauern und Handwerker war, wurde nun zu einem Kennzeichen dafür, dass man es sich leisten konnte, im Süden Urlaub zu machen.

1 Wann ist für dich ein Bild schön? Stimmst du den Äußerungen oben zu oder gelten für dich vielleicht ganz andere Merkmale?

2 Sprecht über eure Erfahrungen mit Noten im Kunstunterricht. Warum ist es schwieriger, ein Bild zu benoten als zum Beispiel eine Mathearbeit?

3 Eure Fantasie ist gefragt: Überlegt gemeinsam, wie das Schönheitsideal in 20, in 50 oder in 100 Jahren aussehen könnte. Verarbeite deine Ideen dazu in einem Bild mit dem Titel »Das Schönheitsideal der Zukunft«.

4 Empfindet wirklich jeder etwas anderes als schön oder gibt es Maßstäbe, auf die man sich einigen kann?

In vielen Bereichen haben wir überhaupt keine Probleme, etwas sicher zu beurteilen. Aber was, wenn es darum geht festzulegen, ob ein Mensch oder ein Gegenstand schön oder hässlich ist? Es gibt kein eindeutiges »richtig« oder »falsch« bei »schön« und »hässlich«. Eine bekannte Redensart heißt demnach auch: »Schönheit liegt im Auge des Betrachters.«

Schönheit in unserer Umgebung

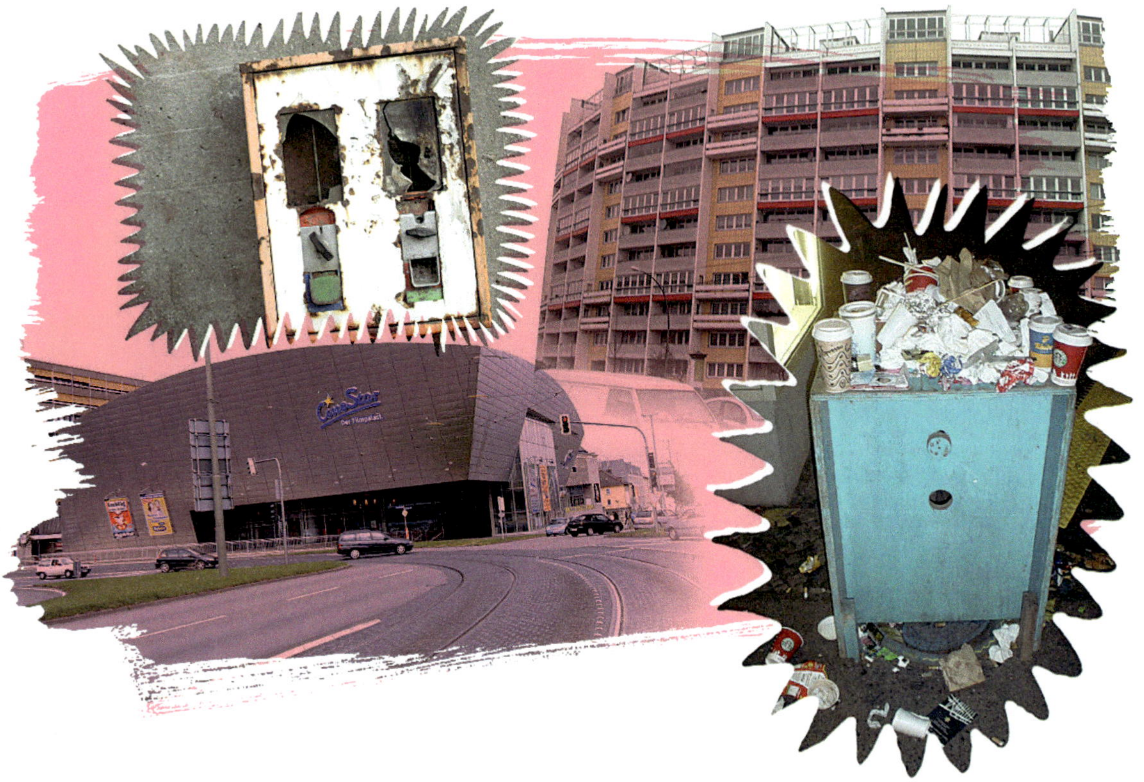

»Sieht das eigentlich keiner? Sind wir so abgestumpft, dass uns der Anblick all dieser Scheußlichkeiten, dieser nicht zusammenpassenden Materialien, dieser unordentlich hingerotzten Einzelteile, die keine Rücksicht aufeinander nehmen, gleichgültig lässt? Tatsächlich, es ist wohl so. Da werden hochbezahlte Designer angestellt, um ein Auto schön zu machen – schließlich geht es um den Fahrspaß. Aber abends kommt es in eine Garage aus Waschbeton-Fertigteilen, die so gemein aussieht, dass es einem den Atem verschlägt. Das Phänomen der absoluten Gleichgültigkeit gegenüber dem Aussehen unserer Umwelt ist total; in jedem Bereich gibt es Beispiele für diese Ist-doch-Wurscht-Haltung.«
Nach Gert Kähler

Ich bin noch ganz benommen, als ich aufwache. Der seltsame und beängstigende Traum steckt mir noch in allen Gliedern: eine unheimliche Gestalt hatte mir verkündet: »Ab sofort ist alle Schönheit aus deiner Welt ausgelöscht!« – Doch was ist das? Das war ja gar kein Traum! Alles um mich herum sieht so merkwürdig anders aus…

1 Schreibe die Geschichte von der Welt ohne Schönheit weiter!

»Lies das mal! Coole Aktion – an so einer könnten wir mit unserer Schule ja eigentlich auch mal teilnehmen.« Jan schiebt seiner Schwester Ronja die Zeitung quer über den Frühstückstisch zu.

»Stimmt eigentlich, eine witzige Idee, aber was für ein Aufwand! Und das auch noch am Wochenende!« Ronja runzelt die Stirn. »Lohnt sich das überhaupt? Außerdem kostet das doch bestimmt wieder eine Menge. Da gibt es doch viel Wichtigeres ...«

Bericht über einen Wettbewerb Kölner Schüler

Dienstag, 5. Mai 2009 Ausgestattet mit Pinseln und Farbtöpfen sind Schülerinnen und Schüler einer Kölner Realschule am vergangenen Samstag in der Innenstadt zwölf tristen grauen Kästen zu Leibe gerückt, die meist schmuddelig, mit Plakaten zugekleistert und beschmiert bislang eher zum Weggucken einluden. Welch eine Verwandlung! Angeleitet von ihren fantasievollen und kreativen Ideen machen die jungen Nachwuchskünstlerinnen und -künstler die Stromkästen innerhalb eines Tages mit bunten Farben und originellen Motiven zum echten Blickfang. Die Malaktion stieß bei Passanten und Geschäftsleuten auf große Zustimmung.
Am Anfang stand ein Wettbewerb, der an allen Schulen der Kölner Innenstadt von einem großen Stromanbieter ausgeschrie-

1 Findet weitere Argumente für oder gegen die Malaktion der Kölner Schüler und setzt das Gespräch fort.

2 Untersuche einmal über ein paar Tage hinweg deine nähere Umgebung: Welche Beispiele für bewusste Verschönerungsaktionen gibt es? An welchen Stellen wären solche Unternehmungen einmal dringend nötig?

3 Liebevoll gestaltet oder achtlos vernachlässigt – welche Auswirkungen hat die Umgebung auf uns Menschen? Findet Beispiele aus eurem Alltag.

4 Überlegt gemeinsam, warum es Menschen nicht gleichgültig ist, ob etwas schön oder hässlich ist.

Unsere Umwelt erfassen wir mit allen unseren Sinnen, die größte Rolle spielt dabei der Sehsinn. Dass die Gestaltung unserer Umgebung Auswirkungen auf unser Wohlbefinden hat, weiß jeder aus eigener Erfahrung. Diese Erkenntnis lässt sich nutzen. Wissenschaftler haben zum Beispiel festgestellt, dass bestimmte Farben, vor allem zarte Pastelltöne, eine beruhigende Wirkung auf die Menschen haben. Wenn unsere Umgebung mit Liebe gestaltet ist, fühlen wir uns in ihr wohler. An »schönen« Orten halten wir uns lieber auf als an »hässlichen« und wir verhalten uns dort auch anders.

Ein Blick zurück …

In diesem Kapitel habt ihr einen Überblick über das so oft und so vielseitig diskutierte Thema Medien und Medienwelten bekommen. Davon ausgehend habt ihr untersucht, was es mit dem »Glanz der Schönheit« auf sich hat und welche Bedeutung der Schönheit in unserem Leben zukommt. Sicher hat sich jeder von euch in dem einen oder anderen Text, Bild oder Gespräch wiedererkannt. Jeder? Naja: fast jeder, denn da ist ja schließlich noch Hakim. Und der liegt nach einem zweiwöchigen Krankenhausaufenthalt mit seinem dicken Gipsbein zu Hause.

1 Verfasse eine E-Mail, in der du Hakim über die gemeinsame Arbeit im Unterricht informierst. Die folgenden Begriffe solltest du dabei in einer sinnvollen Reihenfolge unterbringen:

Surfen im Netz – Kommunikation – Sprache – Schulnoten – Medienkonsum – Handy – virtuelle Welten – Gefahren – Freizeit – Vereinsamung – Fernsehen – Vernetzung – Computer – Internet – Wirklichkeit – Verhaltensregeln

Um deine Erinnerung aufzufrischen, solltest du die Seiten des Kapitels oder deine Aufzeichnungen noch einmal durchblättern.

2 Was fällt dir zu den Begriffen aus dem folgenden Wortspeicher ein?

Trend – Schönheit – Alter – Persönlichkeit – Umwelt – Geschmack – Stil – Hässlichkeit – Einheitslook – Idealbild

Schreibe einen oder mehrere Begriffe auf einen Zettel und erstelle ein Wortgitter nach folgendem Beispiel:

				U
				N
			O	W
			P	I
	M		E	R
	O		R	K
I	**D**	**E**	**A**	**L**
	E		T	I
	Z		I	C
	W		O	H
	A		N	
	N		?	
	G			

3 Verfasse aus den Begriffen deines Wortgitters einen kleinen Text!

4 Vergleicht eure unterschiedlichen Einfälle zu den jeweiligen Begriffen.

5 Gestaltet Plakate mit den besten und den originellsten Ergebnissen und hängt sie in eurem Klassenzimmer auf.

Projekt: Wir verschönern unseren Klassenraum

Habt ihr eigentlich schon einmal ausgerechnet, wie viele Stunden in der Woche, im Monat oder gar im Jahr ihr in eurem Klassenraum verbringt? Zweifellos ganz schön viel Zeit! Also sollte euer Klassenraum nicht irgendein Raum für euch sein, sondern ihr solltet euch in ihm wohlfühlen und ihm eure ganz persönliche Note verleihen.

- Organisiert einen Rundgang durch die Klassenräume eurer Schule: Welches ist der schönste Klassenraum und welches der hässlichste? Erstellt an der Tafel eine Liste: Was macht einen Raum schön?
- Überlegt und entscheidet nun gemeinsam, wie ihr euren eigenen Klassenraum schöner gestalten könnt. Vielleicht wählt ihr ein originelles Motto aus?
- Die Frage, was euch die Verschönerung wert ist, solltet ihr nicht ganz aus dem Blick verlieren: Muss die Klassenkasse geplündert werden? Müssen die Arbeiten vielleicht auch in eurer Freizeit durchgeführt werden?
- Für die Planung und Organisation könnt ihr euch von den folgenden Fragen anregen lassen: Wer kann eigentlich was am besten? Wer macht was am liebsten? Wer möchte wofür zuständig sein? Welche Unterstützung benötigen wir und von wem bekommen wir sie?
- Es macht euch sicher Spaß, die einzelnen Phasen eures Projektes auf Fotos festzuhalten. Das Ergebnis eurer Arbeit könntet ihr auf der Schulhomepage präsentieren – beeindruckend ist bestimmt auch eine Gegenüberstellung nach dem Motto »vorher – nachher«.
- Und zu guter Letzt noch etwas ganz Wichtiges: Ein gelungenes Projekt sollte auch gefeiert werden!

Glaubst du
du bist noch zu klein
um große Fragen zu stellen?
Dann kriegen die Großen
dich klein
noch bevor du groß genug bist

Erich Fried: Kleine Frage

Ein Rätsel für dich

Anfassen kann man sie nicht.
Festhalten auch nicht.
Vielleicht ist sie so etwas wie ein Duft?
Etwas, das immerzu vorbeigeht?
Wo kommt sie her?
Vielleicht ist sie auch so etwas wie der Wind?
Oder eine Art Musik?

Michael Ende: Momo

Vom Anfang und Ende der Welt

Woher das Universum*, die Erde und der Mensch kommen und wozu sie überhaupt existieren, das hat die verschiedenen Völker schon immer beschäftigt. Antworten auf diese Fragen finden sich in ihren religiösen Mythen*, die bis heute erzählt und geglaubt werden.
Vor mehr als 2 500 Jahren versuchten die Menschen im alten Griechenland, diese Fragen mit ihrer eigenen Vernunft* zu lösen. Das war die Geburtsstunde der Philosophie*, aus der sich später die modernen Naturwissenschaften entwickelten. Aber weder Wissenschaft noch Philosophie und Religion können bis heute eine endgültige Antwort auf die Frage nach dem Ursprung und Zweck der Welt und des Menschen geben. Am besten versucht ihr selbst darüber nachzudenken, also zu philosophieren, und dabei die Antworten von Mythen und Wissenschaften einzubeziehen. Das folgende Kapitel wird euch dabei helfen und manches klären; eine endgültige Antwort kann es natürlich auch nicht geben.

Woher kommen die Erde und das Universum?

Hat (ein) Gott die Welt erschaffen oder ist sie zufällig entstanden?

Wieso gibt es Leben auf der Erde und woher kommt der Mensch?

Hat der Mensch eine Aufgabe zu erfüllen?

Gibt es ein Ende der Welt oder sogar ein Ende der Zeit?

Was ist überhaupt die Zeit, was bedeutet Ewigkeit?

1 Wenn du das Rätsel auf der linken Seite herausbekommen hast: Verrate die Antwort nicht gleich, sondern male sie.

2 Besprecht die Fragen in den Sprechblasen: Tauscht eure Ideen dazu aus und findet weitere philosophische Fragen.

Nachdenken über Zeit

Zeit – was ist das?

1

2

3

4

5

Schaut euch in Ruhe, jeder für sich, die Bilder an.
Dabei gehen euch sicher viele Gedanken durch den Kopf.
Versuche die Bilder zu ordnen, indem du

- in Stichworten aufschreibst, was dir zu jedem Bild einfällt
- jedem Bild einen Titel gibst
- erklärst, was alle Bilder miteinander verbindet.

Zunächst arbeitet jeder einzeln; dann tauscht ihr die Ergebnisse aus.

Methode: (Stummes) Schreibgespräch

Wer sich mit einem Thema beschäftigt oder über ein Problem nachdenkt, dem geht einiges durch den Kopf. Viele dieser Gedanken sind flüchtig und lassen sich kaum festhalten. Ein stummes Schreibgespräch kann helfen, sich auf wenige Gedanken und den Gedankengang zu konzentrieren – und den Weg zum Philosophieren* frei zu machen.

• Findet euch in Gruppen zusammen.

• Nehmt ein großes Blatt sowie Stifte und schreibt eine Frage oben auf das Blatt, zum Beispiel: Was ist Zeit? Ab jetzt darf nicht mehr gesprochen werden.

• Einer aus der Gruppe soll nun eine Antwort schreiben. Dabei muss er oder sie auf die Frage (zum Beispiel »Was ist Zeit?«) antworten. Nun schreibt der Nächste seine Antwort und versucht dabei auf den ersten Beitrag einzugehen – mit eigenen Gedanken und Vorstellungen. So setzt ihr das »Gespräch« stumm fort.

• Ihr könnt auch Gefühle, Beobachtungen und »Gedankensplitter« notieren und zum Beispiel in einer anderen Farbe kennzeichnen. Es müssen nicht immer ganze Sätze geschrieben werden – manchmal sind auch Wörter, Abkürzungen oder Zeichen ausreichend. Nichts soll verloren gehen. Beendet das »Gespräch« ohne Worte. Ihr solltet aber vorher überlegt haben, wie lange das Ganze dauern soll.

Momos Rätsel

Drei Brüder wohnen in einem Haus,
die sehen wahrhaftig verschieden aus,
doch willst du sie unterscheiden,
gleicht jeder den anderen beiden.
Der erste ist nicht da, er kommt erst nach Haus.
Der zweite ist nicht da, er ging schon hinaus.
Nur der dritte ist da, der kleinste der drei,
denn ohne ihn gäb's nicht die anderen zwei.
Und doch gibt's den dritten, um den es sich handelt,
nur weil sich der erst' in den zweiten verwandelt.
Denn willst du ihn anschauen, so siehst du nur wieder
einen der anderen Brüder!

1 Wer sind die drei Brüder in Momos Rätsel?

2 Das Rätsel enthält zum Schluss ein weiteres Geheimnis: »Nun sage mir: Sind die drei vielleicht einer? Oder sind es nur zwei? Oder ist es gar – keiner?« Könnt ihr auch diese Fortsetzung des Rätsels lösen?

»Was also ist die Zeit? Wenn mich niemand danach fragt, weiß ich es; wenn ich es jemandem erklären soll, weiß ich es nicht.« So schreibt der christliche Philosoph Augustinus noch vor dem Beginn des Mittelalters. Bei allen Schwierigkeiten, die Zeit zu erklären, steht doch fest: Sie liegt allen Erscheinungen in der Welt zugrunde und sorgt für den stetigen Wandel in ihr. Ohne sie hätte die Welt keinen Anfang und kein Ende.

Vorstellungen von Zeit

Was Hindus über die »Zeit« sagen

Viele Menschen in Indien sind Hindus und Anhänger der vedischen Religion, die oft auch »Hinduismus« genannt wird. Diese Religion stellt alles Werden, Leben und Vergehen als ewigen Kreislauf dar.

Die Kuh ist für viele Inder mehr als nur ein nützliches Tier: Sie verehren es als ein stellvertretendes Symbol* des Lebens, das es zu schützen gilt.

Der tanzende Schiwa: So wie er immer in schöpferischer Bewegung ist, zeigt er dem Betrachter das ständige Werden und Vergehen. Schiwa mit seiner zerstörerischen Kraft sorgt zugleich dafür, dass der Kreislauf des Lebens immer wieder von vorn beginnt.

Das Universum* wurde von Brahma, dem Schöpfer, geschaffen. Es wird unterhalten von Wischnu, dem Bewahrer, und zerstört von Schiwa. Aus der Zerstörung entsteht neues Leben, deshalb ist Schiwa zugleich Zerstörer und Neuschöpfer. Alle drei Götter sind Formen oder Teile des Höchsten, das hinter allem ist.
Der Zyklus* von Schöpfung, Zerstörung und Neuschöpfung läuft so ab: Nachdem das alte Universum zerstört ist, gibt es nichts anderes mehr als einen riesigen Ozean. Auf diesem treibt Wischnu auf der großen Schlange Ananta dahin. Manche sagen, dass aus seinem Nabel eine Lotosblume wächst und Brahma aus dieser entsteht.
Wie erschafft Brahma die Welt? Manche erzählen, dass er sich einsam fühlt und sich in zwei Teile teilt und so das Männliche und das Weibliche erschafft. Dann wird er wieder eins, und so entstehen Menschen. Auf dieselbe Weise erschafft er alle Lebewesen [...]. So entsteht alles aus dem Höchsten. Und am Ende dieses Universums werden alle in das Höchste zurückkehren. Denn dieses Universum, diese Welt und dieser Brahma werden von Schiwa zerstört werden – wie alle vorher und alle nachher [...] und der Zyklus geht weiter – ewig.

Q Nach Esther Bisset und Martin Palmer

Wie Juden und Christen die Zeitabläufe verstehen

1. Mose 1–2, 4 a
Schöpfungsbericht in der Bibel

Die Zukunft im letzten Buch der Bibel
»Dann sah ich einen neuen Himmel und eine neue Erde. Der erste Himmel und die erste Erde waren verschwunden, und das Meer war nicht mehr da. […] Gott wird alle ihre Tränen abwischen. Es wird keinen Tod mehr geben und keine Traurigkeit, keine Klage und keine Quälerei mehr. Was einmal war, ist für immer vorbei.«
Offenbarung des JOHANNES, Kapitel 21

Anders als Hindus glauben Juden, Christen und Muslime, dass die Welt einen Anfang und ein Ende hat. Juden und Christen beziehen sich dabei auf den biblischen Schöpfungsbericht, der von der Erschaffung der Welt in einer Woche erzählt: Gott betrachtete alles, was er geschaffen hatte, und war sehr zufrieden – so auch mit der Erschaffung des Menschen, die den Höhepunkt der Schöpfung am sechsten Tag bildet. Am siebenten Tag ruhte Gott – das Leben auf der Erde war nun vollständig. Die Bibel erzählt aber auch vom Ende dieser Welt. Bis dahin kann und soll der Mensch sein Leben auf der Erde selbst in die Hand nehmen.

Am Ende aller Zeiten müssen sich die Menschen nach christlicher und nach islamischer Vorstellung vor einem göttlichen Gericht rechtfertigen. Juden, Christen und Muslime glauben, dass dann eine Zeit des Friedens und der Gerechtigkeit anbrechen wird, die den bisherigen Weltenlauf ablöst.
Dass diese Erde und mit ihr unser Planetensystem in Milliarden Jahren durch eine gewaltige Explosion der Sonne ihr Ende nehmen wird, sagt auch die moderne Naturwissenschaft voraus.

Christus beim endzeitlichen Gericht, Buchmalerei 1490

1 Versucht eine grafische Darstellung der hinduistischen (indischen) und der christlichen (europäisch-amerikanischen) Zeitvorstellung.

2 Informiert euch – zum Beispiel durch Interviews oder im Internet –, welche Vorstellungen vom Anfang und vom Ende der Welt die Angehörigen anderer Religionen sowie nicht-religiöse Menschen haben.

3 Überlegt, welche Auswirkungen auf das Leben und seine Gestaltung die beiden unterschiedlichen Zeitvorstellungen haben: Warum etwa waren in Indien lange Zeit der eigene Erfolg und das persönliche Fortkommen nicht so wichtig wie im christlich geprägten Europa?

Vorstellungen von Zeit

Hat die Zeit ein Ende?

Tropfsteinhöhle am Thuner See (Schweiz)

Kurz vor den großen Ferien unternimmt Pauls Klasse einen Ausflug. Ziel ist eine Tropfsteinhöhle. Als alle wieder »über Tage« sind, denkt Paul an das, was der Bergmann den Besuchern erzählte. Sie standen vor großen, bunt angestrahlten Steingebilden. Man nennt sie »Stalagmiten«, wenn sie vom Boden nach oben wachsen oder »Stalaktiten«, wenn sie wie Tropfen von oben nach unten wachsen. Wenn sich beide treffen, bilden sie eine Tropfsteinsäule.
Der Bergmann erzählte den Kindern, dass diese Gebilde erst nach Tausenden von Jahren, manchmal sogar nach einer Million Jahren, entstanden sind: Ein Stalagmit wächst nur 0,1 bis 0,3 Millimeter pro Jahr. Paul rechnet und findet heraus, dass in ungefähr 2 000 Jahren 20 cm Gestein gewachsen sind. Aber wie lange sind die Steine bis dahin schon gewachsen? Unvorstellbar! Paul versucht es trotzdem: Er ist jetzt 11 Jahre alt, seine Mutter 38, sein Vater 41. Pauls Oma, die Mutter seiner Mutter, wird nächste Woche 60 und deren Mutter ist 82 Jahre alt. »So alt!«, denkt Paul. Aber ein Stalagmit wäre nach einem Zeitraum von hundert Jahren Wachstum nicht einmal richtig zu sehen.
Opa Otto ist tot. »Für immer«, sagt Oma. Paul hat verstanden, dass das Leben der Menschen auf der Erde irgendwann immer ein Ende hat. Aber gibt es vielleicht ein Weiterleben in der Ewigkeit? Und wie kann das aussehen? Und wenn irgendwann auch die Welt endet? Ist dann nichts mehr? Aber was ist »nichts«? Und wann ist das? Pauls Gedanken drehen Kreise …

Fachübergreifend (Erdkunde): Tropfsteinhöhlen
Informiert euch über die Entstehung und Verbreitung von Tropfsteinhohlen in Deutschland und Mitteleuropa. Findet heraus, warum das Wachstum der Stalagmiten so lange dauert. Vielleicht könnt ihr auch einmal eine Tropfsteinhöhle in eurer Umgebung besuchen.

»Fließband der Zeit« – ein Gleichnis*

Wenn wir das Fließband der Zeit verlassen, beginnt für uns alle die Ewigkeit. Sich die Ewigkeit vorzustellen ist schwer. Vielleicht so?

Alle tausend Jahre einmal kommt ein Vogel an einen großen Berg. Er setzt sich oben auf den Gipfel. Dort wetzt der Vogel seinen Schnabel mit einer kurzen schnellen Bewegung. Dann fliegt der Vogel wieder weg. Wenn der Vogel auf diese Weise den ganzen Berg abgetragen hat, ist eine Sekunde von der Ewigkeit vergangen.

1 Schreibe weitere Fragen auf, die Paul in den Sinn kommen könnten oder die du dir hierzu schon einmal gestellt hast.

2 Unterteilt die Fragen von Aufgabe 1 in wissenschaftlich beantwortbare und in rätselhafte Fragen: Versucht einmal allgemein gültige Antworten zu geben, das andere Mal persönliche Überzeugungen auszudrücken.

3 Male selbst ein Bild oder schreibe ein Gleichnis, das die Ewigkeit zum Ausdruck bringt.

Lesetipp

Axel Hacke:
Der kleine König Dezember.
Kleine Ausgabe.
München: Antje Kunstmann Verlag 1999

→← Ihr habt zwei grundsätzlich unterschiedliche Auffassungen von Zeit kennen gelernt: erstens die indische Vorstellung von der Zeit als ewig währendem Kreislauf (man spricht dann vom zyklischen* Zeitverständnis); zweitens die jüdisch-christliche Auffassung von der Zeit als nacheinander folgendem Ablauf von Ereignissen – mit einem Anfang und einem Ende (man spricht hier vom linearen Zeitverständnis).
Das aus jüdisch-christlicher Überlieferung kommende Zeitverständnis legt auch die moderne Naturwissenschaft zugrunde, wenn sie das Ende der Welt und des Sonnensystems in Milliarden von Jahren vorhersagt. Ob dann aber auch die Zeit still steht oder wie ein »Leben« in der »Ewigkeit« aussehen kann, darüber sind zurzeit (noch?) keine wissenschaftlichen Aussagen möglich.

Mythen erzählen: Woher kommen Welt und Mensch?

Wer schuf die Erde und die ersten Menschen?

1 Schreibt auf und vergleicht, was ihr meint: Woher kommen die Erde und der Mensch?

Mythen* sind geheimnisvolle Geschichten, in denen Menschen und Völker sich erklären, woher sie und die Welt kommen, wohin sie gehen und was die Aufgabe der Menschen auf der Erde ist.

Seite 176 ◀

Im zehnten und neunten Jahrhundert v. Chr. schrieben Geschichtsschreiber am Hof des israelitischen Königs Salomo die erste Schöpfungsgeschichte der Juden. Man nennt sie die jahwistische Schöpfungsgeschichte, weil Gott darin mit dem Namen Jahwe bezeichnet wird. Sie steht in der Hebräischen Bibel*, die Christen das »Alte Testament« nennen – und zwar im Anschluss an den Bericht von der Erschaffung der Welt in sechs Tagen. Auch der Koran* berichtet vom Paradies und der Erschaffung des Menschen durch Gott (Allah).

Adam und Eva im Paradies (ca.1610), Istanbul

(4b) Zur Zeit, als Gott, der Herr, Erde und Himmel machte, (5) gab es auf der Erde noch keine Feldsträucher und wuchsen noch keine Feldpflanzen; denn Gott, der Herr, hatte es auf die Erde noch nicht regnen lassen und es gab noch keinen Menschen, der den Ackerboden bestellte; (6) aber Feuchtigkeit stieg aus der Erde auf und tränkte die ganze Fläche des Ackerbodens.[1]
(7) Da formte Gott, der Herr, den Menschen aus Erde vom Ackerboden und blies in seine Nase den Lebensatem. So wurde der Mensch zu einem lebendigen Wesen. […]
(15) Gott, der Herr, nahm also den Menschen und setzte ihn in den Garten von Eden, damit er ihn bebaue und hüte.
(16) Dann gebot Gott, der Herr, dem Menschen: Von allen Bäumen des Gartens darfst du essen, (17) doch vom Baum der Erkenntnis von Gut und Böse darfst du nicht essen; denn sobald du davon isst, wirst du sterben.
(18) Dann sprach Gott, der Herr: Es ist nicht gut, dass der Mensch allein bleibt. Ich will ihm eine Hilfe machen, die ihm entspricht.

(19) Gott, der Herr, formte aus dem Ackerboden alle Tiere des Feldes und alle Vögel des Himmels und führte sie dem Menschen zu, um zu sehen, wie er sie benennen würde. Und wie der Mensch jedes lebendige Wesen benannte, so sollte es heißen.[2]
(20) Der Mensch gab Namen allem Vieh, den Vögeln des Himmels und allen Tieren des Feldes. Aber eine Hilfe, die dem Menschen entsprach, fand er nicht.
(21) Da ließ Gott, der Herr, einen tiefen Schlaf auf den Menschen fallen, sodass er einschlief, nahm eine seiner Rippen und verschloss ihre Stelle mit Fleisch.
(22) Gott, der Herr, baute aus der Rippe, die er vom Menschen genommen hatte, eine Frau und führte sie dem Menschen zu.
(23) Und der Mensch sprach: Das endlich ist Bein von meinem Bein und Fleisch von meinem Fleisch. Frau soll sie heißen, denn vom Mann ist sie genommen.[3]
(24) Darum verlässt der Mann Vater und Mutter und bindet sich an seine Frau und sie werden ein Fleisch.
(25) Beide, Adam und seine Frau, waren nackt, aber sie schämten sich nicht voreinander.

Q 1. Mose 2, 4b–25

1 Der Schreiber dieser jahwistischen Schöpfungsgeschichte stellt sich den Urzustand als Wüste vor; Gottes erste Wohltat an seiner Schöpfung ist Wasser.
2 Es ist ein Zeichen für die Herrschaft des Menschen über die Tiere, dass er ihnen Namen geben soll.
3 Später nennt Adam seine Frau Eva.

Gemälde von Hugo van der Goes, Sündenfall, ca.1470

2 Was erfahrt ihr in der jahwistischen Schöpfungsgeschichte über den Ursprung von Erde und Mensch und über die Beziehung des Menschen zur Natur?

3 Beschreibt das Verhältnis von Mann und Frau, das der jahwistischen Schöpfungsgeschichte zu Grunde liegt. Welche Erklärung gibt die Erzählung für ihr Zusammenleben (vgl. Vers 24)?

4 Lest in einer Bibel die Fortsetzung der Paradiesgeschichte (1. Mose 3) und stellt fest, welchen Moment der Erzählung Hugo van der Goes mit seinem Gemälde eingefangen hat.

5 Lest auch die Paradies-Erzählungen aus dem Koran* (z.B. Sure 2, 29–39; Sure 20, 115–123) und vergleicht sie mit der biblischen Geschichte.

»Er [Allah] ist es, der für euch alles, was auf der Erde ist, geschaffen und sich hierauf zum Himmel aufgerichtet und ihn zu sieben Himmeln geformt hat.«
Koran: Sure 2, 29

Mythen erzählen: Woher kommen Welt und Mensch?

Über den Anfang von Erde und Mensch erzählt sich das afrikanische Volk der Yoruba die folgende Schöpfungsgeschichte. Sie sagt auch etwas darüber, wie die Menschen mit der Natur umgehen sollen.

Chamäleon am Zweig

Die Mitwirkenden
– OLURUN, das höchste Wesen
– Der Gott ORISHA NLA, mit der Erschaffung der Erde beauftragt und Herr der Erde
– Der Gott ODUDUWA, Bruder und Betrüger von ORISHA NLA

Wem gehört die Erde?

Am Anfang gab es keine trockene Erde, nur Wasser und Sümpfe. Olorun, der höchste Gott, beschloss, fruchtbares Land zu schaffen. Er rief den höchsten der anderen Götter, Orisha Nla, zu sich und gab ihm ein mit Erde gefülltes Schneckenhaus und dazu eine Henne mit fünf Zehen. Er befahl ihm, auf der Erde einen Platz mit festem Grund zu schaffen. Orisha Nla machte sich auf.
Unterwegs kam er an einigen Göttern vorbei, die zusammen ein Fest feierten. Er feierte mit ihnen und betrank sich so, dass er einschlief. Sein jüngerer Bruder, Oduduwa, hatte die Befehle gehört, und als er Orisha Nla schlafend daliegen sah, nahm er die Erde und die Henne und kam vom Himmel herab. Oduduwa warf die Erde auf das Wasser unter ihm und setzte das Huhn darauf. Das Huhn begann zu scharren und breitete so die Erde aus, bis ein großes Stück trockenes Land entstanden war. Dann befahl Oduduwa dem Chamäleon, das Land zu prüfen. Es setzte seine Füße sehr langsam und vorsichtig auf die Erde. Das erste Mal berichtete das Chamäleon, dass die Erde nicht trocken genug sei. So setzte Oduduwa das Huhn noch einmal auf die Erde, und es scharrte wieder. Noch einmal prüfte dann das Chamäleon die Erde, und diesmal berichtete es, dass alles in Ordnung sei.
Dann säte Oduduwa Bäume und andere Pflanzen, Waldbäume für die Tiere und Pflanzen, die die Menschen brauchen können. In diesem Augenblick erwachte Orisha Nla. Er sah, dass die Erde schon erschaffen war und kam herunter, um zu sehen, wer das getan hatte. Als er Oduduwa begegnete, sagte er ihm, die Erde gehöre ihm, weil Oluron ihm befohlen habe, sie zu schaffen. Oduduwa aber fand das nicht recht, und so begannen sie zu streiten. Als Olorun das sah, befahl er ihnen aufzuhören und entschied, dass Oduduwa der König der Erde sein solle, weil er sie geschaffen habe. Orisha Nla bekam dafür die Aufgabe, menschliche Körper zu formen, die Olorun dann zum Leben erweckte. Olorun sandte beide Götter zurück auf die Erde – dort sollten sie mit den Menschen zusammenleben. Oluron schickte den Donnergott mit, damit er für Frieden zwischen den ungleichen Göttern und den Menschen sorgen sollte. Oduduwa baute sein Haus in Ife – dort, wo er mit der Erschaffung der Erde begonnen hatte. Das ist für viele Yoruba noch heute eine heilige Stätte.

Q Nach Esther Bisset u. Johannes Palmer

Die Welt der Yoruba

Die Yoruba leben in Nigeria, einem Land, in dem trockene Erde sehr wichtig ist. Vor allem die Küstenregion ist geprägt durch hohen Niederschlag, Sümpfe und Überschwemmungsgebiete.
Die Yoruba sind ein großes Volk mit einer eigenen Religion: Als das höchste Wesen verehren sie den Himmelsgott OLORUN, außerdem noch weitere niedrigere Götter – darunter auch solche, die sich um die Angelegenheiten der Menschen kümmern. Für die Yoruba ist die Erschaffung des Bodens wichtiger als die Tatsache, wann die Menschen ins Leben gerufen wurden; daher haben sie eine besondere Achtung vor dem Land, das sie bewohnen. Weil sich Nigeria nach Erdölfunden sehr schnell entwickelte, findet man nur noch auf dem Lande Menschen, die auf herkömmliche Art leben. Dennoch haben viele Yoruba ihren alten Glauben behalten.

Die Erdölgewinnung in Nigeria erzeugt Reichtümer, aber auch gewaltige Umweltprobleme.

1 Schlage eine Afrikakarte auf und suche Nigeria: Beschreibe, welches Klima im Land der Yoruba herrscht.

2 Im Glauben der Yoruba haben bestimmte Lebewesen besondere Kräfte: Findet heraus, welche Eigenschaften dem Huhn und dem Chamäleon in der Schöpfungsgeschichte zugeschrieben werden. Stellt Vermutungen an, wie wohl die Menschen miteinander und mit der Natur umgehen sollen.

3 Male den Lebensweg auf, der hinter den ersten Yoruba-Menschen liegt.

4 Den Yoruba wird ihre alte Glaubensgeschichte immer wichtiger: Sucht nach Gründen und berücksichtigt das Foto auf dieser Seite.

5 Die Yoruba sind überzeugt, dass man Land weder kaufen noch verkaufen kann, weil es Gott gehört und heilig ist. Worauf würde ein »gläubiger« Yoruba wohl die sich gegenwärtig abzeichnende Klimakatastrophe zurückführen?

6 Denkt darüber nach: Wem gehört die Erde? Was könnte das sein: »heiliges Land«?

Mythen erzählen: Woher kommen Welt und Mensch?

In dem berühmten Buch »Sofies Welt« von Jostein Gaarder bekommt Sofie einen Brief mit der Frage: Woher kommt die Welt? »Keine Ahnung«, denkt Sofie. »Wer weiß das schon?« Aber trotzdem – die merkwürdige Frage lässt Sofie nicht los. Zum ersten Mal in ihrem Leben denkt sie, dass sich eigentlich jeder diese Frage stellen müsste. Auf der Rückseite des Briefes findet Sofie eine Antwort. Was meint ihr, was da stand?

Welcher Gott ist am stärksten?

Sage: dichterisch gestaltete Überlieferung, die aus geschichtlichen Vorzeiten stammt. In der Sage kommen meist bekannte Personen oder Orte vor.

Nach einer Sage der alten Griechen wurde die Menschheit von Prometheus, einem Titanen aus Lehm, geschaffen. Prometheus stammte aus einem alten Göttergeschlecht, das von Zeus besiegt wurde. Dieser heiratete seine Schwester »Hera« und erklärte den »Olymp« im Himmel zum Sitz der Götter. Zeus herrschte dort über alle anderen Götter und die Menschen auf der Erde. Doch Zeus musste vorher um seine Weltherrschaft kämpfen – in einer zehn Jahre andauernden Schlacht gegen seinen eigenen Vater »Kronos« und die Titanen. Doch wer waren die Titanen? Und wie kam es zum Kampf des Zeus mit seinem Vater Kronos?

Die Zeit war nicht schon immer da. Vor der Zeit herrschte das Chaos, ein gähnender Schlund ohne Anfang und Ende. Es bestand aus Nebeln, und in seinen Tiefen lagen die Urbestandteile des Lebens: Erde, Wasser, Feuer und Luft. Daraus entstand Gaia, die erste Göttin. Die Kraft, die sie dazu bewegte, war Eros, die Liebe. Aus sich selber heraus zeugte Gaia den Himmel (Uranos), die Berge und das Meer. Aber noch immer war die Welt nicht vollständig! So verband sich die Erdenmutter Gaia mit einem ihrer Söhne – mit Uranos. Aus dieser Vereinigung gingen die Titanen, Kyklopen und Ungeheuer mit 100 Armen hervor. Uranos war entsetzt über seine Kinder und sperrte sie in eine Höhle. Gaia rächte sich. Sie überredete ihren jüngsten Sohn Kronos, die Macht an sich zu reißen. Dieser überwältigte daraufhin seinen Vater, der in die Unterwelt verbannt wurde.

Kyklopen
Einäugige Riesen

Kronos
Die griechische Sagengestalt »Kronos« wurde auch als »Vater der Zeit« verehrt und oft mit einem Stundenglas dargestellt. Worte wie »Chronik« (Aufzeichnung von Ereignissen) und »Chronometer« (Zeitmesser, Uhr) erinnern heute noch an Kronos, der von seinem Sohn Zeus besiegt wurde.

Doch Kronos lebte in Angst. Sein zorniger Vater Uranos hatte ihm prophezeit: »So wie du mich vom Throne gestoßen hast, wird dereinst dein eigener Sohn dich ebenfalls zu Fall bringen.« Aus Angst verschlang daher Kronos alle Kinder, die ihm seine Frau Rhea gebar. Rhea griff daraufhin zu einer List: Sie brachte in einer einsamen Höhle auf der Insel Kreta einen Sohn zur Welt und wickelte dann einen Stein von der Größe eines Neugeborenen in Tücher. Den gab sie Kronos, der glaubte sein Kind zu ver-

schlingen. Auf diese Weise überlebte Zeus, der zukünftige Herrscher über die Götter im Olymp und die Menschen auf der Erde. Er machte die Prophezeiung wahr und tötete seinen eigenen Vater. Doch vorher flößte er Kronos einen Zaubertrank ein, der alle seine verschluckten Kinder – die Götter, über die dann Zeus herrschen sollte – erbrach.

Prometheus und der Adler, Zeichnung von Johann Heinrich Füssli

1 Erstellt einen Stammbaum zum griechischen Göttergeschlecht und informiert euch genauer über Prometheus als Schöpfer der Menschheit.

2 Kennt ihr antike griechische Götter, die nicht im Text genannt werden? Auch über sie gibt es Geschichten – informiert euch darüber: Einige könnt ihr oben erkennen.

3 Welche Beziehung zur Natur hatten wohl die alten Griechen?

Die Geschichten, mit denen sich die Griechen vor bald 3 000 Jahren die Weltentstehung erklärten, berichten besonders drastisch von Götterkämpfen, aus denen schließlich die Menschen entstehen. Schöpfungserzählungen kennen auch andere Kulturen*. In der Hebräischen Bibel* wird z.B. von einer Erschaffung durch einen einzigen Gott berichtet.
Heute lesen viele Menschen religiöse Mythen* wie Märchen; für andere sind sie wahr, wenn auch auf eine andere Weise als die Ergebnisse der Wissenschaften.

Wie hängt alles zusammen?

Yin und Yang

Nach alter chinesischer Vorstellung ist das Weltall wie ein großes lebendiges Wesen. Wie dein eigener Körper verändert es sich ständig und seine Glieder – Erde, Himmel, Tier und Mensch – beeinflussen sich gegenseitig.
Ursache für allen Wandel sind die beiden Urkräfte »Yin« und »Yang«. Yang ist die aktive, helle Kraft; Yin die passive, dunkle Kraft. Sie ergänzen einander; erst durch ihr Zusammenwirken entsteht nach altchinesischer Vorstellung die Welt, wie wir sie kennen – so zum Beispiel der Kreis der Jahreszeiten. Im Sommer ist die Kraft des Yang am größten, im Herbst schwächt sie sich gegenüber dem Yin ab; das Yin ist im Winter am stärksten und verblasst im Frühling wieder zugunsten des aktiven, schöpferischen Yang.

»Das Buch der Natur ist geschrieben in mathematischer Sprache, und die Buchstaben sind Dreiecke, Kreise und andere geometrische Figuren.«
GALILEO GALILEI, Physiker (1564–1642)

Wissenschaft und Naturgesetze

Auch Naturwissenschaftler machen sich schon lange Gedanken über den Ursprung des Weltalls und seine Beschaffenheit. Die meisten Wissenschaftler nehmen heute an, dass das Weltall, und mit ihm die Zeit, in einer gewaltigen Explosion entstanden sei. In einem »Urknall« habe sich aus unvorstellbar heißer Energie Materie* gebildet und sei in den leeren Raum geschleudert worden. In Milliarden von Jahren habe sich die Materie zu Planeten und Sonnen zusammengeballt, und eine dieser Zusammenballungen sei die Erde, die mit anderen Planeten um eine andere Zusammenballung, nämlich die Sonne, kreist.
Dabei sehen die Naturwissenschaftler die Erde und das Universum* nicht als ein großes lebendiges Wesen, in dem letztlich unerforschbare Kräfte wirken. Seit mehr als 400 Jahren führen sie die Entstehung des Weltalls und des Lebens auf »Gesetze« der Natur zurück, die sich mithilfe der Mathematik beschreiben lassen.
Bis heute ist jedoch auch unter Wissenschaftlern umstritten, ob sich die Entstehung der Welt – mit allen Formen des Lebens – und das Gleichgewicht auf ihr allein mit Naturgesetzen erklären lassen – oder ob da nicht doch eine höhere, übernatürliche »Macht« oder »Kraft« mit im Spiel ist.

»Ein Planet kreist aufgrund der Schwerkraft um die Sonne. Und der Mond zieht das Meer an und so entstehen Ebbe und Flut. [...] Meinst du nicht, dass es auch eine Kraft geben muss, die uns aus dem Meer gezogen und uns Augen zum Sehen und einen Kopf zum Denken gegeben hat?«
Mika in JOSTEIN GAARDERS Geschichte: Ist da jemand?

Die Ursprünge der Welt – aus naturwissenschaftlicher Sicht ...

1 Wie stark sind die gegensätzlichen Kräfte Yin (schwarz) und Yang (weiß) in deinem Alltag? Male ein Bild von ihrem Gleichgewicht oder Ungleichgewicht zu Hause oder in deinem Klassenraum. Sprich mit den anderen in der Gruppe über Gemeinsamkeiten und Unterschiede in euren Bildern.

Seite 159 ◀ Methode: (Stummes) Schreibgespräch führen

2 Schreibt auf, eventuell in einem Schreibgespräch, wie ihr selbst euch die Entstehung des Gleichgewichts auf der Welt erklärt.

3 Diskutiert: Schließen sich die moderne wissenschaftliche und die alte chinesische Vorstellung der Welt aus? Kann man mit der Annahme von Naturgesetzen das Wirken anderer Kräfte vereinbaren?

4 Überlegt, wie sich die beiden Auffassungen über die Welt auf den Umgang mit ihr auswirken können.

Die naturwissenschaftliche Sicht unserer Welt geht von Materie* und Energie aus, die sich unter dem Einfluss der Naturgesetze in sehr langen Zeiträumen zu einem geordneten Gleichgewicht entwickelt haben. Alte, aber auch manche heutige Philosophien* sehen in der Welt einen großen lebendigen Organismus, der von wissenschaftlich nicht erforschbaren Kräften beeinflusst wird. Religiöse Menschen betrachten die Welt dagegen als Gottes Schöpfung.

An den Grenzen des Wissens

Unsere moderne Welt ist von den Wissenschaften und ihren Erklärungen für fast alle Vorgänge geprägt. Mythen*, besonders wenn sie aus vorwissenschaftlicher Zeit stammen, sprechen zwar unsere Fantasie an, wirken aber nicht glaubwürdig. Wollen Wissenschaft und Mythos aber überhaupt dieselben Fragen beantworten?

1 Versucht die in diesem Kapitel vorgestellten Mythen nachzuerzählen. Vergleicht die Aussagen der Mythen über den Anfang der Welt und des Menschen untereinander sowie mit euren eigenen Vorstellungen.

Die sieben Farben, die bei der Zerlegung von Licht sichtbar werden (Spektralfarben)

Der Regenbogen – Symbol für das »Versprechen Gottes«

Streit um den Regenbogen

Das sagen Naturwissenschaftler: *Ein Regenbogen entsteht, wenn Sonnenlicht auf Regentropfen fällt. Das Licht wird in den Tropfen hinein gebrochen, dann im Inneren reflektiert, tritt nach erneuter Brechung wieder aus und erreicht schließlich unser Auge. Bei diesem Vorgang wird das ursprünglich weiße Sonnenlicht in seine einzelnen Farbanteile zerlegt, die aus ungemischten und reinen Grundfarben bestehen. Die Farbanordnung ist immer die gleiche: außen Rot, dann Orange, Gelb, Grün, Blau und innen Violett.*

So liest es sich im Mythos: *Im Regenbogen werden die Menschen an ihre Geschichte mit Gott erinnert, der mit ihnen einen Bund geschlossen und ihnen die Zusage gegeben hat, sie auf ihrem Weg schützend zu begleiten. Der Regenbogen zeigt, dass Gott den Kriegsbogen weggestellt hat und nie wieder eine Sintflut* über die Erde schicken wird. Warum sonst reicht der Bogen vom Himmel bis zur Erde; und wer außer Gott vermochte so etwas Schönes zu schaffen?*

2 Zwei Erklärungen – auf welche unterschiedlichen Fragen wollen sie antworten?

Sind Mythen wahr?

»Was da in den Mythen steht, das stimmt doch gar nicht. Wir wissen doch, dass der Regenbogen durch die Brechung des Sonnenlichts entsteht und die Menschen das Feuer nicht von Prometheus bekommen, sondern es selbst erfunden haben.«

Q ENRICO, 11 Jahre (Schüler)

»Mit Mythen kann man in die Seele der Menschen schauen. In ihnen erzählen die Kulturen*, was für sie wichtig ist und woran sie sich halten wollen. Mythen setzen Maßstäbe für das menschliche Handeln, die gelten, weil sie von Anfang an gültig waren. In den Mythen sieht man die wichtigsten Träume der Menschen und mit seinen Träumen sollte man sorgfältig umgehen – sie zeigen uns oft Wahrheiten, die wir im Alltag nicht sehen.«

Q Nach Hubertus Halbfas (Spezialist für Mythen)

3 Was würde Hubertus Halbfas auf Jans Äußerung wohl antworten? Warum hat Enrico genauso Recht wie der Mythen-Experte?

4 Was sagen die Mythen, die ihr kennen gelernt habt, über die Entstehung der Zeit, der Welt und die Aufgabe des Menschen? Erklärt, was daran wahr sein kann.

Eine Reise zu Welten, die nie ein Mensch zuvor gesehen hat

Blick in den Weltraum (»Sternen-Kindergarten«)

Projekt: Gedankenreise ins Universum*

Stellt euch vor, ihr fliegt mit einem Raumschiff los – wie in »Star Trek«: Zuerst werdet ihr von einem Raumgleiter bis zur Raumstation in der Erdumlaufbahn gebracht. Dort betretet ihr das Raumschiff und werft einen Blick zurück auf unsere Erde, den »blauen Planeten«:

• Was stimmt euch fröhlich, was traurig? Notiert die Ideen in einer Tabelle.
• Was findet ihr gut und schützenswert an eurer Erde? Erstellt eine Liste.

Nun geht die Reise los: Nach einiger Zeit stoßt ihr auf einen Planeten, der genau so aussieht und von genau den gleichen Wesen bevölkert wird wie die Erde. Dieser Zwillingsplanet der Erde heißt »Zwerde«. Auf der Zwerde sehen Umwelt, Tiere und Menschen genauso aus wie Natur, Tiere und Menschen auf der Erde – ja, sie haben sogar alle dieselben Eigenschaften und Fähigkeiten. Auch technisch sind die Menschen dort ebenso weit entwickelt wie die Erdmenschen. Nur einen Unterschied gibt es zur Erde: Die Menschen auf der Zwerde haben es geschafft, untereinander friedlich und im Einklang mit der Natur zu leben.

Nachdem ihr die Kultur* der Außerirdischen auf der Zwerde kennen gelernt habt, fliegt ihr wieder ab und landet erneut auf der Raumstation in der Erdumlaufbahn:

• Denkt darüber nach, wie es die Menschen dort geschafft haben könnten, so zu leben, wie ihr es gesehen habt: Wie haben sie die Fehler von uns Menschen auf der Erde vermeiden können? Stellt dazu die nach eurer Meinung nötigen Regeln und Maßnahmen zusammen.
• Berichtet über das Leben und die Kultur auf der Zwerde: Stellt euch vor, wie die Erdmenschen auf diese »Fremden« reagieren würden und umgekehrt.

Wenn ihr wieder ganz zurück seid (nach der »Landung im Klassenzimmer«), überlegt mithilfe der zuvor erarbeiteten Ergebnisse:

• Was müssen wir künftig alle gemeinsam tun, um die Erde zu erhalten?
• Stellt eine Liste von Forderungen an die Politik zusammen: Behaltet die Liste nicht für euch, sondern zeigt sie auch bei einem Schulfest oder einem »Tag der offenen Tür«. Diskutiert mit anderen darüber.

Lesetipps

Michèle Lemieux: Gewitternacht, Weinheim/Basel/Berlin: Beltz & Gelberg 1996

Jostein Gaarder: Hallo, ist da jemand? München: dtv 1999.

Leben und Feste in Religionen

1. Jeder schreibt auf, was ihm zu den abgebildeten Personen, Gebäuden und Symbolen einfällt.
2. Versucht anschließend in Kleingruppen eine Zuordnung der abgebildeten Geistlichen zu den verschiedenen Gotteshäusern.
3. Findet gemeinsam und mit Hilfe eurer Lehrkraft die richtigen Bezeichnungen für die Geistlichen und die Gotteshäuser.
4. Schreibt Fragen auf, die ihr gerne den abgebildeten Vertretern ihrer Religion stellen würdet. Berücksichtigt bei euren Fragen auf jeden Fall die Feste und das Alltagsleben in den jeweiligen Religionen.

Judentum

Im Gottesdienst wird aus der Torah, dem wichtigsten Teil der heiligen Schrift des Judentums, gelesen.

Christen nennen die Hebräische Bibel häufig »Altes Testament«.

Von den Ursprüngen

Die jüdische Bibel ist innerhalb eines Zeitraums von rund 1000 Jahren entstanden. Jahrhundertelang überlieferte mündliche Erzählungen schrieben gelehrte jüdische Männer schließlich auf Hebräisch nieder und fassten sie zusammen. Um 300 v. Chr. schlossen sie die Sammlung ab. Die Schriften erzählen von den Erfahrungen der Menschen mit Gott – was sie erlebt und wie sie es gedeutet haben.

Die Texte, Erzählungen und Lieder erzählen vom Anfang der Welt – wie Gott Himmel und Erde erschuf. Sie berichten vom Nomaden Abraham, der im Vertrauen auf Gottes Versprechen seine Heimat verließ, um sich in einem neuen Land niederzulassen – dem heutigen Israel. Sie erzählen, wie die Vorfahren der Juden, die Hebräer (»Wanderer«), in Ägypten unterdrückt wurden und mit Mose den Weg in die Freiheit fanden.

In der Hebräischen Bibel finden sich außer solchen erzählenden Überlieferungen und Liedern von den Ursprüngen jüdischen Glaubens auch Gebete (Psalmen) und Worte der Weisheit.

Der Nahe Osten zur Zeit der Bibel

Marc Chagall, Mose vor dem brennenden Busch

Basisworte der Bibel

»Höre, Israel (Sch'ma Israel – שְׁמַע יִשְׂרָאֵל)! Der Ewige, unser Gott, der Ewige ist einzig. Darum sollst du den Herrn, deinen Gott, lieben mit ganzem Herzen, mit ganzer Seele und mit ganzer Kraft.«
Das Grundbekenntnis Israels aus dem 5. Buch Mose 6, 4

»Du sollst deinen Nächsten lieben wie dich selbst.«
Aus dem 3. Buch Mose 19, 18

»Es ist dir gesagt worden, Mensch, was gut ist und was der Herr von dir erwartet. Nichts anderes als dies: Recht tun, Güte und Treue lieben, in Ehrfurcht den Weg gehen mit deinem Gott.«
Aus dem Buch des Propheten Micha (Micha 6, 8)

Wer ist der Gott Israels?

Als Mose eines Tages die Herde weidete, sah er einen brennenden Dornbusch. Gottes Stimme sprach zu ihm: »Ich habe das Elend meines Volkes gesehen. Führe du mein Volk heraus in ein Land, in dem Milch und Honig fließen. Denn ich bin Jhwh, der ›Ich-bin-da‹«.
Nach dem Auszug aus Ägypten gelangten die Hebräer an den Berg Sinai. Dort schloss Gott einen Bund mit dem Volk: Er verpflichtete sich, die Menschen zu behüten. Die Menschen versprachen, an diesen einzigen Gott zu glauben und einander zu achten. Dazu gab Gott den Menschen Weisungen, damit sie ein gutes Leben führen können – vor allem die Zehn Gebote.
Doch während Mose noch auf dem Berg Sinai die Gesetzestafeln erhielt, bekamen die Israeliten Angst. Sie dachten: »Wir sehen nichts von diesem Gott. In Ägypten, da sahen wir die Götter und konnten sie anfassen.« Und so machten sie sich aus Holz eine Stiergottheit, das sogenannte Goldene Kalb*, vergoldeten die Statue und tanzten um sie herum. Eine solche Fruchtbarkeitsgottheit hatten sie bei den Ägyptern auch gesehen. Sie hatten schon vergessen, was Mose ihnen erzählt hatte: dass es nur einen einzigen unsichtbaren Gott gibt – Jhwh.

Q Nach dem zweiten Buch der Torah (Exodus)

1 Was wisst ihr schon aus der Hebräischen Bibel? Tragt euer Wissen zusammen.

2 Die Geschichte vom »Tanz um das Goldene Kalb« zeigt, wie schwer es der Glaube an einen unsichtbaren Gott bei den Israeliten anfangs hatte. Stellt die Szene von Moses Rückkehr vom Sinai im Rollenspiel dar, in dem beide Seiten ihre gegensätzlichen Standpunkte vertreten.

3 Erklärt das Bild Marc Chagalls mit Hilfe dieser Doppelseite.

4 Das »Sch'ma Israel« wird von religiösen Juden jeden Tag gebetet. Erläutert, was über Gott und was über Israel gesagt wird:
Wer spricht – und wer wird angesprochen?

5 Zusammen mit dem Vers aus dem 3. Buch Mose (19, 18) spricht man vom »Doppelgebot der Liebe«: Erklärt diesen Begriff.

Judentum

Jüdisch leben

Fast 2000 Jahre lang besaßen die Juden kein eigenes Land und lebten verstreut über die ganze Welt. Dabei wurden sie nicht nur im Deutschland des „Dritten Reiches" verfolgt und ermordet, sondern waren im gesamten christlichen Europa seit dem Mittelalter eine verfolgte Minderheit. Was sie als Volk zusammenhielt, waren besonders ihre gemeinsamen Lebensformen. Viele Juden feiern jede Woche einen Ruhetag, den Schabbat. Er beginnt am Freitagabend nach Einbruch der Dunkelheit und endet am Samstagabend. Nach der Überlieferung empfingen die hebräischen Vorfahren der Juden das Gebot vor über dreitausend Jahren, als sie aus der ägyptischen Sklaverei befreit worden waren. Und so erklärt eine religiöse Jüdin den Schabbat:

Kap. 9 ◄

In sechs Tagen schuf GOTT die Welt, sechs Tage veränderte, verbesserte und entwickelte Er, am siebten Tag ruhte GOTT. Am siebten Tag soll auch der Mensch die Schöpfung nicht antasten.
Alt ist das Gebot, aber neu das Bewusstsein, dass wir Menschen dabei sind, den Planeten, auf dem wir leben, zu zerstören. Wir müssen einen Weg finden, weniger zu verbrauchen und zu benutzen. Wir müssen Ruhepausen einlegen. Die Heiligung des siebten Tages könnte ein Beitrag dazu sein. Statt Rastlosigkeit und Unruhe sollen wir an diesem Tag Stille und Ruhe in unsere Herzen und in unsere Welt einziehen lassen.
Q Nach LEA FLEISCHMANN: Schabbat

»Tausend Jahre sind für dich wie der Tag, der gestern vergangen ist, wie eine Wache in der Nacht.« (Psalm 90, 4)

Koscher essen

Die jüdische Tradition kennt zahlreiche Regeln für den Alltag, z.B. bei der Zubereitung von Essen. Küche, die »koscher« (brauchbar) ist, verlangt, dass Milchiges und Fleischiges nicht zur selben Mahlzeit gegessen werden. Belegt wird dies mit der biblischen Überlieferung.

»Warum halten sich intelligente junge Leute an Regeln, die vor Jahrhunderten entstanden sind?«, fragt sich die Jüdin SHIRA BERG. Und gibt selbst die Antwort: »Das bestätigt über alle Entfernung und Zerstörung hinweg die Verbindung zwischen uns und den Generationen, die vor uns waren. Gleichzeitig wird in diesen vielen Kleinigkeiten die besondere Beziehung zwischen Gott und Israel gefeiert. Die Tradition kennt eine Liste von 613 Mitzwot*, die das Alltagsleben und besondere Momente regeln.«

Seiten 132/133 ◄

Heute hält sich die Mehrheit der Juden nicht mehr an die überlieferten Regeln. Ihre Bedeutung zeigt sich aber in Prinzipien wie dem Respekt vor Lebewesen und der Erde, die höchst aktuell sind. Koscher könnte heute auch heißen: keine Lebensmittel essen, die Produkte von Ausbeutung sind; kein Fleisch essen, das aus Massenhaltung stammt, ...

Bar-Mizwah feiern

Die Bar-Mizwah spielt im Leben eines jüdischen Jungen eine ganz besondere Rolle, denn von da an ist er als vollwertiges Mitglied der Gemeinde anerkannt. DANIEL C. aus Köln erinnert sich:

Im Hebräischen werden die Vokale des Gottesnamens weder geschrieben noch ausgesprochen. Manche Juden lassen aus Respekt vor Gott die Vokale dieses Wortes auch in anderen Sprachen aus und schreiben z. B. im Deutschen »G'tt«.

Dieser ganz besondere Tag fand an einem Samstag kurz nach meinem 13. Geburtstag statt. Doch schon neun Monate vorher hatte ich angefangen, mein Hebräisch zu trainieren. Ich übte mit Hilfe einer Kassette die Abschnitte zu singen, die ich im G'ttesdienst vortragen würde.
Am Tag der Bar-Mizwah war ich sehr aufgeregt. Doch als ich nach der Hälfte des G'ttesdienstes ans Pult ging und begann, die Melodie des ersten Gebetes zu singen, war die Freude größer als die Aufregung. Dann wurde ich noch einmal zur Torah-Lesung aufgerufen. Ich schaffte es ohne Fehler! Danach ging ich inmitten eines langen Zuges aus Männern durch den Gebetssaal. Von allen Seiten wurde mir gratuliert und die Frauen, die getrennt von den Männern auf der Empore saßen, bewarfen uns von oben mit Bonbons. Alle Kinder in der Synagoge rannten los und hoben die Süßigkeiten auf. Zum Schluss, nach der letzten Lesung, überreichte mir der Rabbiner ein Gebetbuch und sprach einen Segen. Anschließend aßen wir im Gemeindesaal. Ein Familienfreund begrüßte besonders den Teil der Familie, der aus anderen Ländern angereist war. Am Abend fand dann eine große Feier im Schokoladenmuseum statt. Viele Gäste gratulierten mir und überreichten mir Geschenke. Der Abend verlief mit Essen, Musik und Tanz. Enge Freunde und Verwandte hielten Reden auf mich, sangen ein Lied oder trugen ein Gedicht für mich vor.
Ich habe einmal jemanden sagen hören, dass es drei wichtige Tage im Leben eines jüdischen Jungen gibt, die jeweils einen neuen Lebensabschnitt einleiten: Der erste Tag ist die Beschneidung, der Bund mit G'tt und die Einführung ins Leben; der zweite ist die Bar-Mizwah, die Anerkennung als Mann; und der dritte ist die Hochzeit, der Bund zwischen zwei Menschen. Von diesen drei Tagen soll die Bar-Mizwah der schönste Tag sein, da sich der Junge an den ersten nicht erinnern kann und der dritte noch größere Verpflichtungen mit sich bringt. Bei der Bar-Mizwah aber steht der Junge allein den ganzen Tag im Mittelpunkt.

Gen. 1–2,4 a

1 Wie wird der Schabbat biblisch begründet?

2 Besprecht die Folgen, die von einem regelmäßigen Ruhetag ausgehen: Kann man heutzutage nicht auf einen solchen Tag verzichten?

3 Welche Gründe sprechen nach SHIRA BERG dafür, sich an die jüdischen Speiseregeln zu halten?
Setzt die Liste aktualisierter Speiseregeln fort und informiert euch auch über Speiseregeln anderer Religionen: Stellt Gründe (Gegengründe) zusammen und führt dann ein Streitgespräch über den Sinn von Speiseregeln.

4 Vergleicht die Feier einer Bar-Mizwah mit anderen Festen zum Erwachsenwerden, die ihr kennt.

Jerusalem – die heilige Stadt

Jerusalem gestern und heute

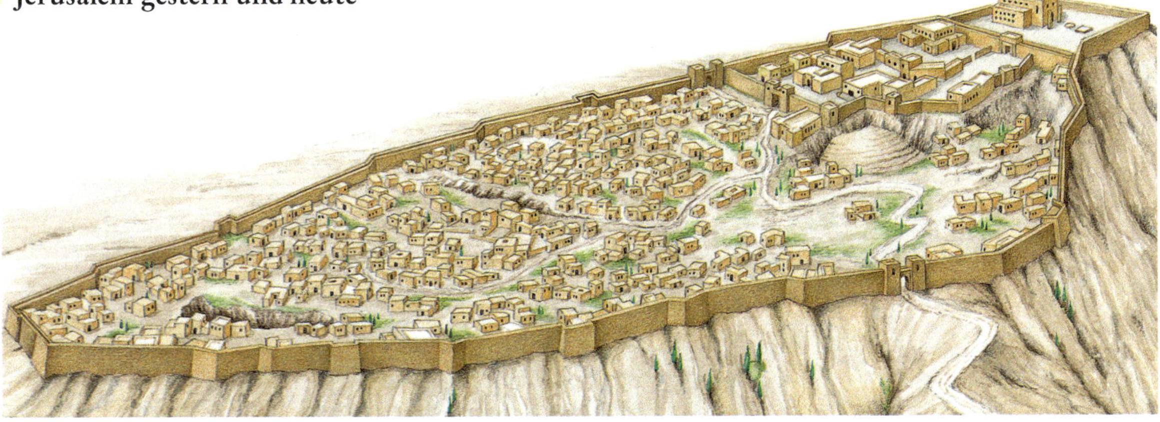

So könnte Jerusalem vor fast 3000 Jahren unter König SALOMO ausgesehen haben (Rekonstruktionszeichnung).

Der Davidstern, dessen sechs Dreiecke für die sechs Schöpfungstage stehen, ist seit 1948 das Symbol der Nationalflagge des neu gegründeten Staates Israel.

Jerusalem heute

Mehr als 700 000 Menschen leben heute in der Hauptstadt des modernen Israel.
Jerusalem wurde vor 4500 Jahren erstmals auf einer Tontafel erwähnt und vor etwas mehr als 3000 Jahren unter König DAVID Hauptstadt des biblischen Israel. In seinem Namen (abgeleitet aus dem hebräischen »Jeruschalajim«) steckt das Wort »Schalom« – »Frieden«. Wahrscheinlich ist aber keine Stadt der Welt so oft zerstört und wiederaufgebaut worden wie Jerusalem.
Die heutige Altstadt besteht aus je einem jüdisch, einem muslimisch und zwei christlich geprägten Vierteln – ihre Gotteshäuser und Ruinen, deren Spuren teilweise auf biblische Zeiten verweisen, erzählen viel über die Bedeutung der »Heiligen Stadt« für die drei verwandten Weltreligionen – aber auch viel vom Streit um sie.

»Zehn Maß Schönheit kamen in die Welt; Jerusalem nahm neun und der Rest der Welt eines.«
Aus einer jüdischen Überlieferung

Was die Stadt den Juden bedeutet

Juden aus aller Welt treffen sich an der Westmauer des alten Tempels, der sogenannten Klagemauer. In die Ritzen zwischen den Steinen stecken einige von ihnen Zettel mit Gebeten.

Modell des Zweiten Tempels zur Zeit der Römer (Ausschnitt). Nachdem der Erste Tempel, den König SALOMO um 930 v. Chr. erbauen ließ, im 6. Jahrhundert v. Chr. von babylonischen Truppen zerstört wurde, bauten ihn die Juden ca. 70 Jahre später wieder auf. Nach einer erneuten Zerstörung durch die Römer blieb von ihm heute nur die Westmauer übrig.

Messianische Hoffnungen

»Am Ende der Tage wird es geschehen. [...] Dann schmieden sie (die Völker) Schwerter zu Pflugscharen [...].« Aus Jesaja 2

Religiöse Juden hoffen auf den Messias* oder auf eine messianische Zeit. Verfolgung und Verachtung werden aufhören, denn ein Retter wird kommen, der dem Volk Israel Frieden und Befreiung bringt. Es wird »Schalom« auf der Erde sein – für alle Völker. Nach der Überlieferung soll der Messias nach Jerusalem kommen und den Tempel wieder aufbauen. Von dort wird Frieden ausgehen und die ganze Erde erreichen.

1 Was würde ein Jude auf die Frage antworten, warum Jerusalem für das Judentum eine derart große Bedeutung hat?

2 Erklärt den Gruß »Nächstes Jahr in Jerusalem!«, mit dem sich Juden in aller Welt zum Pessachfest begrüßen.

Fest zur Erinnerung an den Auszug aus Ägypten

3 Sammelt Bilder von Jerusalem und gestaltet damit ein Plakat: Markiert die Orte, die für Juden eine besondere Bedeutung haben.

Die Vorfahren der Juden bekannten sich als erste zu einem einzigen unsichtbaren Gott und legten damit die Wurzeln für den jüdischen Glauben. Mit ihren Festen und Lebensregeln erinnern sich die Juden in der ganzen Welt bis heute an die Ursprünge ihrer Religion, besonders an ihre Befreiung von der ägyptischen Herrschaft und den Bund mit Gott. Jerusalem, die Hauptstadt des heutigen Israels, in der auch viele Christen und Muslime leben, ist für gläubige Juden der Ort, an dem sie das Kommen eines Messias erwarten, der dem Volk Israel Frieden und Befreiung bringt.

Christentum

Der römische Kaiser Augustus. Statue in Prima Porta bei Rom

Israel zur Zeit von Jesus

Das Neue Testament besteht hauptsächlich aus Briefen des Paulus und aus vier Berichten, die in Form einer Lebensgeschichte vom Glauben an Jesus als den Christus (= Messias*) erzählen. Man nennt sie Evangelien (»frohe Botschaften«) und setzt jeweils den Namen des Verfassers davor (zum Beispiel Lukasevangelium). Altes und Neues Testament zusammen werden auch die (christliche) Bibel genannt.

Vom Anfang einer neuen Religion

Die christliche Religion entstand im 1. Jahrhundert im Land Israel, am östlichen Rand des Mittelmeeres. Zu diesem Zeitpunkt wurde der gesamte Raum um das Mittelmeer von den Römern beherrscht. Kaiser Augustus hatte auch Israel und das jüdische Volk unterworfen. Die Römer zogen viele Steuern und Waren des Landes nach Rom ab. Trotz des Friedens, der nun herrschte, waren die meisten Menschen unzufrieden und viele Juden sehnten sich nach einem Retter, einem Messias*, der dem jüdischen Volk Freiheit und wirklichen Frieden bringen solle. Jesus von Nazareth sorgte für Aufsehen in Israel. Nach seinem Tod behauptete eine zunächst kleine Gruppe von Juden, dass dieser Mann der von Gott geschickte Messias sei.
So entwickelte sich das Christentum aus dem Judentum heraus und ist heute eine eigenständige Religion.

Gemälde von Hendrik Goltzius, Anbetung der Hirten, 1. Zustand, vor 1615 (Ausschnitt)

Der Maler hat sein Werk nicht vollendet. So kann jeder seine eigene Vorstellung vom Jesuskind in die freie Fläche einsetzen. Tut dies und vergleicht anschließend untereinander, was die Geburt Jesu für euch bedeutet.

Jesus war Jude und die ersten Christen waren Juden. Juden und Christen verehren bis heute denselben Gott als den Schöpfer der Welt und die Christen lesen die Torah* der Juden als heilige Schrift – als Teil des so genannten Alten Testaments. Daneben haben die Christen eigene heilige Schriften entwickelt: das Neue Testament.

Was Christen glauben

Die Christen erzählen sich über die Geburt Jesu, ihres Messias, eine Glaubensgeschichte aus der Bibel. Zu Weihnachten wird sie in christlichen Familien und Kirchen gelesen und oft auch als Krippenspiel aufgeführt. Sie handelt von den Hoffnungen, die Christen mit Jesu Geburt verbinden.

Die Weihnachtsgeschichte

Zu jener Zeit ordnete der römische Kaiser Augustus an, dass alle Menschen in seinem Reich gezählt und für die Steuer erfasst werden sollten. Und alle gingen los, um sich in die Steuerlisten einschreiben zu lassen, jeder in die Heimatstadt seiner Eltern. Auch Josef machte sich auf den Weg. Aus Nazareth in Galiläa ging er nach Bethlehem in Judäa. Er nahm seine Verlobte mit, die hieß Maria und war schwanger. Als sie in Bethlehem angekommen waren, kam für Maria die Zeit der Entbindung. In einem Stall brachte sie ihr erstes Kind, einen Sohn, zur Welt. Sie wickelte ihn in Windeln und legte ihn in eine Futterkrippe, denn im Gasthof hatten sie keinen Platz mehr gefunden.

In der Nähe waren Hirten auf freiem Feld, die behüteten nachts ihre Herden. Da kam ein Bote Gottes, ein Engel, zu ihnen, und die Hirten fürchteten sich sehr. Aber der Engel sagte zu ihnen: »Habt keine Angst! Ich habe eine große Freudenbotschaft für euch und für alle Menschen. Heute ist der Retter der Welt geboren. Wenn ihr nach Bethlehem geht, werdet ihr ein neugeborenes Kind finden, das liegt in Windeln gewickelt in einer Futterkrippe. Das ist das Zeichen Gottes.«
Und plötzlich war bei dem Engel ein ganzer Chor von Engeln, die lobten Gott und riefen: »Groß ist Gott, denn sein Zeichen des Friedens ist auf die Erde zu den Menschen gekommen!«
Die Hirten sprachen zueinander: »Kommt, wir gehen nach Bethlehem und sehen uns das an!« Sie liefen hin, kamen zum Stall und fanden Maria und Josef und bei ihnen das Kind in der Futterkrippe. Als sie es sahen, waren sie überwältigt, ein Kind wie jedes andere und doch einzigartig. Sie mussten es allen weiter erzählen. Und alle, die es hörten, staunten über das, was ihnen die Hirten erzählten. Maria aber bewahrte all das Gehörte in ihrem Herzen und dachte viel darüber nach. Nach acht Tagen war es Zeit, das Kind nach jüdischer Sitte beschneiden zu lassen und es bekam den Namen Jesus.

Q Eine moderne Übertragung aus dem Lukasevangelium, Kapitel 2

Einen Nachnamen hatten die Menschen jener Zeit noch nicht. Zur Unterscheidung fügte man deshalb den Namen des Heimatortes hinzu: Jesus von Nazareth. Der Beiname »Christus« ist ein Ehrentitel, den Jesus von den ersten Christen erhielt. Übersetzt man ihn, bedeutet er so viel wie »Zum-König-Gesalbter« (hebräisch: Messias*). Setzt man bei uns den Namen Jesus in den Genitiv, so verwendet man meist die lateinische Form: Jesu (zum Beispiel »Jesu Geburt»).

1 Beschreibt oder malt, wie ihr euch den Stall, die Engel und die Hirten vorstellt.

2 Überlegt, warum ein neugeborenes Kind ein Zeichen des Friedens ist: Was sagt es über den christlichen Glauben aus, dass Lukas von der Geburt des »Retters der Welt« in einem Stall erzählt?

3 Diskutiert: Warum feiern viele Menschen Weihnachten, auch wenn sie keine Christen sind?

4 Auch Matthäus berichtet über Geburt und Kindheit Jesu. Vergleicht seinen Bericht mit dem von Lukas: Worauf legen beide großen Wert?

Matthäus 1,18–2, 23

Von Gott: Wer hält im Leben und im Sterben zu mir?

JESUS sprach zu den Menschen seiner Zeit häufig in Beispielgeschichten (Gleichnissen*). Besonders beeindruckte sie, wie er – anders als andere – von Gott erzählte.

JESUS sagte: Gott ist wie …

… ein liebender Vater, der seinen Sohn auch dann wieder aufnimmt, wenn dieser leichtsinnig gelebt hat«
Q (Lukas 15, 11–32).

… ein besorgter Hirte, der auch schon verlorene Schafe zurück in die Herde holt
Q (Lukas 15, 1–7).

… ein großzügiger Gastgeber auch für die, die sonst keiner einlädt
Q (Lukas 14, 15–24).

… ein Arbeitgeber, der allen Arbeit und gleichen Lohn gibt
Q (Matthäus 20, 1–16).

Gott ist für JESUS kein fernes Wesen auf einer Wolke: Er trägt menschliche Züge – und ist den Menschen nah.

Der Tod

In den Evangelien wird erzählt, dass JESUS einmal mit Schülern und Freunden nach Jerusalem reiste. Viele Menschen jubelten ihm begeistert zu – wie einem König. Aber er hatte sich durch seine ungewöhnlichen Ansichten über Gott und die Einhaltung seiner Gebote auch Feinde gemacht. JESUS ging in den Tempel, denn im Tempel wohnte nach jüdischem Glauben Gott in besonderer Weise. Aber was JESUS dort erlebte, ließ ihn wütend werden: Im Haus Gottes wurden Geschäfte gemacht und wurden Menschen betrogen. Hier war Gott nicht Gastgeber, Vater oder Hirte. Diese Menschen hatten keine Achtung vor der Heiligkeit dieses Ortes. Zornig stieß JESUS die Stände und Tische der Verkäufer und Geldwechsler um und warf sie aus dem Tempel.

Markus 11, 15–19 ◄

Obwohl diese Tat JESU wie auch seine Predigten, Beispielgeschichten und Wunder religiöse Gründe hatten, versetzte sein gesamtes Auftreten die römischen Behörden in Unruhe. So wurde er schließlich als politischer Aufrührer und Unruhestifter festgenommen. Seine Schüler und Freunde bekamen es mit der Angst und ließen ihn im Stich. Für die römischen Besatzer ging es um die Erhaltung der öffentlichen Ordnung. Sie verurteilten JESUS nach kurzem Prozess zur Hinrichtung am Kreuz, der in der damaligen Zeit grausamsten Todesstrafe.

Auf das Kreuz meißelten die Römer den Hinrichtungsgrund ein: INRI – eine Abkürzung in lateinischer Sprache für »Iesus von Nazareth König (Rex) der Juden«. Nach ihrem Verständnis war der Kaiser in Rom auch König der Juden. Wer vom Volk König genannt wurde, musste ein Aufrührer sein. ◄

… und Gott schweigt?

Daran erinnern sich die Christen jeden Freitag, an dem sie früher kein Fleisch essen durften. Besonders Karfreitag denken sie an Jesu Tod am Kreuz und trauern.

Im Markusevangelium (Kapitel 15) wird erzählt, dass Jesus vor seinem Tod entsetzlich litt und sich von Gott ganz und gar verlassen fühlte. Seine letzten Worte erinnern an einen jüdischen Psalm: »Mein Gott, mein Gott, warum hast du mich verlassen?«
Dieser letzte Satz Jesu ist für Christen sehr wichtig, weil er das in Worte fasst, was Menschen immer wieder erleben: Unschuldige müssen leiden. Christen glauben, dass Gott den Menschen im Leid und in der Einsamkeit besonders nah ist – auch dann, wenn er nicht redet. Andere Menschen sagen hingegen: Gott gibt es nicht, weil er nichts gegen das Leid unternimmt, ja nicht einmal eine Erklärung gibt.

Kann der Glaube beim Sterben helfen?

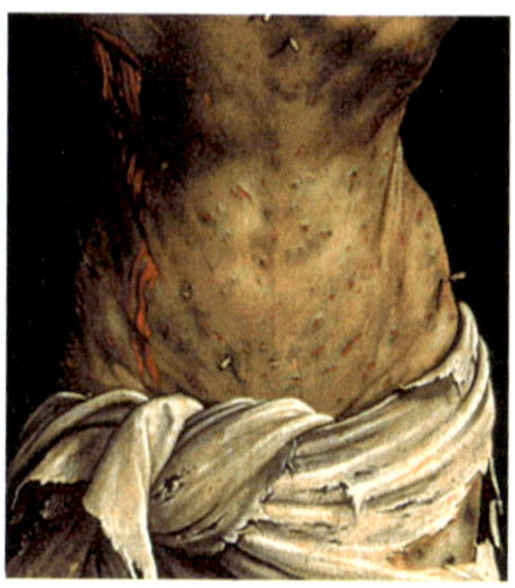

Detail der Kreuzigungsdarstellung

Matthias Grünewald (etwa 1470–1528) malte dieses Bild für den Altar der Kirche des Antoniterklosters in Isenheim (Frankreich). In diesem Kloster wurden Menschen gepflegt, die an einer unheilbaren Krankheit litten, die durch einen giftigen Getreidepilz hervorgerufen wurde. Arme, Hände und Beine der Kranken verkrampften sich und die Haut bekam Blasen. Die Menschen starben auf fürchterliche Weise. Der Jesus, den Grünewald malte, sah aus wie die Kranken, die im Antoniterkloster bis zu ihrem Tod gepflegt wurden.

Wer oder was ist noch zu sehen? Vor allem Menschen, die Jesus nahe standen – links: Maria (Mutter Jesu), Johannes und Maria Magdalena (enge Vertraute); rechts: Johannes der Täufer. Unten: Das Schaf (»Lamm«), das die Juden alljährlich am Pessachfest schlachteten, ist hier ein Symbol* für den unschuldig gekreuzigten Jesus; der Kelch steht für das Abendmahl (siehe Seite 187).

1 Warum wurde Jesus hingerichtet? Sucht im Text nach Gründen.

2 Überlegt, warum Matthias Grünewald den gekreuzigten Jesus so gemalt hat.

3 Tragt zusammen, wo Menschen heute unschuldig leiden und sich ganz verlassen fühlen. Diskutiert, ob ihnen der christliche Glaube nach dem Vorbild Jesu helfen kann.

Christentum

Von der Hoffnung: Ist mit dem Tod alles aus?

Daran erinnern sich die Christen jeden Sonntag in ihren Gottesdiensten; zu Ostern feiern sie den Sieg des Lebens über den Tod und die Angst.

Nachdem JESUS tot war, wurde er nach jüdischer Sitte in einem Felsengrab beigesetzt. Für seine Schüler und Freunde war der Traum von einer besseren und menschenfreundlicheren Welt zerplatzt. Christen glauben, dass Gott nach drei Tagen JESUS von den Toten auferweckte. Davon erzählt folgende Glaubensgeschichte.

Das leere Grab

Am Morgen nach dem jüdischen Sabbat machten sich drei Frauen auf den Weg zum Grab JESU. Dort wollten sie die nach jüdischer Sitte vorgeschriebenen Waschungen und Ölungen des Leichnams nachholen. Am Freitag war das nicht mehr möglich gewesen. Als sie auf dem Friedhof ankamen, stellten sie fest, dass das Grab geöffnet war und der Leichnam fehlte. In diesem Augenblick erschienen zwei Engel, die sagten: »Er ist nicht hier, er ist auferstanden!« Die Frauen gerieten in helle Aufregung und erzählten es allen weiter. Später zeigte sich Jesus seinen Schülern und Freunden. Sie sahen seine Verletzungen, berührten sie und ließen sich überzeugen: »Keine Einbildung, kein Gespenst, er lebt tatsächlich. Gott hat ihn nicht verlassen!«

Q Nach dem Lukasevangelium, Kapitel 24

MATTHIAS GRÜNEWALD malte für das Antoniterkloster auch ein Auferstehungsbild. Dieses Bild zeigt nicht nur, wie sich der Künstler die Auferstehung vorstellte, sondern auch, was sie den Todkranken dort bedeutete. Schon PAULUS, ein Anhänger JESU und der eigentliche Begründer der christlichen Kirche, war überzeugt, dass Gott, wenn er JESUS von den Toten auferweckt hat, alle Menschen auferstehen lassen kann.

Fachübergreifend (Deutsch): Vom Sterben und Hoffen – was Trauerrituale erzählen

Seite 125: Ritual* Taufe

Besucht einen Friedhof und sammelt Sterbeanzeigen:
- Untersucht Inschriften und Zeichen auf den Grabsteinen; sucht in Zeitschriften nach Traueranzeigen.
- Welche Sprachmuster und Textsorten findet ihr überwiegend.
- Stellt Symbole* und Texte zusammen, die auf den christlichen Auferstehungsglauben hinweisen.

Seite 196: Symbol*

Vom Gedenken: Woran soll ich mich erinnern?

Austeilung des Abendmahls im Gottesdienst

Viele Feiertage in Deutschland haben einen christlichen Ursprung, auch wenn das immer weniger Menschen wissen. Das Weihnachtsfest ist das Geburtsfest Jesu; Karfreitag erinnert an sein Leiden und Sterben. Ostern feiern Christen das Fest der Auferstehung. Neben diesen Festen sind zwei Handlungen den Christen besonders wichtig, denn an ihnen wird ihr Glaube auch äußerlich sichtbar.

Das Abendmahl

Der Sonntag ist für Christen ein besonderer Tag. Deshalb werden die meisten Gottesdienste an diesem Tag gefeiert.
Christen feiern in ihren Gottesdiensten regelmäßig auch das so genannte »Abendmahl«: Dabei wird Brot gebrochen und Wein ausgeschenkt. Damit erinnern sie sich an Jesu letzte Mahlzeit mit seinen Jüngern und glauben, dass Jesus ihnen dann besonders nah ist. Deshalb erinnern sich Christen beim Feiern des Abendmahls daran, dass sie trotz aller Unterschiede zusammengehören.

Jesus feierte mit seinen Schülern das jüdische Passahfest (Pessach) – zur Erinnerung an die Flucht aus Ägypten (siehe S. 176/77). Nach seinem Tod gewannen die Jünger die Überzeugung, dass mit dem zerbrochenen Brot Jesu zerstörter Körper gemeint sei und dass der ausgeschenkte Wein sein Blut darstelle (siehe das Bild von Grünewald, Seite 185).

Die Taufe

In allen Kirchen stehen Wasserbecken, denn Wasser gilt als Sinnbild des Lebens und als Symbol* der Reinigung, besonders von den Sünden. Wollen Eltern, dass ihr Kind christlich erzogen wird oder möchte ein Erwachsener Christ werden, wird das Kind oder der Erwachsene dreimal mit Wasser besprengt oder kurz untergetaucht. Mit der Taufe wird ein Mensch Mitglied einer christlichen Kirche.

1 Vergleiche Grünewalds Darstellung des auferweckten Christus mit seiner Darstellung des sterbenden Jesus am Kreuz: Was soll der Gegensatz zum Ausdruck bringen?

Seiten 185 und 186

Johannes 20, 24–29

2 Ist mit dem Tod alles aus? Welche Antwort gibt die Geschichte aus dem Lukasevangelium und wie denkst du über den Tod?

3 Stellt fest, welche weiteren Feiertage christlichen Ursprungs sind.

4 Erinnerungen können dabei helfen, einen Sinn im Leben zu finden: Finde eigene Beispiele oder frage Menschen, die du gut kennst, nach ihren »Erinnerungsfesten«.

Taufe in einer Kirche

Christen glauben, dass der Jude Jesus der Messias und der von Gott gesandte Retter der Welt ist. Diese Botschaft findet sich im Neuen Testament. Gott stellen sie sich wie eine Person vor, die den Menschen im Leben und Sterben nah ist.
Christen glauben auch, dass Gott Jesus von den Toten auferweckt hat und jeden einzelnen auferwecken wird – am Ende aller Tage. Dieses Auferstehungsfest feiern sie zu Ostern. Abendmahl und Taufe sind die wichtigsten symbolischen Handlungen im Christentum.

Islam

Von Gott und seiner Einzigartigkeit

Die Muslime geben Allah, dem alleinigen Gott, den sie lieben und verehren, 99 Namen. Einige davon kannst du hier nachlesen. Manche versteht man leicht, bei einigen muss man gemeinsam überlegen, was sie bedeuten könnten. Ganz genau darf es niemand wissen – er wäre Gott gleich, heißt es.

Die schönsten Namen Gottes

Gott, der Barmherzige, der Erbarmer, der König, der Heilige, der Friede, der Gläubige, der Wachsame, der Mächtige, der Gestrenge, der Hochmütige, der Schöpfer, der Erschaffer, der Ordner, der Nachsichtige, der Herrscher, der immer währende Geber, der Verteiler aller Güter, der Siegreiche, der Wissende, der Einengende, der Ausweitende, der Demütigende, der Erhebende, der Ehrverleiher, der Erniedrigende, der Hörende, der Sehende, der Richtende, der Gerechte, der Gnädige, der Erfahrene, der Sanftmütige, der Unzugängliche, der Verzeihende, der Großzügige, der Hocherhabene, der Große, der Aufmerksame, der Ernährer, der Rechner, der Majestätische, der Edelmütige, der Überwacher, der Erhörer, der Allgegenwärtige, der Weise, der Liebende, der Glorreiche, der Erwecker, der Augenzeuge, der Wahre, der Treuhänder, der Starke, der Unerschütterliche, der Beschützer, der Lobenswerte, der Zählende, der Erneuerer, der Neuschöpfer, der Lebensspender, der Todbringende, der Lebendige, der In-sich-Seiende, der Vollkommene, der Vornehme, der Eine, der Souveräne, der Kraftvolle, der Allmächtige, der näher Bringende, […]

Ein Lob auf Gott

»Lob über Lob sei dir,
Gott, allzeit:
Vom Kummer hast du
plötzlich uns befreit,
Und wenn ein jedes Haar
auch Zungen hätte:
Genug an Dank ich nie
gesungen hätte.«

DSCHALALUDDIN RUMI,
13.-Jahrhundert (Türkei)

Der Name Allahs in schöner arabischer Schrift in einer Moschee in Ägypten

Was Muslime glauben

Im islamischen Glaubensbekenntnis Schahada steht ein Satz im Mittelpunkt, den Muslime aussprechen:
»Es gibt keine Gottheit außer Allah. Mohammed ist der Gesandte Allahs.«
Für Muslime ist Allah größer als alles, was es auf der Welt gibt. Neugeborenen und Sterbenden wird die »Schahada« ins Ohr geflüstert. Sie wird bei der Beerdigung gesprochen, damit der Tote ins Paradies kommt. Überall in der Welt, wo es Muslime gibt, wird dieses Bekenntnis gesprochen. Jemand, der den Islam annehmen will, spricht die Schahada vor Zeugen aus, worüber diese eine Urkunde anfertigen und unterschreiben. Damit ist der Übertritt zum Islam rechtskräftig. Wer das Bekenntnis nicht mehr akzeptiert, wird aus der Gemeinschaft ausgestoßen oder nach strenger Auslegung gar getötet.

Warum beten?

Das Gebet bildet eine weitere Grundlage des Islam. Beten heißt für Muslime, den Islam als die Religion des einen Gottes anzunehmen und immer neu zu bekräftigen. Sie lieben und verehren Mohammed als Gottes Propheten – aber nicht als Gott. Deshalb sind Muslime auch keine »Mohammedaner«. Fromme Muslime sprechen täglich zu bestimmten Uhrzeiten fünf rituelle* Gebete, zu denen jeweils der Gebetsrufer (Muezzin) von der Moschee aufruft. Dazu kommen das Freitagsgebet und viele einzelne Gebete. Alle Gebete enden mit dem Wunsch: »Friede sei mit dir«. Alle Gebete sind mit Handlungen verbunden, zum Beispiel mit Waschungen, die spezielle Bedeutungen haben.

Berliner Muslime beim Gebet – dazu ein Beispiel:
»O Gott, durch dich erleben wir den Abend, und durch dich erleben wir den Morgen; Durch dich leben und durch dich sterben wir, und zu dir werden wir auferstehen.«
Muslimische Tradition

1 Welcher Name gefällt dir besonders gut? Begründe deine Wahl.

2 Überlegt, warum nach muslimischem Glauben kein Mensch den 100. Namen Gottes kennen kann.

3 Erklärt, wie man Muslim wird. Was wisst ihr über den Beitritt zu anderen Religionen?

4 Religiöse Muslime können sich unbedingt auf Allah verlassen. Diskutiert die Vorzüge, aber auch möglichen Probleme eines solchen Glaubens. Woraus schöpfst du Hoffnung, dass alles gut werden wird?

Zusammen leben und Gutes tun: die Armensteuer (Zakat)

Aus Dankbarkeit gegenüber Gott sollen alle Muslime einen Teil ihres Einkommens den Armen geben, damit die Reichen nicht habgierig werden, denn Muslime betrachten sich als Geschwister. Diese Hilfe wird nicht als Steuer eingezogen, sondern direkt den Armen zugeleitet. Jeder Muslim ist verpflichtet, zwischen 2,5 und 10 Prozent seines Einkommens für die Armen und Bedürftigen in der Glaubensgemeinschaft zu geben. Dies gilt als Zeichen des Glaubens. So sollen gleichzeitig Freigebigkeit und Liebe unter den Menschen gefördert werden. Über die jährliche Abgabe des Zakats hinaus kann ein freiwilliges Almosen (sadaqa) gegeben werden.

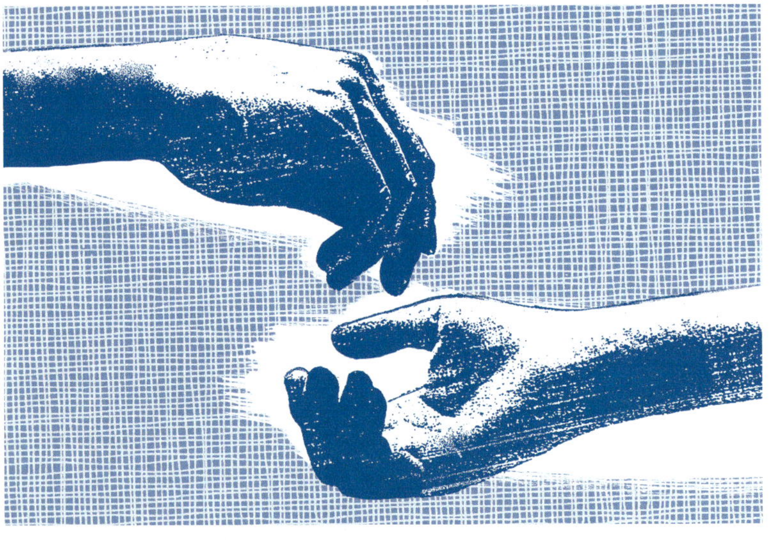

Wer freiwillig spendet, soll dies unauffällig tun und damit nicht prahlen – es reicht, wenn Gott es weiß. Daher empfiehlt die islamische Überlieferung: »Die Person, die spendet, soll nicht wissen, was ihre Hand gibt ...«

Aus dem Koran*

»Frömmigkeit besteht nicht darin, dass ihr euer Gesicht nach Osten und Westen wendet. Frömmigkeit besteht darin, dass man an Gott, den Jüngsten Tag, die Engel, das Buch und die Propheten glaubt, dass man, aus Liebe zu Ihm, den Verwandten, den Waisen, den Bedürftigen, dem Reisenden und den Bettlern Geld zukommen lässt und (es) für den Loskauf der Sklaven und Gefangenen (ausgibt), und dass man das Gebet verrichtet und die Abgabe entrichtet.«

Q Sure 2, 177

»Und was ihr an Gutem spendet, es ist zu eurem Vorteil. Und ihr spendet nur in der Suche nach dem Antlitz Gottes. Und was ihr an Gutem spendet, wird euch voll zurückerstattet, und euch wird nicht Unrecht getan.«

Q Sure 2, 272

Was kommt mit dem Tod?

Wenn ein Muslim stirbt, dann versucht die Familie, sich selbst um den Leichnam kümmern zu dürfen. Er wird gewaschen und mit Düften und Gewürzen eingerieben. Anschließend wird der Leichnam in weiße Leintücher gewickelt. Der Körper wird meistens ohne einen Sarg und möglichst noch am Sterbetag beerdigt. Alle Muslime glauben an ein Leben nach dem Tod. Dies nennen sie »Akhira«. Sie glauben auch an einen Tag der Auferstehung und des göttlichen Gerichts über gute und böse, gläubige und ungläubige Menschen, die Gott nach seinem Urteil in das Paradies oder in die Hölle eingehen lässt. Dabei vertrauen sie auf seine Barmherzigkeit:

Gott lässt die Leute des Paradieses ins Paradies eingehen, er lässt durch seine Barmherzigkeit hineingehen, wen er will. Und er lässt die Leute des Höllenfeuers ins Feuer eingehen. Dann sagt er: Schaut hin, bringt heraus den, in dessen Herzen ihr auch nur das Gewicht eines Senfkörnchens Glauben findet.
Da bringen sie sie heraus wie verbrannte schwarze Scheite. Sie werden in den Fluss des Lebens geworfen, und sie wachsen darin, wie der Wüstensamen am Bachufer wächst. Habt ihr nicht gesehen, wie er gelb und geschmeidig herauskommt?

Aus der muslimischen Überlieferung

Koran-Darstellung auf einem muslimischen Grabstein

Hoffnungen im Islam

Während die Leute des Paradieses sich in ihrer Wonne befinden, strahlt über ihnen ein Licht auf. Sie erheben die Häupter, und siehe, der Herr erscheint ihnen von oben.
Er sagt: Friede sei über euch, ihr Leute des Paradieses.
Er schaut zu ihnen, und sie schauen zu ihm. Sein Licht und sein Segen verweilen über ihnen und ihren Behausungen.

Muslimische Überlieferung

1. Betrachtet das Bild auf Seite 190: Schreibt ein »Gespräch« zwischen den Händen auf.
2. Lest die Koran*-Texte durch: Wer ist ein frommer Muslim?
3. Vergleicht die Beerdigung bei den Muslimen mit denen, die ihr kennt: Welche Schwierigkeiten können Muslime in Deutschland bei der Beerdigung ihrer Angehörigen haben?
4. Betrachtet und beschreibt den Grabstein auf dieser Seite: Was verrät er über die Bedeutung des Koran* für Muslime?
5. Wie denkst du über das Leben nach dem Tod? Schreibe deine Vorstellungen auf und male ein Bild dazu. Vergleiche deine Vorstellung mit den Paradies-Vorstellungen der Muslime.

Islam

Vom Erinnern: Welches Fest ist besonders wichtig?

Der Fastenmonat Ramadan ist eines meiner religiösen Lieblingsfeste. 30 Tage lang fasten wir von Sonnenaufgang bis Sonnenuntergang und dürfen nach dem Koran während dieser Zeit nicht eine einzige Krume Brot essen, nicht einen einzigen Schluck Wasser trinken. Zigaretten und Pfeifenrauchen, Intimitäten zwischen Mann und Frau, Fluchen und Streitigkeiten sind verboten. Mohammed, der Prophet, sagt: Damit sie lernen, sich zu beherrschen und sich mit den Armen zu identifizieren. Im Fasten geschieht die Danksagung für die Gaben des täglichen Lebens, indem man sich im Verzicht ihrer erinnert.
Wir Muslime beginnen mit dem Saum, dem Fasten, am Morgen, wenn man einen weißen vor den Himmel gehaltenen Faden deutlich von einem schwarzen zu unterscheiden vermag. Der Koran erlaubt den Kindern, mit dem Fasten zu warten, bis sie in die Pubertät (Geschlechtsreife) kommen, ja eigentlich sind nur volljährige und gesunde Muslime zum Fasten verpflichtet. Alte, Kranke, schwangere und stillende Frauen sind davon befreit, denn Fasten ist nur geboten, solange die Gesundheit der Fastenden keinen Schaden nimmt.
Die Alltagspflichten sind nicht allzu anstrengend im Ramadan. Die meisten Geschäfte und Büros machen erst spät am Vormittag auf, damit jene, die die ganze Nacht hindurch aufbleiben, am Morgen ausschlafen können. Gegen Abend jedoch, wenn sich der Zeitpunkt nähert, der Augenblick, in dem das Fasten unterbrochen werden darf, verändert sich die Atmosphäre drastisch. Alle Muslime feiern dann mit ihrer ganzen Familie mit einem abendlichen Festmahl.

Q JEHAN SADAT, eine Muslima aus Ägypten

Fasten im Islam
Zu den religiösen Grundpflichten des Islam gehört das Fasten im 9. Monat (Ramadan) eines jeden Jahres. Der islamische Kalender richtet sich nach dem Mond, weswegen der Ramadan nach unserem Sonnenkalender jedes Jahr zu »wandern« scheint. Der Monat Ramadan ist deshalb so bedeutsam, weil nach islamischer Lehre in diesem Monat MOHAMMED die erste Koranbotschaft gehört hat – in Medina soll der Engel Gabriel Nacht für Nacht für ihn den Koran* rezitiert haben. Am 27. Ramadan wird die »Nacht der Bestimmung« gefeiert, in der der Koran herab gesandt wurde. Der Fastenmonat schließt mit dem »Fest des Fastenbrechens« (Zuckerfest) ab.

Die fünf Säulen des Islam
Neben dem Glaubensbekenntnis (1), den täglichen fünf Gebeten (2), der Armensteuer (3) und dem Fasten im Ramadan (4) kennt der Islam noch die so genannte Wallfahrt nach Mekka (5) als weitere Pflicht der Gläubigen; man spricht hier auch von den «fünf Säulen des Islam«.

Die Mondsichel (Hilal) zeigt den heiligen Monat Ramadan an.

Feiern nach Allahs Willen?

Die Muslimische Jugend in Deutschland versendet in einem regelmäßigen Newsletter Tipps für muslimische Jugendliche – zum Beispiel für die Ferien:

Sommerferien! Endlich hat man keine Verpflichtungen, man kann ausschlafen, gemütlich frühstücken, mal richtig fernsehen, mit Freunden rumhängen, vielleicht sogar verreisen. Und wie jedes Jahr sind die sechs Wochen ruckzuck vorbei und man fragt sich, was man eigentlich gemacht hat. Sicherlich hat man sich erholt und Spaß gehabt. Und das ist auch wichtig! Aber soll das alles gewesen sein? Oder verlangt Allah nicht vielleicht doch mehr von uns? Der Prophet hat gesagt: »Nutze fünf Dinge vor fünf anderen: Dein Leben vor deinem Tod; deine Gesundheit vor deiner Krankheit; deine Freizeit vor deiner Beschäftigung; deine Jugend vor deinem Alter; deinen Reichtum vor deiner Armut.« […] Plant eure Ferien und das Jahr danach! Wo steht ihr gerade? Seid ihr zufrieden mit euch? Was wollt ihr an euch ändern? Was möchtet ihr erreichen? […]
Eure Pläne lassen sich natürlich nicht ohne Allahs Hilfe und Beistand umsetzen, also sprecht mit Allah, schüttet Ihm euer Herz aus, bittet Ihn um Unterstützung. Der Prophet hat gesagt: »Bei Allah gibt es nichts Wertvolleres als das Bittgebet.« Nehmt euch täglich ein festes Pensum zu einer festen Tageszeit vor: Ihr könnt eure auswendig gelernten Suren wiederholen oder neue auswendig lernen. Oder ihr lest jeden Tag zwei Seiten im Koran und denkt darüber nach. […] Warum nicht an islamischen Freizeitveranstaltungen teilnehmen und dort neue Leute kennen lernen? Seid für andere da! […] Möge Allah allen wunderschöne Sommerferien schenken und mögen die Taten, die wir in dieser Zeit tun, am Jüngsten Tag schwer in unserer Waagschale wiegen.
Amin

Aus dem Internet-Auftritt der Muslimischen Jugend in Deutschland

1 Findet heraus, wann in diesem Jahr der Ramadan gefeiert wird. Warum ist das Fasten ein guter Weg, sich zu erinnern und seine Dankbarkeit zu zeigen?

2 Informiert euch über die Wallfahrt nach Mekka und überlegt im Hinblick auf alle fünf Pflichten, welche Probleme fromme Muslime mit der Ausübung ihres Glaubens zum Beispiel in Deutschland haben.

3 Vergleiche die Tipps der »Muslimischen Jugend Deutschlands« zur Gestaltung ihrer Sommerferien mit deinen Ferien. Überlege, ob die Tipps hilfreich sind und schreibe dann eigene Tipps für gelingende Sommerferien auf.

Muslime glauben, dass der Koran Gottes (Allahs) Wort ist, das dem Propheten Mohammed offenbart und von ihm niedergeschrieben wurde. Allah allein ist für sie der Schöpfer der Erde und der Erhalter allen Lebens – auch über den Tod hinaus. Die tägliche Einhaltung von fünf Pflichten zeigt Dank und Verehrung gegenüber Allah. Muslime sind zur Unterstützung armer Mitglaubender verpflichtet. Ihr wichtigstes Fest ist der Fastenmonat Ramadan.

Hinduismus

Ewiger Kreislauf

In Indien ist die älteste Religion Ostasiens entstanden – der Hinduismus. Die Menschen haben die Natur beobachtet und überlegt: So wie nach einem Tag die Nacht kommt und es dann wieder Tag wird, so befindet sich die ganze Welt in einem ewigen Kreislauf.

Denn allem, was geboren wurde,
ist ja der Tod sicher
und sicher ist Geburt für den, der tot ist.
Q Aus der Bhagavadgita, der heiligen Schrift der Hindus

Das Leben der Menschen

Auch der Mensch ist Teil des ewigen Kreislaufs (»Samsara«). Das bedeutet, dass er immer wieder neu geboren wird. Das Leben, das man gerade lebt, ist die Folge eines früheren Lebens (»Karma«). Jeder bekommt nach Überzeugung der Hindus das Leben, das er verdient.
Gibt es kein Entkommen aus diesem ewigen Kreislauf? Der Hinduismus lehrt, dass verschiedene Wege zur Erlösung führen: der Weg der Erkenntnis (durch Enthaltsamkeit) oder der Weg des Handelns (durch Gebete, Riten, Wallfahrten) oder der Weg der Gottesliebe.
So kann es jedem Menschen gelingen, vom Kreislauf der Wiedergeburt befreit zu werden, wenn er auf seinem Weg erkennt: Mein Selbst (»atman«) wird wieder eins mit dem Göttlichen (»brahman«), so wie es am Anfang war.

Ein Gleichnis: Was soll es bedeuten?

Der Weise Alter Sadhu erzählt von drei Figuren: eine ist aus Salz, eine aus Stoff und die dritte aus Stein. »Wenn man diese im Wasser versenkt, so wird die erste sich auflösen und ihre Form verlieren, die zweite eine Menge Wasser in sich aufnehmen, aber ihre Form behalten, die dritte wird dem Wasser unzugänglich bleiben.«
So spricht der Weise von dem Erlösten, der sein Selbst (atman) in das allumfassende Selbst (brahman) versenkt, vom Gottergebenen, der voll Wissen von Gott ist, und vom Welt-Menschen, der nicht den kleinsten Tropfen wahren Wissens in sich aufnehmen wird.

Die zehn Verkörperungen Vishnus

Das Göttliche

Hinduisten verehren verschiedene Götter, z. B. Brahma, Vishnu, Shiva, Krishna, Rama und Kali. Als Hindu kann man einen, mehrere oder viele Götter verehren; denn in den vielen ist einer.

Q

Ein und derselbe Mond spiegelt
sich in allen Wassern.
Alle Monde im Wasser sind eins
in dem einen einzigen Mond.
Altindische Weisheit

Hinduismus heute

Mehr als 800 Millionen Menschen gehören heute dem Hinduismus an, vor allem in Indien. SHEILA A., Sekretärin aus Kalkutta, die in Deutschland lebt, erzählt:
Hinduismus ist eine Religion der Liebe. Das wichtigste ist, anderen keinen Schaden zuzufügen, sondern mit Liebe zu helfen und meine Pflichten zu erfüllen. Was das ist, muss ich selbst erkennen.
Ein Merkmal des Hinduismus ist das Kastenwesen. Es besagt, dass jeder Mensch aufgrund von Taten in seinem vorherigen Leben in eine bestimmte gesellschaftliche Gruppe hineingeboren wird – diese »Kasten« bilden eine strenge Rangfolge. Auch wenn im modernen Indien grundsätzlich jedem alle Ämter offen stehen, bleibt das Kastenwesen in den Köpfen vieler bestehen.

1 Sucht weitere Beispiele für Kreisläufe in der Natur und sprecht darüber, was das abgebildete Bronzerad zum Ausdruck bringt.

2 Benennt die Ziele, die ein Hindu in seinem Leben erreichen will.

3 Weshalb, glaubt ihr, wirkt der Hinduismus auch für viele Menschen in Deutschland heute anziehend? Was bleibt für euch rätselhaft?

Die Anhänger der ältesten Weltreligion Ostasiens, des Hinduismus, deuten die Welt als einen ewigen Kreislauf, dem man entkommen soll. Dazu zeigt der Hinduismus verschiedene Wege auf. Hinter den vielen Göttern, die verehrt werden, steht mit Brahman eine unpersönliche Gottheit. Die Vereinigung mit ihr bedeutet die Erlösung aus dem Kreislauf der Wiedergeburten.

Religionen auf der Spur

Symbol*
Ein sichtbares Zeichen oder Sinnbild (Gegenstand oder Handlung), das für etwas nicht Sichtbares, also etwas Gedachtes oder Geglaubtes, steht. Zum Beispiel steht die rote Rose für die Liebe.
In den Religionen spielen Symbole und Zeichen eine wichtige Rolle, weil der Glaube selbst nicht sichtbar ist. Die Symbole können ihn aber sichtbar machen und ohne wortreiche Erklärungen zeigen. In ihnen sind die jeweiligen Glaubensüberzeugungen gegenwärtig und für den Betrachter erfahrbar.

1 Ordnet die abgebildeten Symbole den vorgestellten Religionen zu und malt sie richtig zugeordnet in euer Heft. Sucht dazu in diesem Kapitel nach Hinweisen für eine richtige Zuordnung.

2 Begründet eure Zuordnung mit dem, was ihr über die jeweiligen Religionen erfahren habt bzw. wisst. Informiert euch zusätzlich über die Symbole und ihre Bedeutung.

3 Sucht weitere Symbole, die in den vier vorgestellten Religionen eine wichtige Rolle spielen, und schaut dazu auch auf die Auftaktdoppelseite und die Kleidung der dort abgebildeten Geistlichen.

4 Tragt aus dem Kapitel in Kleingruppen zusammen, was ihr über das Leben und die Feste in den jeweiligen Religionen erfahren habt.

5 An welchem der Feste würdet ihr am liebsten teilnehmen, an welchem nicht? Trefft erst allein eine Entscheidung und vertretet sie anschließend vor den anderen.

6 Welche der religiösen Lebensformen sagt euch persönlich am meisten zu? Überlegt auch hier erst allein und tauscht euch anschließend aus.

Projekt 1: Mit religiösen Menschen reden
Kommt noch einmal auf eure Fragen an die Geistlichen (vgl. S. 174/175) zurück und stellt fest, welche ihr beantworten könnt. Wo bleiben Lücken? Schließt euch zu zweit oder dritt zusammen und sucht jeweils einen Geistlichen oder Vertreter einer Religion auf und stellt ihm die unbeantworteten Fragen, um die Lücken zu schließen. Notiert die Antworten und präsentiert sie in der Lerngruppe.

Orte des Schweigens

Der Christus-Pavillon, gebaut für die Weltausstellung EXPO in Hannover (2000). Er wurde nach der Weltausstellung ab- und im ehemaligen Kloster Volkenroda (Thüringen) wieder aufgebaut.

»Der ganze Pavillon setzt auf die Verlangsamung der Sinne. Er ist von außen nicht eigentlich spektakulär, er wirkt aber unwahrscheinlich eindrucksvoll für alle, die sich seiner Atmosphäre aussetzen.«
Margot Kässmann, Bischöfin der Evangelisch-Lutherischen Landeskirche Hannovers

Projekt 2: Einen Raum für Stille entdecken
1. Macht einen Ausflug zu einem Ort der Stille in eurer Umgebung. Probiert aus, wie die Stille auf euch wirkt. Gleiches könnt ihr auch im Klassenraum versuchen. Für den Anfang reichen fünf bis zehn Minuten: Setzt euch in kleinen Gruppen zusammen und zündet eine Kerze in der Mitte an. Beschreibt anschließend, wie sich die Stille angefühlt hat. – Was war angenehm, was hat gestört? Welche Körperhaltung habt ihr eingenommen? Habt ihr die Augen geschlossen oder sind eure Augen an einem Gegenstand hängen geblieben? Wohin sind eure Gedanken spazieren gegangen?
2. Zeiten der Stille im Schulalltag: Legt zwei feste Zeiten in der Woche fest, an denen der Klassenraum für fünfzehn Minuten ein Raum der Stille wird. Die Teilnahme ist freiwillig; nur solltet ihr euch gegenseitig darauf verpflichten, die Stille einzuhalten.
3. Still sein heißt nicht untätig zu sein. Viele unserer Gedanken »hören« wir erst, wenn wir innerlich ruhig werden. Wollt ihr einige dieser Gedanken loswerden – z. B. über eine angenehme (oder unangenehme) Erfahrung mit Religion? Dazu könnt ihr einen Schuhkarton mit einem Schlitz versehen – schon habt ihr einen Briefkasten für bisher unausgesprochene Gedanken. Sichtet nach einer bestimmten Zeit eure Post und sprecht über die Gedanken, die alle am meisten interessieren.

Innerlich und äußerlich still werden ◄ könnt ihr üben – ein anderes Wort dafür ist Meditieren*.

Lesetipp

Fynn: Hallo Mister Gott, hier spricht Anna. Frankfurt/M.: Fischer TB 2000

Marc Gellman und Thomas Hartman: Wie buchstabiert man Gott? Hamburg: Carlsen Verlag 1996

Minilexikon

Aristoteles war ein berühmter griechischer Philosoph* und Naturforscher, dessen Gedanken bis heute nachwirken. Zum Beispiel meinte er: Gut für das Zusammenleben der Menschen ist der »goldene Mittelweg«. ARISTOTELES lebte von 384 bis 322 v. Chr.

Bergpredigt In der Bergpredigt werden wichtige Lebensregeln des Christentums zusammengefasst – ihre kurzen und einprägsamen Sätze gehen auf Jesus von Nazareth zurück. Du findest die Bergpredigt im Matthäusevangelium (Kapitel 5–7).

Bibel Siehe unter »Hebräische Bibel«.

Demokratie bedeutet wörtlich »Herrschaft des Volkes«. Der griechische Begriff wird überall verwandt, wo Menschen über ihre Angelegenheiten selbst mitbestimmen können oder wollen: in Politik und Gesellschaft, aber auch in Schule und Familie.

Embryo So genannte »Leibesfrucht«: ein noch in der Entwicklung befindlicher winziger Mensch – bis etwa zur achten Woche nach der Empfängnis.

Ethik (auch: ethisch) befasst sich mit dem kritischem Nachdenken über die Gewohnheiten der Menschen, ihre Sitten (Moral*): Die Ethik fragt nach dem Warum und Wozu des Tuns: Wie gehen Menschen miteinander und mit der Natur um – freundlich oder feindlich, gut oder böse? Inwiefern sind Menschen frei, um wählen und entscheiden zu können? Sind Menschen für ihr Handeln verantwortlich?

Experimentieren (auch: Experiment) Wissenschaftlich versuchen, über eine Sache etwas probeweise herauszufinden.

Fötus Etwa 50 Tage nach ihrer Empfängnis gerät die so genannte »Leibesfrucht« (Embryo*) in ein neues Entwicklungsstadium: Alle Teile (Organe) sind angelegt und auf Wachstum und Verfeinerung ausgerichtet. – aus dem Embryo wird ein Fötus.

Gewissen Die »innere Stimme«, die hilft, zwischen gut und böse, recht und unrecht zu unterscheiden. Das Gewissen wird im Laufe eines ganzen Lebens geprägt und gehört zu den Besonderheiten des Menschen.

Gleichnis Eine kurze Beispielerzählung: Durch einen »Vergleich« wird eine Sache erklärt, die ansonsten nur schwer zu verstehen ist.

Hebräer bedeutet »Wanderer« und ist zunächst ein Beiname Abrahams gewesen. Die Nachkommen Abrahams nannten sich dann selber so. Erst nach der Befreiung aus der ägyptischen Sklaverei schlossen sich verschiedene Gruppen von Hebräern als »Israeliten« zusammen.

Hebräische Bibel Eine Sammlung der ältesten Überlieferungen des Judentums, die ursprünglich in hebräischer Sprache verfasst worden ist und mit der Torah* beginnt. Die Christen nennen dieses Buch mit seinen unterschiedlichen Schriften »Altes« oder auch »Erstes Testament«.

Klischee (siehe auch: Stereotyp) Eine »eingefahrene« Vorstellung, bei der sich kaum jemand die Mühe macht, sie zu hinterfragen.

Konfession kommt vom lateinischen »confessio«, was so viel wie »Bekenntnis« bedeutet. Als Konfession bezeichnet man zumeist eine Gruppe von Christen, die ein gemeinsames Bekenntnis vertritt und sich daher als kirchliche Gemeinschaft organisieren.

Koran Auf Deutsch heißt Koran »Lesung«. Mohammed ließ die Texte in der Zeit von 610 bis 632 aufschreiben. Der Koran ist für Muslime das Wort Allahs an die Menschen. Der Koran besteht aus 114 Abschnitten, den Suren. Bis auf eine fangen alle Suren mit den Worten an: »Im Namen Allahs, des Allbarmherzigen«. Für viele Muslime enthält nur die arabische Fassung das Wort Allahs.

Kultur begann mit dem Auftreten des Menschen. Es bezeichnet alles, was Menschen einer Region oder eines Volkes miteinander planen, gestalten oder erbauen: angefangen mit der Befriedigung von Grundbedürfnissen (zum Beispiel Nahrung, Kleidung) bis hin zu geistigen Fertigkeiten und Aktivitäten (zum Beispiel Sprache, Literatur, Kunst, Ethik, Religion, Musik, Wissenschaft). Menschen, die dem selben Kulturkreis angehören, haben ein gemeinsames »Wissen« darüber, wie man sich »üblicherweise« verhalten sollte und was als wichtig zu gelten hat.

Materie 1. Ur-Stoff oder Ur-Substanz in noch ungeformtem Zustand; 2. weitergehend alles Stoffliche um uns herum einschließlich des Menschen.

Mediation (auch: meditieren) Intensives Nachdenken als geistige oder religiöse Übung, bei der eine Zeitlang alles Äußere in den Hintergrund tritt. Eine Meditation kann zu besserer Selbsterkenntnis beitragen.

Menschenrechte Zu den ethischen* Grundlagen des menschlichen Zusammenlebens gehört die Überzeugung, dass alle Menschen von Geburt an bestimmte unantastbare Freiheits- und Gleichheitsrechte haben, die ihnen ein gesichertes und »würdiges« Leben erlauben sollen. Weltweit sind diese Rechte in der »Charta der Vereinten Nationen« zusammengefasst; bei uns sind sie auch im »Grundgesetz« enthalten. Da Menschenrechte immer wieder verletzt werden, ist es eine bleibende Aufgabe, betroffene Opfer – z. B. von Folter und Gewalt – vor Misshandlungen zu schützen.

Messias Hebräisch: »der Gesalbte«. Im alten Israel wurden Könige mit Öl gesalbt, um zu bekräftigen, dass Gott sie »berufen« habe. Religiöse Juden warten auf einen Gesandten Gottes, den Messias, der die Menschen erlösen werde. Christen glauben, dass dieser Messias (griechisch: »Christus«) Jesus von Nazareth sei.

Migranten Menschen, die ihre Heimat zumeist für immer verlassen – manchmal auf der Flucht vor Verfolgern, fast immer auf der Suche nach Arbeit und nach einer neuen Heimat.

Mitzwot Liste von 613 Geboten und Lebensregeln im Judentum: Für religiöse Juden ist die Befolgung möglichst vieler »Mitzwot« eine Herzensangelegenheit.

Moral (auch: moralisch) betrifft jeden Menschen: Wer nach Grundsätzen, Regeln und Haltungen lebt, die in einer Gemeinschaft allgemein anerkannt sind, empfindet und handelt »moralisch«. Einige solcher Überzeugungen und Gewohnheiten können sich im Laufe der Zeit verändern (Ethik*).

Mythos (auch: Mythen) Geheimnisvolle Geschichte, in denen Menschen und Völker sich in Bildern erklären, woher sie kommen, wohin sie gehen und was ihre Aufgabe auf der Erde ist. Religiöse Mythen sagen z. B. aus, dass die Menschen mit der Welt nicht alles machen dürfen, was sie können, weil ihnen Gott die Welt anvertraut habe.

Normen sind Vorschriften und Regeln, die in einer menschlichen Gemeinschaft als gültig, richtig und gut angesehen werden.

OECD (Organisation für Wirtschaftliche Zusammenarbeit und Entwicklung) in der OECD sind wichtige Industriestaaten aus Europa und anderen Kontinenten vertreten. Die OECD plant und koordiniert die wirtschaftliche Zusammenarbeit ihrer Mitgliedsstaaten in der Entwicklungspolitik mit den Entwicklungsländern.

Ökologisch (auch: Ökologe) Wechselbeziehung zwischen Lebewesen und ihrer Umwelt (Ökosystem*).

Ökosystem Die griechische Wortzusammensetzung bezeichnet einen Lebensbereich von Pflanzen, Tieren und unbelebter Natur, die in vielen Beziehungen zueinander stehen: Tiere nutzen Pflanzen als Wohn- und Nistraum; Vögel und Insekten bestäuben die Blüten der Pflanzen. Ein Ökosystem ist in der Lage, sich selbst zu ordnen und störende Einflüsse auszugleichen. Erst wenn die Eingriffe zu groß werden, kann das ökologische Gleichgewicht gestört werden. So kann z. B. in einem vom Menschen gepflanzten Nutzwald, der nur aus Fichten besteht, ein Schädling viel größeren Schaden anrichten als in einem von Menschen gering beeinflussten Mischwald.

Perspektive Eine Sicht- oder Betrachtungsweise, die einem bestimmten Standpunkt oder Blickwinkel folgt.

Philosoph (auch: Philosophie; philosophieren) In diesen griechischen Wörter stecken zwei Wörter: »Freund« (philos) und »Weisheit« (sophia). Ein Philosoph ist demnach ein »Freund der Weisheit«. Wer philosophiert, sucht Antworten auf große Rätsel, zum Beispiel: Woher kommen wir? Warum sind wir? Wohin gehen wir? Das alles ist schwer, vielleicht gar nicht zu beantworten. Aber es ist typisch philosophisch, solche und ähnliche Fragen immer wieder neu zu bedenken – mit Vernunft und Fantasie. So gesehen bist du, wenn du besonders gründlich über dich und die Welt nachdenkst, ein Philosoph.

Prophet Griechisch »Sprecher«: Damit werden Menschen bezeichnet, die sich in besonderem Maße von ihrem Gott berufen fühlen. Häufig gelten sie zu ihren Lebzeiten als unbequem, denn sie kümmern sich um vernachlässigte Probleme. Die Hebräische Bibel* erzählt von Propheten, die in Israel aufgetreten sind. Mohammed ist der Prophet des Islam.

Psalmen Eine Sammlung religiöser Lieder und Gebete, die ab 1000 v. Chr. innerhalb von etwa 500 Jahren entstanden ist. Die Hebräische Bibel* enthält 150 Psalmen: Sie werden in jüdischen (und christlichen) Gottesdiensten noch heute gesungen oder gelesen. Loben und danken, klagen und verzweifeln – all diese Gefühle bringen die Beter/innen vor Gott.

Rabbiner (auch: Rabbi) Experte für religiöse Angelegenheiten in der jüdischen Gemeinde; er ist dort auch als Prediger und Streitschlichter tätig.

Rituale (auch: rituell) Gewohnheiten oder auch Bräuche, die in ihren Formen und Abläufen genau festgelegt sind.

Seele Vorstellung vom Inneren des Menschen, äußerlich unsichtbar.

Sintflut Die Hebräische Bibel* enthält die Erzählung von einer vorzeitlichen Flut, die alles Leben auf der Erde vernichtet hat. Nur Noah und seine Familie sowie ein Paar von jeder Tierart werden gerettet. Am Ende schließt Gott mit Noah einen »Bund« – äußeres Zeichen ist der Regenbogen: Gott verspricht, trotz der menschlichen Bosheit nie wieder eine alles vernichtende Flut zu schicken.
Ähnliche Fluterzählungen werden weltweit auch in anderen Kulturen* überliefert.

Stereotyp (siehe auch: Klischee) Vereinfachendes Urteil, das immer wieder in gleicher Form vorgebracht wird: Es gibt vor, Klarheit über die eigene Position im Vergleich zu anderen zu schaffen. Daher spiegeln Stereotype oft starre Vorstellungen wider, die wichtige Aspekte ausblenden.

Symbol Ein mehrdeutiges Zeichen (Sinnbild): zum Beispiel die Taube als ein Sinnbild des Friedens. Symbole haben immer einen sichtbaren Anteil (zum Beispiel die »Taube«) und einen unsichtbaren Anteil (zum Beispiel »Frieden«).

Tao(ismus) Eine altchinesische Anschauung, der zufolge Himmel, Erde und Mensch in einer harmonischen Wechselbeziehung zueinander stehen. Ihren Sinn und Urgrund, das »All-Eine«, nennt Laotse »Tao«.

Toleranz ist die Duldsamkeit gegenüber anderen Menschen, auch gegenüber ihren »abweichenden« Meinungen und Lebensformen.

Torah ist das hebräische Wort für »Weisung« oder »Lehre«. Es bezeichnet die ersten fünf Bücher Moses in der Hebräischen Bibel*.

Tsunami Riesige Meereswelle, die durch Veränderungen des Meeresbodens, zum Beispiel bei Seebeben, entsteht und oft verheerende Auswirkungen in den Küstengebieten hat. Häufig zieht sich das Wasser an den Küsten unmittelbar vor Ausbruch des Tsunami weit zurück, um kurz darauf mit um so größerer Wucht zurückzukommen – und alles, was sich ihm entgegenstellt, zu überfluten.

Universum Anderes Wort für »Weltall« oder »Kosmos«.

Vereinte Nationen Ein eher lockerer Zusammenschluss der meisten Staaten dieser Erde, mit Hauptsitz in New York.

Vernunft Alles, was deinen Verstand auszeichnet: Denkvermögen und Klugheit, Auffassungsgabe und Scharfsinn – diese Fähigkeiten sind gute Voraussetzungen, um »vernünftig« handeln zu können.

Vorurteile Eine hartnäckige Einschätzung von Personen oder Personengruppen, die mit der Wirklichkeit nicht oder nicht vollständig übereinstimmen. Vorurteile werden von Menschen benötigt, um sich in der Welt zurecht zu finden. Sie sind also nicht von vornherein »gut« oder »schlecht«, bedürfen aber der ständigen Überprüfung. Menschen bilden ihre Vorurteile von klein auf heraus, indem sie Meinungen der Erwachsenen hören und »Schubladen« bilden, in denen sie andere Menschen und ihre Verhaltensweisen einordnen.

Wert(e) 1. Geld und Güter sind etwas »wert«, wenn sie kostbar und langlebig sind; 2. allgemein anerkannte Leitvorstellungen, die für das Zusammenleben von Menschen wichtig sind: zum Beispiel »Freiheit« und »Gerechtigkeit«.

Würde Grundlage und Zweck aller allgemein anerkannten Werte ist der Schutz der menschlichen Würde. Sie drückt sich in einer unantastbaren und einzigartigen Wertschätzung aus, die jedem Menschen zukommt. Manche Naturschützer sind der Meinung, dass auch Tiere das Recht auf eine solche Würde haben sollten.

Zyklus Ein regelmäßig wiederkehrendes Geschehen (Kreislauf).

Adressen

Bündnis für Demokratie und Toleranz – gegen Extremismus und Gewalt
Ein loser Zusammenschluss von Menschen und Gruppen, die über fremdenfeindliche, rassistische und antisemitische Bestrebungen besorgt sind. Sie setzen sich für ein friedliches Zusammenleben ein.
Internet:
www.buendnis-toleranz.de

Bund für Umwelt und Naturschutz Deutschland (BUND)
Am Köllnischen Park 1
D-10179 Berlin
Telefon: 030 275864-0
Fax: 030 275864-40
E-Mail: bund@bund.net
Internet: http://www.bund.net/

Deutscher Kinderschutzbund
– Bundesverband –
Hinüberstraße 8
30175 Hannover
Telefon: 0511 30485-0
Telefax: 0511 30485-49
E-Mail: info@dksb.de
Internet: www.dksb.de

Deutsches Kinderhilfswerk
Leipziger Straße 116–118
10117 Berlin
Telefon: 030 308693-0
Fax: 030 2795634
E-Mail: dkhw@dkhw.de
Internet: http://www.dkhw.de/

Evangelische Kirche in Deutschland
Herrenhäuser Straße 12
30419 Hannover
Telefon: 0511 2796-0
Fax: 0511 2796707
E-Mail: info@ekd.de
Internet: www.ekd.de

Internet-Notruf Deutschland
(bei Problemen mit Schule, Gewalt oder Drogen)
Postfach 101312
45813 Gelsenkirchen
Fax: 0721 15554445
Internet: www.schueler-notruf.de
Voicebox: 0721 151554445
(Für Mitteilungen verbleiben 30 Sekunden; Rückruf innerhalb von 48 Stunden zu Festnetznummern – außer samstags, sonntags und an Feiertagen; keine Notrufe!)

Islamrat für die Bundesrepublik Deutschland
Osterather Straße 7
50739 Köln
Telefon: 0221 17049015
Fax: 0221 17049013
E-Mail: webmaster@islamrat.de
Internet: www.islamrat.de

Katholische Kirche in Deutschland
Online-Redaktion Katholisch.de
Schönhauser Straße 8
50968 Köln
Telefon: 0221 95290313
E-Mail: info@katholisch.de
Internet: www.katholisch.de

»Milkmooon«
ist Mitglied der »Arbeitsgemeinschaft Vernetzter Kinderseiten« – ein Internet-Portal mit Suchmaschine für Kinder
Internet: www.milkmoon.de

»Nummer gegen Kummer«
Zusammenschluss der Kinder- und Jugendtelefone in Deutschland
Kummertelefon: 0800 1110333
Wenn du Probleme hast, kannst du dich montags bis freitags zwischen 14.00 und 20.00 Uhr an die Beratungsstelle wenden. Der Anruf ist kostenlos.

terre des hommes
Hilfe für Kinder in Not (internationales Kinderhilfswerk)
Postfach 4126
49031 Osnabrück
Telefon: 0541 7101-0
Fax: 0541 707233
E-Mail: post@tdh.deposttdh.de
Internet: www.tdh.de

UNICEF Deutschland
– Kinderhilfswerk der Vereinten Nationen –
Höninger Weg 104
50969 Köln
Telefon: 0221 93650-0
Fax: 0221 93650-279
E-Mail: mail@unicef.de
Internet: www.unicef.de/

Zentralrat der Juden in Deutschland
Leo-Baeck-Haus
Postfach 040207
10061 Berlin
Telefon: 030 284456-0
Fax: 030 284456-13
E-Mail: info@zentralratdjuden.de
Internet: www.zentral-ratdjuden.de

Zentralrat der Muslime in Deutschland
Indestraße 93
52249 Eschweiler
Telefon: 02403 702075
Fax: 02403 702076
E-Mail: service@islammail.de
Internet: www.islam.de

Weitere Informationen findet ihr unter
www.cornelsen.de/abenteuer-mensch-sein

Text- und Bildnachweis

Textnachweis

10/11 Petra Lenz: Marie hat einen Traum. Originalbeitrag.
12/13 Helga Huber, Petra Lenz: Können wir uns auf unsere Sinne verlassen? Originalbeitrag.
14 Helga Huber, Petra Lenz: Reise zu einem fernen Planeten – die Reise der Zukunft. Originalbeitrag.
16 Auf dem Fußballfeld. Aus: Eoin Colfer: Benny und Babe. Aus dem Englischen von Ute Mihr, Weinheim und Basel: Verlag Beltz & Gelberg 2002, S. 13 f und 16–19 (Auszüge).
16 Im Ballett. Aus: Thomas Brinx, Anja Kömmerling: Alles Machos – außer Tim, Stuttgart/Wien: Thienemann Verlag 2003, S. 38 f. (Auszüge).
18 Ist das Gedächtnis ein Sieb? Nach »Fit for Fun« (München), Nr. 4/1994, S. 48.
20 Petra Lenz: Dürfen Eltern das? Originalbeitrag.
24 Thanissaro: Mein Tag im Kloster. Zusammengestellt nach Almut Löbbecke (Hrsg): Religionen der Welt: Zwischen Himmel und Erde, Berlin: Cornelsen Verlag Scriptor 2003, S. 84 f.
34 Astrid Maly: Brief an Benni. Originalbeitrag.
35 Nach Daniel Defoe: Robinson Crusoe, Berlin: Volk und Wissen Verlag 1988, S. 59.
36 Artur Schopenhauer: Die Stachelschweine. Aus: Artur Schopenhauer: Sämtliche Werke, Bd. VI, Wiesbaden: Brockhaus Verlag 1947, S. 15.
36 Aussprüche. Aus: Berühmte Zitate von A bis Z. Erarbeitet von Klaus-Dietrich Petersen, Hamburg: Merit-Verlags GmbH 1989, S. 104 f.
38 Der alte Großvater und sein Enkel. Aus: Kinder und Hausmärchen. Gesammelt durch die Brüder Grimm. Ausgabe mit 132 Holzschnitten von Ludwig Richter, Erlangen: Karl Müller Verlag o. J., S. 283.
47 Anna, 6 b (Neumark): »Die Rechte der Kinder – und die Wirklichkeit?« (Kindergedicht). Originalbeitrag.
53 Helga Ludwig-Steup: Ein Sohn erzählt (aktualisierte Nacherzählung nach Lukas 15, 11–32). Originalbeitrag.
69 »Unsichtbar« und »Achtung, ich bin gefährlich«. Originalbeiträge von Annette Hutmacher.
71 Die Geschichte von Pinocchio wurde von Gabi Müller für den Lesekorb nacherzählt: www.labbe.de/lesekorb/index.asp?themaid=123&titelid=1542&titelkatid=222&move=1; Bergheim: Labbé Verlag.
72/73 Warum Menschen lügen. Originalbeitrag Annette Hutmacher.
74 Rainer Erlinger: Lügen haben rote Ohren, Berlin: Ullstein Buchverlage: List Verlag 2004, S. 17.
74 Khaled Hosseini: Drachenläufer. Übers. von Angelika Naujokat u. Michael Windgassen, Berlin: Bloomsbury 2008.
75 Die richtige Entscheidung? Originalbeitrag Annette Hutmacher.
80 Die drei Siebe. Aus: Michel Piquemal, Philippe Lagautrière: Philo Fabelhaft. 63 Fabeln aus aller Welt und ihre philosophische Bedeutung. Übers. von Christine und Raouane Belakhdar, © 2004 moses. Verlag GmbH: Kempen, S. 42 f.
82 Tagesablauf eines zweijährigen Kindes. Nach: Kursbuch Religion 7/8, Stuttgart: Calwer Verlag; Frankfurt a. M., Berlin, München: Diesterweg 1978, S. 85
82 Zitat »Salvador de Madariaga«. www.gutzitiert.de/zitat_autor_salvador_de_madariaga_y_rojo_thema_gewissen_zitat_10152.html.
82 Zitat »Thomas von Aquin«. www.gutzitiert.de/zitat_autor_thomas_von_aquin_thema_schuld_zitat_18387.html.
83 Steckt das Böse schon in unserem Kopf? Nach: Die Grammatik des Guten, aus: Der Spiegel 31/2007, S. 108 ff.
84 Der Ring des Gyges. Aus: Michel Piquemal, Philippe Lagautrière: Philo Fabelhaft. 63 Fabeln aus aller Welt und ihre philosophische Bedeutung. Übers. von Christine und Raouane Belakhdar, © 2004 moses. Verlag GmbH: Kempen, S. 77.
85 Gespräch mit Herrn Ibarra. Nach: Ernst Tugendhat, Celso López, Ana Maria Vicuna: Wie sollen wir handeln? Schülergespräche über Moral. Aus dem Spanischen übers. v. Reinhard Schwemmler, Reclam: Stuttgart 2000, S. 91–94.
86 Jamie Walker: Gewaltfreier Umgang mit Konflikten in der Sekundarstufe I. Spiele und Übungen, Berlin: Cornelsen Verlag Scriptor 1995, S. 77–79 (Auszüge).
87 Fernando Savater: Tu, was du willst. Ethik für die Erwachsenen von morgen. Aus dem Spanischen übers. v. Wilfried Hof, Campus Verlag: Frankfurt am Main, New York, S. 105.
89 Marc Mukherjee: Kinder haben Rechte. Eine Geschichte über die Forderungen der UNO von 1989 und die Wirklichkeit von heute. Leipzig: Klett Verlag 2000, S. 5.
92/93 Helmut Engels: Blaue Schokolade, Hannover: Siebert Verlag 2007, S. 52 f. (gekürzt).
94 Auszug aus dem Kodex Hammurabi. Zitiert nach Wolfgang Horn: Recht, hrsg von der Bundeszentrale für politische Bildung, Bonn 1991, S. 11.
94 Auszüge aus dem Strafgesetzbuch der Bundesrepublik Deutschland. In der Fassung der Bekanntmachung vom 13. 11. 1998 (BGBl.I, S. 3322). Zuletzt geändert durch Gesetz vom 24. 3. 2005 (BGBL. I, S. 969) vom 1. 4. 2005.
96 Nach Thomas Klocke und Johannes Thiele: Mit Kindern durch das Kirchenjahr, Augsburg: Bechtermünz-Verlag 1998, S. 162–164.
98 Friedhofsmord. Von Ingrid Krüger, in: Rheinische Post vom 13. 9. 2008
98 Joao in Rio. Die Rechte der Kinder von logo! Einfach erklärt, herausgegeben vom Bundesministerium für Familie, Senioren, Frauen und Jugend, Berlin 2007, S. 64. Text von Benno Schick, Andrea Kwasniok.
101 Text »Projekt …«. Annette Pölert-Klassen: Soziales Lernen. Arbeitsheft 1, Berlin: Cornelsen Verlag 1997, S. 64.
103 Buddha, Längere Sammlung, S. 31 (wikiquote.org/wiki/Siddhartha_Gautama).

104/105 Ellen Köhrer: Die Kinder vom Smokey Mountain, in: Frankfurter Rundschau, 28. 1. 2009, S. 20/21 (Auszüge).
106/107 Texte zu Kongoussi und Anosikely zusammengestellt nach Informationen der Welthungerhilfe: www.welthungerhilfe.de/burkinafaso-kongoussi-millenniumsdorf.html und www.welthungerhilfe.de/madagaskar-anosikely-millenniumsdorf.html [31. 3. 2009].
107 Zitat „Horst Lichter". In: Presseerklärung Welthungerhilfe, 25. 9. 2008 (http://www.welthungerhilfe.de/fileadmin/media/pdf/Pressemitteilungen/PM-gut_zu_wissen.pdf).
108 Text oben rechts: »2006 sollten Zelte ...«, nach: Ulrike Koltermann (dpa/kk): Das ganze Leben steckt in einer einzigen Plastiktüte, in: Hanauer Anzeiger, 4. 2. 2009, S. 25.
108/109 »Auch Armut?«. Aus: Wolfgang Gehrmann: Hart an der Grenze., in: Die Zeit, Nr. 48 v. 20. 11. 2008, S. 32.
110 Kinderarmut nimmt zu. Bericht über eine OECD-Studie von dpa/jp, in: Hanauer Anzeiger v. 22. 10. 2008, S. 1.
112 Willi Hoffsümmer (Hrsg.): Kurzgeschichten 1, Mainz: Matthias-Grünewald-Verlag 1983, S. 132.
113 Die Bibel. Nach der Übersetzung Martin Luthers (revidierte Fassung von 1984). Stuttgart: Deutsche Bibelgesellschaft 1985, S. 203.
113 Aus einem Beschluss der 10. Synode der EKD vom 5.–9. November 2006 in Würzburg (Auszug).
114/115 Nach http://www.tafel.de/; dort: Zahlen & Fakten, Untergruppe: Armut und Überfluss in Deutschland (Zugriff vom 15. 4. 2009).
118 Bernhard Koreng: Das »Wasser Paradies«. Originalbeitrag.
122 Zitat »Pai-Bes«. Aus: Judith Crosher: Das alte Ägypten. Übersetzt von Monika Haraud-Krumbach, Erlangen: Karl Müller Verlag 1992, S. 4.
126 Zitat »Elias Canetti«. Aus: Elias Canetti: Die Provinz des Menschen. Aufzeichnungen 1942–1972, München: Carl Hanser Verlag 1973, S. 149.
127 Zitate » Aristoteles«, »Bertrand Russell«. Aus: Manuela Linnemann (Hrsg): Brüder – Bestien – Automaten. Das Tier im abendländischen Denken, Erlangen: Harald Fischer Verlag 2000, S. 17 und 295.
128 Roland W. Henke: Mein Hund versteht mich und denkt mit. Originalbeitrag.
128/129 »Können Tiere denken?« Aus: Matthew Lippman: Harry Stottelmeiers Entdeckung. Übers. v. Daniele Camhy., Wien: Hölder/Pichler/Temsky 1990, S. 33 f.
130 Michel de Montaigne: Essais. Übersetzt von Hans Stilett, Eichborn Verlag: Frankfurt am Main, S. 223 f.
130 René Descartes: Abhandlung übder die Methode des richtigen Vernunftgebrauchs und der wissenschaftlichen Wahrheitsforschung. Übers. v. Kuno Fischer, Reclam: Stuttgart 1975, S. 54.
130/131 »Ein Philosoph antwortet«. Aus: Können Tiere denken? Haben sie einen Geist? Und was unterscheidet sie vom Menschen?, in: Die Welt vom 7. 1. 2007 (leicht verändert).
132 Roland W. Henke: Auf dem Franzenhof. Originalbeitrag.
132 Zitat »Astrid Lindgren«. Astrid Lindgren: Schweine ohne Schwänze, in: Spiegel spezial 1/1997, S. 121.
138 Text »Schlechte Noten für hohen Medienkonsum?« Aus: Christian Pfeiffer, Thomas Mößle, Matthias Kleimann, Florian Rehbein: Die PISA-Verlierer – Opfer ihres Medienkonsums. Eine Analyse auf der Basis verschiedener empirischer Untersuchungen. Kriminologisches Forschungsinstitut Niedersachsen. Hannover 2007. Studie auch vorgestellt in: Schule NRW. Amtsblatt des Ministeriums für Schule und Weiterbildung des Landes Nordrhein-Westfalen, Mai 2008, S. 223–225.
139 Seneca: epistulae morales ad Lucilium, 83. Gekürzter und leicht veränderter Textauszug nach einer Übersetzung von Otto Apelt. In: Seneca, Philosophische Schriften. Übersetzt, mit Einleitungen versehen von Otto Apelt, Hamburg: Felix Meiner Verlag 1993. Band IV, S. 11.
140 Grafik Handy-Besitzer 2007 und 1998. Quelle: JIM 2007, JIM 1998: http://www.medienberatung.nrw.de/fachthema/publikationen/dokumentationen/vom_berg_nrw_praxistag_2008.pdf.
140 Brief von Ludwig van Beethoven: http://www.liebeundso.de/beruehmte-liebesbriefe.html
143/144: Susanne Büttner: Surfen ohne Grenzen; Alles Mögliche im Netz. Originalbeiträge.
148 Schön sein um jeden Preis. Quelle: http://de.statista.org/statistik/daten/studie/378/umfrage/einstellung-zu-schoenheits-op-verbot-bei-minderjaehrigen/.
149 Interview mit Cindy Sherman : http://www.spiegel.de/kultur/gesellschaft/0, 1518,489534,00.html.
152 Gert Kähler: Einfach hässlich. Die ästhetische Umweltverschmutzung scheint allen egal, in: Frankfurter Allgemeine Zeitung vom 6. 6. 1998.
156 und 159 Momos Rätsel. Aus: Michael Ende: Momo oder die seltsame Geschichte von den Zeit-Dieben und von dem Kind, das dem Menschen die gestohlene Zeit zurückbrachte, Stuttgart und Wien: Thienemanns Verlag 1973, S. 154 (Auszüge).
160 »Wem gehört die Erde?« Nach Esther Bisset und Martin Palmer: Die Regenbogenschlange. Geschichten vom Anfang der Welt und der Kostbarkeit der Erde. Aus dem Englischen übersetzt von Doris Halter und Hedy Wyss, Bern: Zytglogge Verlag 1987 (© World Wildlife Fund 1985), S. 33 (gekürzt und bearbeitet).
161 Neues Testament, Offenbarung 21, 1 und 4. Aus: Gute Nachricht Bibel. Revidierte Fassung 1997 (ökumenische Ausgabe), Stuttgart: Deutsche Bibelgesellschaft, 1997, S. 340.
162 Diana Guthmann: Hat die Zeit ein Ende? Originalbeitrag.
164/165 Die Bibel. Einheitsübersetzung der Heiligen Schrift. Das Buch Genesis 2, 4b–25, 5. Auflage 2004 in

neuer Rechtschreibung, © 1999 Verlag Katholisches Bibelwerk GmbH: Stuttgart, S. 18f.
166 »Wem gehört die Erde?« Nach Esther Bisset und Martin Palmer: Die Regenbogenschlange. Geschichten vom Anfang der Welt und der Kostbarkeit der Erde. Aus dem Englischen übersetzt von Doris Halter und Hedy Wyss, Bern: Zytglogge Verlag 1987 (© World Wildlife Fund 1985), S. 63 (gekürzt und bearbeitet).
170 Ausspruch von Galileo Galilei. Aus: Saggiatore (Prüfer mit der Goldwaage), Florenz 1623.
172/173 Nach Hubertus Halbfas: Religionsbuch für das 7. und 8. Schuljahr, Teil 1, Düsseldorf: Patmos Verlag 1990, S. 160.
178 Nach Lea Fleischmann: Schabbat. Das Judentum für Nichtjuden verständlich gemacht, Hamburg: Rasch und Röhring Verlag 1994, S. 13–15 und 193.
178 Zitate »Shira Berg«. Aus: Shira Berg: Religiöse Praxis, in: Judentum verstehen. Sympathie-Magazin, Nr. 38. Hrsg. vom Studienkreis für Tourismus und Entwicklung, Ammerland/Starnberger See 1997, S. 18.
179 Maria Greifenberg: Daniel C. – ein Junge feiert Bar-Mizwah. Originalbeitrag.
180 Traktat Kidduschin 49b (Babylonischer Talmud).
183 Weihnachtsgeschichte. Aus: Lukas 2, 1–21 (leicht gekürzt). Nach einer Übertragung von Andreas Ziemer.
188 Muslimische Gebete. Aus Annemarie Schimmel: Dein Wille geschehe. Die schönsten islamischen Gebete, Bonndorf: Gorski und Spohr 1995, 3. Aufl., S. 24 und 42.
190 Koranverse zitiert nach: Der Koran. Übersetzung von Adel Theodor Khoury, Gütersloh: Gütersloher Verlagshaus 1987.
191 Zitate aus der muslimischen Tradition: Aus: Adel Theodor Khoury: Der Koran, a. a. O., S. 553 und 556.
192 Jehan Sadat: Ich bin eine Frau aus Ägypten. Die Autobiographie einer außergewöhnlichen Frau unserer Zeit, München: Heine Verlag 1991, S. 39.
193 Newsletter der Muslimischen Jugend Deutschlands. Freitags-Nasiha Nr. 110/2004 (15. Dschumaada I-Ula 1425), Berlin, 2.7.2004.
194 Gleichnis des Alter Sadhu: Nach Walter Tebbe (Hrsg.): Quellentexte zum Religionsunterricht. Außerchristliche Religionen der Gegenwart, Göttingen: Vandenhoeck & Ruprecht 1976, S. 92.
195 Zitat »Sheila Advani«. Aus: Brigitte (Hamburg), Nr. 25, 1990. S. 90.
197 Zitat »Margot Käßmann«. Aus: Christus-Pavillon, Kloster Volkenroda, hrsg. von der Stiftung Volkenroda, Gnadenthal: Präsenz Verlag 2003, S. 14.

Text- und Bildnachweis

Bildnachweis

Titel akg-images und VG Bild-Kunst, Bonn 2009;
8 akg-images
10 plainpicture
11 akg-images
13 Ingo Wagner/dpa-Bildfunk
20 Laif/Hah
25 li.: ZB-Fotoreport; Mi.: ZB-Fotoreport; re.: dpa-Bildarchiv
27 li.: Karl-Heinz Holstein, Rodenbach
27 re.: © alimdi.net/Ulrich Niehoff
28 li. o.: ullstein-Zuckschwerdt; li. u.: ullstein-Seifert; re. o.: ullstein-JOKER/Petersen; re. Mi.: ullstein-ullstein bild; re. u.: ullstein-phalanx Fotoagentur
29 Tobias Schneider
31 Matoff/argus
32/33 Volker Döring, Hohen Neuendorf
34 Zeichnung: Hans Mau; Hintergund: archiv/berlin/H. W. Hesselmann
36 li.: Wolfgang Weinhäupl/OKAPIA; re.: dpa-Fotoreport
38 dpa-Bildarchiv
40 http://mein-kummerkasten.de
42 Tobias Schneider, Berlin
43 www.relivision.com (1); Tobias Schneider (5), Berlin
44 li.: Heinrich Hoffmann; re.: bew/mediacolors
45 Elizabeth Roberts, Berlin
48 o. li.: Fotografie: Christiane Breuer; u.: PA/dpa/AFP
48/49 o.: © dpa-Bildarchiv
52 Archiv Cornelsen
56 li.: Minkus; re.: Elie Khalife, Genf
59 Gerhard Medoch, Berlin
62 dpa-Bildarchiv
63 Patrick Landmann
64 Gerhard Medoch, Berlin
65 ZB-Fotoreport
67 Garfield: Garfield Gesamtausgabe von Jim Davis, Band 6, S. 109. Aus dem Amerikanischen von Wolfgang J. Fuchs, © Deutschsprachige Ausgabe: Egmont Verlagsgesellschaften mbH, Köln 2008; © 2008 PAWS, INCORPORATED
68 o. li.: WILDLIFE; o. Mi.: WILDLIFE; o. re.: OKAPIA KG, Germany; u. li.: JUNIORS; u. re.: Goos van der Heide/WaterFrame
70 picture-alliance/dpa
76 Illustration von Eileen Piprek, Sankt Augustin
77 farbiger Polizist: © Comstock/Corbis; hellhäutiger Polizist: © Radius Images/Corbis; Obama: © Pete Souza/Obama Transition Team/Handout/CNP/Corbis; Bill Clinton: © Wally McNamee/CORBIS
80 Aus: e. o. plauen: Vater und Sohn, Ravensburger Taschenbuch 52008, Ravensburger Buchverlag: Otto Maier GmbH 1996, S. 90 f., © Südverlag GmbH Konstanz 2000
90 u.: Gerhard Medoch, Berlin
91 Archiv Cornelsen Verlag
95 li.: Astrid Maly, Leipzig; Mi.: dpa-Bildarchiv; re,: ullstein-Wodicka
98 © Paul Almasy/CORBIS
100 Aus: Bill Watterson: Calvin und Hobbes.Wissenschaftlicher Fortschritt macht »Boing«. Aus dem Amerikanischen von Waltraud Götting, Carlsen Comics , German edition (including translation) © 2006 by Bill Watterson
104 picture-alliance/dpa
105 o. re.: picture-alliance/dpa; u.: dpa
106 © Filmproduktion Michael von Lingen;
107 Lohkamp/Welthungerhilfe;
108 picture-alliance/dpa (2);
110 picture-alliance/ZB
112 li.: © KANN-Bild; re.: Diakonisches Werk der EKD;
114 picture-alliance/ dpa/dpaweb
116/117 Hintergrund Helga Lade; Detail »Erdkugel«: Bildagentur-online
118 li.: Lennart Nilsson; re.: dpa-Fotoreport
119 bpk Berlin
120 o.: akg-images; u.: Caro/Hechtenberg
121 Thomas Einberger/argum
122 o.: picture-alliance/KPA/Schwind; u.: dpa Bilderdienste
123 li.: dpa-Fotoreport; re.: ZB-Fotoreport
124 Artothek
125 o.: dpa-Bilderdienste; u.: dpa-Fotoreport
126 Grandville (Jean-Ignace-Isidore Gèrard): Aus dem Staats- und Familienleben der Tiere (1842)
127 Anna-Leanka Koreng, Wachenheim
129 Jean Effel: © VG Bild-Kunst, Bonn 2009
131 © Yann Arthus-Bertrand/CORBIS xxx (siehe 129)
132 Aus: Uwe Timm: Rennschwein Rudi Rüssel.Ein Kinderroman mit Bildern von Gunnar Matysiak, dtv: München 1993, S. 65; © 1989 Verlag Nagel & Kimche, im Carl Hanser Verlag, München –Wien
135 blickwinkel/H. Schmidbauer
136/137 © Museumsstiftung Post und Telekommunikation, Frankfurt am Main
139 bpk/Antikensammlung, SMB/Johannes Laurentius
140 o.: ullstein bild; u.: akg-images
142 Michael Sowa, Berlin
146 Paar, Jenny Hof, Gruppe: picture-alliance/dpa
148 o. (Tattoos): picture-alliance/dpa; Mi. (Fingernägel): picture-alliance/DB; u.: Courtesy of the Artist and Metro Pictures
149 Courtesy of the Artist and Metro Pictures
150 o. li.: akg-images/Pierre Loti; Mi. re.: akg-images/Erich Lessing; u.: akg-images/Erich Lessing
151 li. o.: akg-images/Erich Lessing; li. u.: picture-alliance/dpa; o. r.: akg-images
153 imago/Steinach
156/157 Hintergrund: getty-Jan McKinnell; Mi. li.: Elizabeth Roberts
158 li. o.: dpa-Bildarchiv; re. o.: KPA/Chromorange; Mi.: dpa-Report; li. u.: dpa-Fotoreport; re. u.: PicturePress
160 o.: dpa-Fotoreport; u.: Buck/mediacolors
161 akg-images
162 PicturePress
165 akg-images
166 Ernst Voller/Juliette Krause
167 dpa-Report
169 Randspalte: Öffentliche Kunstsammlung Basel

Text- und Bildnachweis

171 Archiv Cornelsen
172 Gerhard Medoch
176 Margrit Schmidt, Berlin
177 AKG
178 Margrit Schmidt, Berlin
179 © Daniel C. (privat)
180 Mi. li.: de.fotofinder.com; Mi. re.: © Michael Füsgen, Ratingen
181 li.: picture-alliance/Photoshot; re.: Archiv VWV
182 o.: bpk Berlin; Mi.: bpk Berlin
185 Artothek
187 o.: argus: Weber; u.: U. Grabowsky/photothek
188 picture-alliance/Godong
189 picture-alliance/dpa
191 KNA-Bild
192 Gerhard Medoch
193 www.mj.-net.de
194 bpk/Iris Papadopoulos
195 o.: KPA/HIP; u.: © Jochen Tack Fotografie
196 li. (2) und re.: Stockphoto; Mi.: picture-alliance/dpa
197 epd-bild

Werke der bildenden Kunst

Titel René Magritte, Die Blankovollmacht, 1965. National Gallery of Art, Washington (Sammlung Mr. and Mrs. Paul Mellon)
120 Giovanni Boccaccio, Decamerone (französische Buchmalerei), 1348 (Paris, Bibliotheque Nationale)
124 György Lehoczky, Arche Noah, 1966 (Privatbesitz)
150 Henri Rousseau, Portrait de Monsieur X, um 1905/1906, Öl auf Leinwand, 61 × 50 cm, Kunsthaus Zürich; Franz Marc, Die kleinen gelben Pferde, 1912, Öl auf Leinwand 66 × 104,5 cm, Staatsgalerie Stuttgart; Gustav Klimt, Wasserschlangen – Watersnakes II (The friends, 1904/07), Leinwand 80 × 145 cm
151 Peter Paul Rubens, Fortuna, um 1636/1638. Öl auf Leinwand, 179 × 95 cm, Museo del Prado, Madrid
161 Auferstehung der Toten, Buchmalerei 1490
164 Adam und Eva im Paradies (ca. 1610), Istanbul
165 Hugo van der Goes, Sündenfall, 1475, Öl auf Holz, 34 × 23 cm, Kunsthistorisches Museum Wien
169 Johann Heinrich Füssli, Prometheus und der Adler, 1770/1771, Feder und Sepia über Bleistift, Öffentliche Kunstsammlung Basel
177 Marc Chagall, Der brennende Dornbusch. Aus der Folge »Die Geschichte des Exodus« (Paris, Centre Georges Pompidou), © VG-Bild-Kunst, Bonn 2006
182 Hendrik Goltzius, Anbetung der Hirten, 1. Zustand, vor 1615
185/186 Matthias Grünewald, Isenheimer Altar (erste Schauseite Mi. und zweite Schauseite re.) zwischen 1505 und 1516 (Antoniterkloster in Isenheim, Frankreich)

Illustrationen

Hans Wunderlich, Berlin (12, 14, 15, 18, 19, 21, 22/23, 24, 26, 30, 36 u.,39, 40/41, 44 u., 46, 47, 50, 51, 53–55, 57/58, 60/61, 70–75, 78 u., 79/80 u., 81–87, 90–93, 96/97, 99, 109, 128, 130/131, 134/135, 138, 143, 152, 163, 168, 170, 180)

Fotografien, Collagen und Karten

Gerhard Medoch, Berlin (64, 90 u., 172, 176, 182, 192);
Elizabeth Roberts, Berlin (8/9, 10, 16/17, 32/33, 43, 45, 48/49, 49 u., 66/67, 78 o., 88/89, 102/103, 116/117, 136/137, 141, 144, 146/147, 152/153 o., 156/157, 159, 169, 174/175, 184, 190)

Redaktion: Karl-Heinz Holstein, Dr. Martin Kloke
Bildbeschaffung und -recherche: Susanne Scheffer

Künstlerische Beratung: Frank Schneider
Illustrationen: Hans Wunderlich
Umschlaggestaltung: Elizabeth Roberts, Ellen Meister
Layoutkonzept: Wladimir Perlin
Layout und technische Umsetzung: Marina Goldberg, Uwe Rogal

www.cornelsen.de

1. Auflage, 5. Druck 2020

Alle Drucke dieser Auflage sind inhaltlich unverändert
und können im Unterricht nebeneinander verwendet werden.

Druck und Bindung: Livonia Print, Riga

ISBN 978-3-06-120013-8

PEFC
PEFC/12-31-006

PEFC zertifiziert
Dieses Produkt stammt aus nachhaltig bewirtschafteten Wäldern und kontrollierten Quellen.

www.pefc.de